Polygraphie im deutschen Strafverfahren

Europäische Hochschulschriften

Publications Universitaires Européennes
European University Studies

Reihe II
Rechtswissenschaft

Série II Series II
Droit
Law

Bd./Vol. 3520

PETER LANG
Frankfurt am Main · Berlin · Bern · Bruxelles · New York · Oxford · Wien

Mark Schüssler

Polygraphie im deutschen Strafverfahren

Die Zulässigkeit psychophysiologischer Glaubwürdigkeitsbeurteilung mit Hilfe polygraphischer Aufzeichnungen (Lügendetektion) im deutschen Strafverfahren und der Einfluss der Entscheidungen des BGH vom 17. Dezember 1998

PETER LANG
Europäischer Verlag der Wissenschaften

Die Deutsche Bibliothek - CIP-Einheitsaufnahme

Schüssler, Mark:

Polygraphie im deutschen Strafverfahren : die Zulässigkeit psychophysiologischer Glaubwürdigkeitsbeurteilung mit Hilfe polygraphischer Aufzeichnungen (Lügendetektion) im deutschen Strafverfahren und der Einfluss der Entscheidungen des BGH vom 17. Dezember 1998 / Mark Schüssler. - Frankfurt am Main ; Berlin ; Bern ; Bruxelles ; New York ; Oxford ; Wien : Lang, 2002

(Europäische Hochschulschriften : Reihe 2, Rechtswissenschaft ; Bd. 3520)
Zugl.: Halle-Wittenberg, Univ., Diss., 2002
ISBN 3-631-39918-9

3
ISSN 0531-7312
ISBN 3-631-39918-9

www.peterlang.de

Vorwort

Die vorliegende Arbeit wurde im Sommersemester 2002 von der Juristischen Fakultät der Martin-Luther-Universität Halle-Wittenberg als Dissertation angenommen. Die Literatur und Rechtsprechung konnte bis Mai 2002 berücksichtigt werden.

Angeregt wurde die Bearbeitung dieser Thematik von meinem Doktorvater und Erstgutachter Herrn Prof. Dr. Hans Lilie, dem ich an dieser Stelle für seine freundliche und unkomplizierte Betreuung danken möchte. Mein Dank gilt auch Herrn Prof. Dr. Joachim Renzikowski für die schnelle Anfertigung des Zweitgutachtens.

Weiterer Dank gilt Herrn Rechtsanwalt Thomas K. Scherer und Herrn Prof. Dr. Max Steller, die mir bereitwillig Zugriff auf die von Ihnen zusammengetragene Literatur gewährten.

Nicht zuletzt möchte ich meinem Vater danken, der mir die Zeit und Unterstützung zu dieser Arbeit gewährt hat.

Weinheim, im Juni 2002 Mark Schüssler

Inhaltsverzeichnis

5. Kapitel: Die polygraphische Untersuchung unter dem Aspekt der Zulässigkeit i.S.d. § 244 Abs. 3 Satz 2 StPO 99

Einleitung

Die Aufgabe des Strafverfahrens, untergliedert in das Ermittlungs-, Zwischen- und Hauptverfahren, besteht in erster Linie in der Sachverhaltsaufklärung zur Ermittlung und Überführung von Straftätern. Wichtigste Beweismittel hierzu sind die Einlassung des Angeklagten sowie Zeugenaussagen. Deren Glaubwürdigkeit zu beurteilen, wird grundsätzlich der Sachkunde des Tatrichters zuerkannt[1], da die Aussagewürdigung seit jeher zum Wesen richterlicher Rechtsfindung gehört.[2] Hierfür sind jedoch Kenntnisse auf dem Gebiet der Aussagepsychologie erforderlich.[3] Da aber nicht jeder Jurist auch gleichzeitig ein guter Psychologe ist,[4] nimmt es nicht Wunder, dass die forensische Psychologie – als eines der ältesten Teilgebiete der angewandten Psychologie[5] – mittlerweile ein fester Bestandteil der Gerichtspraxis geworden ist.[6] Speziell zur Glaubwürdigkeitsbeurteilung kindlicher und jugendlicher Zeugen in Sittlichkeitsprozessen bedient man sich regelmäßig psychologischer Sachverständiger.[7] Ganz anders stellt sich jedoch die Situation hinsichtlich der Beurteilung der Glaubwürdigkeit von Beschuldigten dar.

In regelmäßigen Abständen werden hier das Bundesverfassungsgericht und der Bundesgerichtshof angerufen und immer wieder erneut vor die Frage der Zulässigkeit psychophysiologischer Gutachten im Strafverfahren gestellt.[8] Diesen Gutachten liegen Glaubwürdigkeitsuntersuchungen zugrunde, die mit Hilfe eines Polygraphen, also eines Mehrkanalschreibers, erstellt wurden, der oftmals missverständlich als „Lügendetektor" bezeichnet wird.[9] Mit entsprechender Regelmäßigkeit werden auch in der Literatur Stimmen laut, die sich sowohl für, als auch gegen den Einsatz des Polygraphen im Strafverfahren aussprechen. Das hierzu vertretene Meinungsspektrum reicht dabei von der Ansicht, dass der Polygrapheneinsatz einen „Geständniszwang, einen Rückfall in den Inquisitionsprozess und Verrat am rechtsstaatlichen Prozessdenken" darstelle[10], bis hin zu der Auf-

[1] Eisenberg, Beweisrecht der StPO, Rdnr. 1860.
[2] So BGHSt 8, S. 131.
[3] Vgl. Kleinknecht/Meyer-Goßner, § 261, Rdnr. 4.
[4] Hellwig, JW 1931, S. 1432.
[5] Liebel/v.Uslar, S. 1.
[6] Blau, GA 1959, S. 293; Blau, ZStW 78 (1966), S. 174; Dippel, S. 37; Hellwig, JW 1931, S. 1432; Kohlhaas, NJW 1951, S. 904.
[7] Schuster, S. 1; Liebel/v.Uslar, S. 69.
[8] BGH, Urteil vom *16.2.1954*, BGHSt 5, S. 332ff.; BVerfG, Beschluss vom *18.8.1981*, NJW 1982, S. 375; BVerfG, Beschluss vom *15.10.1997*, Streit 1998, S. 117f.; BVerfG, Beschluss vom *7.4.1998*, NJW 1998, S. 1938f.; BGH, Beschluss vom *14.10.1998*, StV 19 (1999), S. 4f.
[9] Vgl. zur Terminologie: Schneider, S. 134; Delvo, S. 17.
[10] Radbruch, S. 123.

fassung, wonach durch seine Ablehnung einem Unschuldigen das einzige Mittel entzogen würde, das ihn vor einer ungerechtfertigten Strafe bewahren kann.[11]

Diese Unsicherheiten, nicht zuletzt durch den missverständlichen Begriff des „Lügendetektors" gefördert, aber auch die Unkenntnis über die Möglichkeiten psychophysiologischer Täterschaftsermittlung, bestehen sowohl bei Juristen als auch bei Psychologen.[12] Das bisher bestehende Verwertungsverbot polygraphischer Gutachten hat darüber hinaus seinen Teil dazu beigetragen, dass eine Vielzahl von Methoden, die in anderen, durchaus rechtsstaatlichen Ländern, erfolgreich Anwendung finden, hierzulande weitestgehend ignoriert werden.[13]

Mit dieser Arbeit soll eine umfassende Darstellung der Diskussion um die Zulässigkeit polygraphischer Gutachten im Strafverfahren und der dadurch aufgeworfenen Probleme gegeben werden. Hierbei wird der Wandel der höchstrichterlichen Rechtsprechung aufgezeigt, die bis heute die Anwendung des Polygraphen aus den unterschiedlichsten Gründen als unzulässig erachtet. Besondere Berücksichtigung finden dabei die jüngsten diesbezüglichen Urteile des Bundesgerichtshofes vom 17.12.1998, deren zugrunde liegende Verfahren gemeinsam vor dem 1. Senat verhandelt wurden.[14] Zwar bleibt auch nach ihnen das polygraphische Gutachten verfahrensrechtlich unzulässig, jedoch basiert die Ablehnung nun nicht mehr auf einer prinzipiellen Unzulässigkeit, sondern auf der mangelnden Zuverlässigkeit des Polygraphentests und der damit verbundenen Ungeeignetheit als Beweismittel im Sinne des § 244 Abs. 2 Satz 2 StPO. Damit ist man der grundsätzlichen Möglichkeit des Einsatzes polygraphischer Gutachten im Strafverfahren wieder ein Stück näher gekommen; ist doch die Zuverlässigkeit polygraphischer Untersuchungen kaum geringer als die einer Vielzahl anderer gerichtlicher Entscheidungsgrundlagen, wie in einem ausführlichen Vergleich gezeigt werden soll.

Ein Blick in andere Rechtsgebiete und ausländische Rechtsordnungen gibt darüber hinaus einen Eindruck von den bereits gesammelten Erfahrungen, um anschließend eine Perspektive auf die zukünftigen Einsatzmöglichkeiten des Polygraphengutachtens im deutschen Strafverfahren zu geben, wobei jedoch manche durchaus berechtigten Kritikpunkte gleichfalls Berücksichtigung fanden.

---

[11] Amelung, NStZ 1982, S. 40; ähnlich auch Schwabe, NJW 1979, S. 578.
[12] Vgl. Steller, Psychophysiologische Täterschaftsermittlung, S. 89.
[13] Z.B. Jaworski, Kriminalistik 1990, S. 123ff. über seine Erfahrungen mit dem Polygraphen im Ermittlungsverfahren in Polen.
[14] Von den beiden, sich nur in minimalen fallspezifischen Details unterscheidenden Urteilen, Az. 1 StR 156/98 und Az. 1 StR 258/98, wurde nur ersteres in der amtlichen Sammlung, BGHSt 44, S. 308-328 veröffentlicht.

1. Kapitel:

Psychophysiologische Glaubwürdigkeitsbeurteilung

A. AUSGANGSPUNKT DER „LÜGENDETEKTION“

I. Der Begriff der Lüge

Die Beurteilung der Glaubwürdigkeit einer Aussage und gegebenenfalls die Feststellung, dass es sich um eine Lüge handelt, setzt als entsprechende Bezugsebene eine Wahrheit voraus. Neben der philosophischen Frage nach einer Definition von Wahrheit,[1] stellt sich im juristischen Alltag, insbesondere aber im Strafprozess, die Frage nach der Wahrheit im Sinne eines tatsächlichen, in der Vergangenheit stattgefundenen Geschehensablaufes und dessen strafrechtlicher Relevanz. Aufgrund der Schwierigkeit, einen Tathergang präzise und bis in das letzte Detail zu rekonstruieren, ist der Begriff der Wahrheit hierbei immer im Zusammenhang mit dem Gegenstand und dem Ziel richterlicher Überzeugungsbildung zu sehen[2], womit als forensische Wahrheit das zu bezeichnen ist, wovon der Richter aufgrund der Hauptverhandlung voll überzeugt ist und nun die Grundlage für die Sachentscheidung des Strafgerichts bildet.[3] In dem Bewusstsein, im Rahmen der richterlichen Erkenntnisgewinnung einer Vielzahl von Fehlern und Irrtümern ausgesetzt zu sein, geht bereits das Reichsgericht davon aus, dass eine objektive Wahrheit nur gedanklich vorstellbar sei. Ihr Nachweis erfolge durch menschliche Erforschung und Erkenntnis, womit eine Objektivität jedoch bereits begrifflich unmöglich wäre, da diese an die erkennende Person gebunden und damit von Natur aus subjektiv und damit relativ sei.[4] Für die richterliche Überzeugungsbildung ist eine absolute und unumstößliche Gewissheit hinsichtlich eines Sachverhaltes jedoch auch nicht erforderlich.[5] Vielmehr genügt bereits ein an Gewissheit grenzender Grad von Wahrscheinlichkeit, so dass nicht jede, auch nur theoretisch mögliche Variante ausgeschlossen werden müsste.[6]

Darüber hinaus unterliegt die gerichtliche Wahrheitsfindung gleichzeitig auch noch dem Zwang effektiven Verhaltens, um in einer begrenzten Zeitspanne – regelmäßig termingebunden – eine eindeutige Entscheidung treffen zu können.[7]

---

[1] Eine knappe Erläuterung von Korrespondenz- und Kohärenztheorie etwa bei Hengesch, ZStW 101 (1989), S.621.
[2] Vgl. Hetzer, S. 33.
[3] Kleinknecht/Meyer-Goßner, StPO, § 261, Rdnr.1.
[4] RGSt 66, S. 164.
[5] Schroeder, Rdnr. 280.
[6] So schon RGSt 15, S. 153; Beulke, Rdnr. 490.
[7] Hetzer, S. 23, m.w.N.

Trotz all dieser Widrigkeiten gilt es, den Geschehensablauf möglichst präzise zu eruieren. Den genauen Tathergang weiß aber kaum jemand besser als der Täter (oder Teilnehmer) selbst, der jedoch in der Regel bemüht sein wird, den Tathergang und erst recht seine Tatbeteiligung zu verbergen, um sich seiner Überführung und letztlich einer Sanktionierung zu entziehen.[8] Um diesem Ziel gerecht zu werden wird sich ein Straftäter, sofern er sich nicht in Schweigen hüllt, der Lüge bedienen. Die Lüge stellt sich nach ihrer juristischen Definition als vorsätzlich erbrachte Falschaussage im Sinne der §§ 153 ff. StGB dar, wobei eine Aussage dann falsch ist, wenn der Aussageinhalt mit dem Aussagegegenstand nicht übereinstimmt.[9] Dieses Recht bezüglich des „Ob“,[10] insbesondere aber auch des „Wie“ der Aussage wird einem Beschuldigten dabei ausdrücklich zugestanden[11]. Entscheidet sich der Beschuldigte für die Möglichkeit, zu den Vorwürfen Stellung zu beziehen, so trifft ihn aber weder eine Pflicht zur wahrheitsgemäßen Aussage[12] noch zieht eine Lüge des Beschuldigten irgendwelche prozessualen Sanktionen nach sich.[13] Damit ist prinzipiell bei jeder Aussage auch mit der Möglichkeit der Unrichtigkeit zu rechnen und somit die Lüge im strafrechtlichen Alltag omnipräsent.

II. Psychologische Tatbestandsdiagnostik – Begriff und Methoden

Diesen Unsicherheitsfaktor im Bereich der Tatsachenermittlung zu eliminieren ist Aufgabe des Tatrichters. Dabei beurteilt dieser die Glaubwürdigkeit der den zugrunde gelegten Tatbestand. Dass es sich bei dieser Aufgabe dennoch um eine psychologische handelt, wird um so deutlicher, als im Falle der Beurteilung von Aussagen Mitbeschuldigter oder kindlicher bzw. jugendlicher Zeugen die Hinzuziehung psychologischer Sachverständiger angezeigt ist.[14] Für diesen Teil der forensischen Psychologie haben *Max Wertheimer* und *Julius Klein*[15] den Begriff der psychologischen Tatbestandsdiagnostik geprägt. Er erfasst als Oberbegriff sämtliche psychologischen Methoden der Sachverhaltsaufklärung unter dem Aspekt eines besonderen Zusammenhangs zwischen dem konkreten Tatbestand und damit verbundener psychischer Phänomene.[16] Zwar können hierbei nur bedingt objektive Tatbestandsmerkmale erhoben werden, jedoch werden die entscheidenden subjektiven Tatbestandselemente und die individuelle Vorwerf-

---

[8] Vgl. Wegner, S. 3.
[9] SK/StGB-Rudolphi, Vor §§ 153ff., Rdnr. 37.
[10] Vgl. § 136 Abs. 1 Satz 2 StGB.
[11] Erbs, NJW 1951, S. 387.
[12] Metz, NJW 1951, S. 752.
[13] Eisenberg, Beweisrecht der StPO, Rdnr. 550.
[14] RiStBV 222 Abs. 1; Kleinknecht/Meyer-Goßner, § 261, Rdnr. 4.
[15] Wertheimer/Klein, Arch. f. Krim.-Anthropologie und Kriminalistik, S. 72ff.
[16] Wertheimer/Klein, a.a.O., S. 72; entsprechend: Tent, S. 194; auch in neuerer Zeit findet der Begriff regelmäßig Verwendung wie z.B. bei Scholz/Endres, NStZ 1995, S. 8.

barkeit beleuchtet und damit die Wesenselemente der Straftat diagnostiziert.[17] Inhaltlich ist dieser Begriff mit dem der psychologischen Täterschaftsermittlung gleichzusetzen und wird auch weitestgehend entsprechend verwandt.[18]

Letztlich basieren sämtliche, wie auch immer genannten Methoden auf einer psychologischen Begutachtung der Glaubwürdigkeit der jeweiligen Aussage. Innerhalb der zur Verfügung stehenden psychologischen Möglichkeiten wird zwischen zwei Grundprinzipien differenziert:

1. Aussagepsychologische Diagnostik

Gegenstand der Aussagepsychologie sind die psychischen Strukturen und Prozesse, die das Verhalten in der Situation der forensischen Exploration oder Vernehmung regulieren.[19] Basierend auf der grundlegenden Annahme, dass Aussagen über selbst erlebte Ereignisse sich in ihrer Qualität von Aussagen unterscheiden, die nicht auf eigenem Erleben beruhen, orientieren sich die aussagepsychologischen Methoden an dem eigentlichen Inhalt der jeweiligen Aussage und versuchen auf diese Weise Rückschlüsse auf den Wahrheitsgehalt der Aussage bzw. die Glaubwürdigkeit der Person zu ziehen.[20] Anknüpfungspunkte sind dabei die Voraussetzungen für das Zustandekommen von Aussagen, die Zusammenhänge zwischen Aussagegegenstand und der Aussage, die Zusammenhänge zwischen der Aussage und der Persönlichkeit des Aussagenden sowie sonstige spezielle aussagerelevante Besonderheiten, wie z.B. Phantasiereichtum oder die Neigung zu Übertreibungen. Darüber hinaus wird auch auf die Methoden und Techniken zur Erlangung der Aussage, die sozialpsychologische Dynamik der Gesprächssituation und die Verarbeitung und Bewertung von Aussagen beim Aussagenden und beim Empfänger der Aussage abgestellt.[21]

2. Psychophysiologische Diagnostik

Bei der Psychophysiologie handelt es sich um die Wissenschaft von den Beziehungen zwischen psychischen Vorgängen und physiologischen Prozessen,

---

[17] Tent, S. 195.

[18] Daneben prägte Lipmann, Zeitschr. F. angew. Psychol. 8 (1916), S. 549ff., einen weiteren, im wesentlichen auch inhaltsgleichen Begriff der „Spurensymptomatologie“. Aufgrund seiner Neutralität wird jedoch dem Begriff der Diagnostik der Vorzug gegeben werden.

[19] Dettenborn/Fröhlich/Szewczyk, S. 55.

[20] Busse/Volbert, S. 131.

[21] So Dettenborn/Fröhlich/Szewczyk, S. 56, mit der Aufzählung einzelner Beispiele; entsprechend Littmann/Szewczyk, Forensia 1983, S. 59; Arntzen, Psychologie der Zeugenaussage, S. 16; Bender/Nack, Band 1, S. 231ff.

die indirekt Vorgänge im vegetativen Nervensystem widerspiegeln.[22] Der Ausgangspunkt der psychophysiologischen Diagnostik ist grundsätzlich die Annahme, dass jeder bewusste Täuschungsversuch nicht kontrollierbare physiologische Veränderungen des Nervensystems hervorruft.[23] Durch die Erfassung der im Rahmen der Exploration auftretenden Begleiterscheinungen wird nun versucht, Rückschlüsse auf die Glaubwürdigkeit der Aussage zu ziehen.

Uneinigkeit besteht lediglich über die Unmittelbarkeit des Zusammenhangs zwischen „Lüge" und den damit verbundenen körperlichen Symptomen sowie deren prinzipieller Voraussetzung für die psychophysiologische Aussagebeurteilung. Eine unter anderem von *Max Kohlhaas*[24] vertretene Auffassung hinsichtlich dieses Zusammenhangs basiert auf der Vorstellung, dass das Lügen gegenüber einer wahrheitsgemäßen Aussage einer größeren körperlichen Kraftanstrengung bedürfe. Die Theorie des Konflikts[25] geht dagegen von der Annahme aus, dass jeder bewusste Täuschungsversuch nicht kontrollierbare physiologische Veränderungen des vegetativen Nervensystems hervorruft.[26] Vereinfacht ausgedrückt: Es wird darauf abgestellt, dass jedes Lügen in irgend einer Weise mit Aufregung und innerlicher Anspannung verbunden ist, da sich der sich Äußernde der Gefahr der Entdeckung und den daraus resultierenden Konsequenzen ausgesetzt sieht.[27] Der „Lügner" gerät so mit der natürlichen Funktionsweise seines Organismus in Konflikt, was sich in dem unwillkürlichen Zustand intentionaler Gespanntheit und emotionaler Erregtheit niederschlägt.

Allerdings ist ein „aktives Lügen" auf Seiten des Probanden nicht erforderlich, um die entsprechenden körperlichen Reaktionen hervorzurufen. Diese werden vielmehr bereits durch die Frage selbst und nicht erst durch die Wahrhaftigkeit oder Unwahrhaftigkeit der gegebenen Antwort ausgelöst.[28] Damit lässt sich auch die Theorie des Konflikts nicht aufrechterhalten. Vielmehr ist davon auszugehen, dass es – wie der 1. Strafsenat des BGH darlegt – keine eindeutigen Zusammenhänge zwischen bestimmten kognitiven oder emotionalen Zuständen und hierfür spezifischen Reaktionsmustern des vegetativen Nervensystems zu erkennen gibt.[29] Damit wird auch offensichtlich, dass es ein als „Lügendetektor" zu bezeichnendes Gerät nicht geben kann, da es keine unwillkürlichen Ausdruckserscheinungen oder sonstige unwillkürlichen Variablen gibt, die nur bei einer

[22] Undeutsch, MschrKrim 62 (1979), S. 228.
[23] Delvo, S. 21.
[24] Kohlhaas, JR 1953, S. 450.
[25] Vgl. Undeutsch, Vernehmung und nonverbale Information, S. 400; Undeutsch, ZStW 87 (1975), S.650f.; ergänzt durch Schneider, S. 131.
[26] Delvo, S. 21.
[27] Undeutsch, Kriminalistik 31 (1977), S. 193; Holstein, Kriminalistik 44 (1990), S. 155.
[28] Undeutsch/Klein, Praxis der Rechtspsychologie 9 (Sonderheft) (1999), S. 52; vgl. auch Dawson, Psychophysiology 17 (1980), S. 16.
[29] BGHSt 44, S. 316, unter Berufung auf die Sachverständigen Fiedler, Jänig und Steller.

Täuschung oder Lüge auftreten.[30] Bei der psychophysiologischen Diagnostik geht es um die Feststellung der personalen Bedeutsamkeit für die einzelnen dem Probanden dargebotenen „Reize“.[31] Durch die Messung mehrerer, im Einzelnen nur eine geringere Validität zukommenden Indikatoren, lässt sich dann eine beträchtlich höhere Aussagekraft hinsichtlich der Wahrhaftigkeit bzw. der Glaubwürdigkeit erreichen.

Gleichbedeutend mit der psychophysiologischen Diagnostik wird häufig auch der Begriff der psychophysiologischen Aussagebeurteilung,[32] der psychophysiologischen Täterschaftsermittlung[33] oder psychophysiologischen Verdachtsabklärung verwendet.[34] Wird Letzterer von Fachleuten als Präzisester bezeichnet,[35] so schließen jedoch die Bezeichnung Täterschaftsermittlung oder Verdachtsabklärung die grundsätzlich bestehende Möglichkeit der Anwendung dieses Verfahrens zur Glaubwürdigkeitsbeurteilung von Zeugenaussagen begriffstechnisch aus.[36]

B. DIE FUNKTIONSWEISE DES POLYGRAPHEN

Auch bei den heutigen polygraphischen Untersuchungen wird auf das Korrelat zwischen der durch das Lügen bedingten psychischen Erregtheit und der physischen, durch das vegetative Nervensystem gesteuerten und damit der willentlichen Einflussnahme entzogenen Körperreaktion abgestellt. Wegen ihrer leichten Zugänglichkeit und ihrem raschen Ansprechverhalten, wird zum Zwecke der Täterschaftsermittlung auf die peripher-physiologischen Veränderungen in den Erfolgsorganen des vegetativen Nervensystems zurückgegriffen.

I. Die einzelnen zur Messung herangezogenen Parameter

1. Hautgalvanische Reaktion

Hierzu gehört zunächst die Registrierung der Leitfähigkeit der Haut, die sog. hautgalvanische Reaktion. Sie gilt als besonders empfindlicher physiologischer

---

[30] Undeutsch/Klein, Praxis der Rechtspsychologie 9 (Sonderheft) (1999), S. 52
[31] Undeutsch, Antwort auf Frage 1 des im Rahmen der Verfahren Az. 1 StR 156/98 und Az. 1 StR 258/98 vom BGH an die Gutachter gerichteten Fragenkataloges im Anhang.
[32] Steller, Psychophysiologische Aussagebeurteilung, S. 4.
[33] Undeutsch, MschrKrim 62 (1979), S. 228ff.
[34] Undeutsch/Klein, Praxis der Rechtspsychologie 9 (Sonderheft) 1999, S. 50.
[35] Fabian/Stadler, Kriminalistik 2000, S. 608.
[36] Vgl. zu dieser Möglichkeit Steller, Psychophysiologische Aussagebeurteilung, S. 168.

Indikator psychischer Vorgänge. Hierbei lassen sich zwei methodisch voneinander unabhängige Phänomene differenzieren. Zum einen handelt es sich um die Änderung des Widerstandes bzw. der Leitfähigkeit der Haut bei einem schwachen, von außen zugeführten (exosomatischen) elektrischen Strom, zum anderen um die Änderung endosomatischer Potentialdifferenzen zwischen zwei Stellen der Hautoberfläche. Wenngleich beide normalerweise zusammen auftreten, so ist deren quantitativer Zusammenhang nicht geklärt. Das exosomatische Verfahren ist das ergiebigere und damit auch das weiter verbreitete. Bei psychischer Aktivität des Organismus sinkt regelmäßig der elektrische Hautwiderstand, was zu einer Verbesserung der Leitfähigkeit führt. Verursacht wird dies durch eine verstärkte Aktivität der Schweißdrüsen, ausgelöst durch die Innervierung cholinerger Fasern des Sympathikus. Für die Diagnose ausschlaggebend sind vor allem die kurzfristigen Reaktionen unmittelbar nach der Darbietung der Reize, weniger die langfristigen Veränderungen des Grundniveaus des Widerstandes.[37]

2. Cardiovascular-Parameter

Weitere für die Tatbestandsdiagnostik wichtige Parameter sind die der Cardiovascular-Gruppe, also die kreislaufbedingten Merkmale. Hierbei handelt es sich um den relativen arteriellen Blutdruck, die Veränderungen des Pulsschlages und die Intensität und Geschwindigkeit des Herzschlages sowie die Pulsamplitude.[38] Die Messung erfolgt über eine Blutdruckmanschette, die mit der Aufzeichnungsfeder verbunden ist. Die Veränderung der Messwerte führt zu einem Ausschlag der Feder, der sich dann im Polygramm niederschlägt.[39]

3. Pneumologische Parameter

Darüber hinaus werden zur Diagnostik auch pneumologische Parameter herangezogen. Dabei handelt es sich um die Veränderungen der thorakalen und abdominalen Atembewegung (Frequenz und Amplitude).[40] Zur Messung wird je ein dehnbarer Gummischlauch über der Brust und dem Bauch angebracht. Deren Enden sind mit Aufzeichnungsfedern verbunden, die die Veränderungen für die Aufzeichnung graphisch umsetzen.[41]

---

[37] Tent, S. 209.
[38] Vgl. Undeutsch, Kriminalistik 1977, S. 194.
[39] Delvo, S. 20.
[40] Undeutsch, MschrKrim 62 (1979), S. 229.
[41] Vgl. Delvo, S. 20.

4. Wärmesignale des Gesichts

Eine weitere Möglichkeit sehen u.a. *Pavlidis/Eberhardt/Levine*[42] in der Messung der Hauttemperatur im Gesicht der Probanden mit Hilfe einer Wärmebildkamera. Diese misst die Temperaturveränderungen mit einer Sensibilität von 0,0025 °C und bildet die einzelnen Temperaturstufen in verschiedenen Farbschattierungen ab. Unter Anwendung dieser Methode wird von Versuchen berichtet, bei denen eine „Trefferquote" von 83% erzielt wurde.[43] Da das Wärme-Verfahren auch ohne unmittelbaren Körperkontakt funktioniert, eröffnet es auch ein sehr weites Anwendungsspektrum, wie etwa bei der Sicherheitskontrolle am Flughafen.

5. Augenbewegung

Vereinzelt gibt es auch Versuche, über die Bewegung der Augen Rückschlüsse auf die psychische Situation des Probanden zu ziehen und damit entsprechende Täuschungen bzw. Lügen aufzudecken. Eine der dabei angewandten Methoden basiert auf der Messung der Größe und Veränderung des Pupillendurchmessers.[44] Die Reaktionen der Pupillen werden dabei von einer speziellen Kamera erfasst und zur anschließenden Auswertung aufgezeichnet.[45] Wenngleich dieser Ansatzpunkt bereits in den vierziger Jahren des vorangegangenen Jahrhunderts aufgegriffen wurde, fand er in der Praxis jedoch wenig Beachtung und wurde kaum weiter vertieft.[46] Der Studie von *Bradley/Janisse* folgend, wurden mit Hilfe dieses Parameters deutlich schlechtere Ergebnisse erzielt, als mit der hautgalvanischen Reaktion oder der Herzfrequenz.[47] In einer jüngeren Analogstudie von *Musch/Roßnagel* wurden jedoch auch durchaus akzeptable Trefferquoten, insbesondere in Bezug auf „unschuldige" Probanden erzielt.[48]

Einen weiteren Versuch, kognitive Prozesse über die Bewegung der Augen zu erfassen, machte der Japaner *Kyosuke Fukuda*.[49] Bei der Durchführung eines Polygraphentests registrierte er mit Hilfe einer Kamera das Blinzeln der Augen bzw. der Augenlider. Die anschließende Auswertung der aufgezeichneten Reaktionen lasse dann Rückschlüsse auf eine etwaige Täuschung seitens des Probanden zu.[50]

---

[42] Pavlidis/Eberhardt/Levine, Nature, Vol. 415 (Jan. 2002), S. 35.
[43] Pavlidis/Eberhardt/Levine, Nature, Vol. 415 (Jan. 2002), S. 35.
[44] Heilveil, Journal of Clinical Psychology 32 (1976), S. 675; Bradley/Janisse, Psychophysiology 18 (1981), S. 307.
[45] Bradley/Janisse, Psychophysiology 18 (1981), S. 308.
[46] Berrien/Huntington, Journal of Experimental Psychology 32 (1943), S. 443.
[47] Bradley/Janisse, Psychophysiology 18 (1981), S. 310.
[48] Musch/Roßnagel, Pupillenbasierte Lügendetektion im Tatwissenstest.
[49] Fukuda, International Journal of Psychophysiology 40 (2001), S. 239.
[50] So jedenfalls Fukuda, International Journal of Psychophysiology 40 (2001), S. 245.

6. Muskuläre Mikrovibrationen

Darüber hinaus arbeitet man daran, muskuläre Mikrovibrationen als Indikatoren für psychische Anspannung heranzuziehen.[51] Bei diesen Mikrovibrationen handelt es sich um Schwingungen im Bereich von 7-18 Hertz, die sich als Anzeichen aller Arten psychischer Anspannung bewährt haben. Die Messung erfolgt an der Innenseite des Unterarms des sitzenden Probanden durch elektrodynamische, piezo-elektrische oder elektro-magnetische Wandler. [52]

Aufgrund des komplexen Versuchsaufbaus und des damit verbundenen großen Aufwandes wird versucht, diese Mikrovibrationen, die sich auch in der phonischen und artikulatorischen Muskulatur finden lassen, in der Stimme nachzuweisen. Es handelt sich hierbei um nicht hörbare, niederfrequente Minimalschwingungen, die mit zunehmender Muskelspannung abnehmen. Mit Hilfe von elektro-akustischen Analysegeräten lassen sich diese Schwankungen in der Stimme nachweisen. Die bisher erzielten Ergebnisse lassen jedoch nach Auffassung von *Undeutsch* eine Auswertung des Sprachsignals allenfalls als Ergänzung, nicht aber als Ersatz der bisherigen Parameter zu, so dass dieses Verfahren in der deutschen Praxis noch keinen Einzug gefunden hat. [53] In den USA hingegen ist das sog. „Voice-Stress-Analysis"-Verfahren jedoch bereits soweit verbreitet, dass es auch in gesetzlichen Regelungen hinsichtlich der Ausbildung entsprechender Examinatoren Niederschlag gefunden hat,[54] und auch *Hamm* berichtet von „erstaunlichen Ergebnissen", die mit Hilfe der Stimmenanalyse erzielt wurden.[55]

II. „Lügendetektion" – Auswertung und Interpretation der Parameter

1. Messung und Aufzeichnung der Parameter

Einzelne dieser Parameter, regelmäßig Hautleitfähigkeit, Puls- und Atemfrequenz, werden nun von einem Polygraphen, also einem Mehrkanalschreiber, gleichzeitig registriert und auf einem mit einem Linienraster versehenen Papierstreifen graphisch dargestellt.[56]

Wenngleich auf diese Weise unzweifelhaft die körperliche Anspannung oder Erregtheit des Probanden zu messen ist, so gelingt es jedoch nicht, über die

[51] Undeutsch, MschrKrim 62 (1979), S. 229; Undeutsch, Kriminalistik 1977, S.194.
[52] Undeutsch, Kriminalistik 1977, S. 193.
[53] Undeutsch, Kriminalistik 1977, S. 193.
[54] Z.B. Arkansas State Code, Title 17, Chapter 39.
[55] Hamm, NJW 1999, S. 923.
[56] Vgl. die Ausführungen des BGH, BGHSt 44, S. 313, m.w.N.

Ursache und somit über die Qualität der gemessenen Gefühlswallung Auskunft zu bekommen.[57] Vielmehr sind alle Motivationen und Emotionen durch eine generelle Aktiviertheit charakterisiert. Ein spezielles Reaktionsmuster, das die Täterschaft oder die Lüge charakterisiert, gibt es nicht[58], so dass sich aus den bloßen Messwerten keine Rückschlüsse ziehen lassen.

Damit wird deutlich, dass die eigentliche Aufgabe des Polygraphen lediglich in der Aufzeichnung der körperlichen Reaktionen liegt und damit mit anderen medizinischen Mess- bzw. Diagnosegeräten, wie etwa dem Elektro-Enzephalographen oder dem Elektrokardiographen, vergleichbar ist.[59] Hierin liegt jedoch die Hauptursache für die sich um den „Lügendetektor“ rankenden Missverständnisse. Diese scheinbare Macht einer Maschine über das Befinden von Wahrheit und Lüge und der dadurch bedingten Abhängigkeit führte zu einer regelrechten Mythologisierung des Polygraphen.[60] Tatsächlich stellt der Polygraph jedoch keinen „Lügendetektor“ dar, der automatisch eine Bewertung der Aussage auf ihren Wahrheitsgehalt vornimmt.[61]

2. Interpretation der Aufzeichnung

Die eigentliche „Lügendetektion“ liegt nämlich nicht in der Messung und Aufzeichnung der einzelnen Parameter durch den Polygraphen, sondern vielmehr in der anschließenden Interpretation. In das Urteil über Wahrheit oder Unwahrheit der Aussage fließt dabei aber nicht nur die Information aus den Schreiberkurven, sondern auch die während der Beobachtung des gesamten Verhaltens des Probanden vor und während der Befragung gesammelten Eindrücke.[62] Eine aussagekräftige Interpretation kann jedoch nur dann eine eindeutige und richtige Schlussfolgerung auf die Täterschaft bzw. die Lüge zulassen, wenn die vorangegangene Untersuchungssituation eindeutig gestaltet wurde.[63] Zur Schaffung einer solchen Situation gilt es, entsprechende, unter psychologischen Gesichtspunkten nach Inhalt und Reihenfolge ausgewählte, Reize darzubieten. Damit wird deutlich, dass die Beurteilung hinsichtlich der Richtigkeit bzw. Glaubwürdigkeit der Aussage nicht durch die „Maschine“ oder deren Aufzeichnung, sondern allein durch den Sachverständigen getroffen wird.[64]

[57] Wegner, S. 11.
[58] Undeutsch, MschrKrim 62 (1979), S. 229.
[59] Delvo, S. 17.
[60] Achenbach, NStZ 1984, S. 350.
[61] Delvo, S. 22.
[62] Schandry, S. 322; Delvo, S. 41, m.w.N.
[63] Wegner, S. 11.
[64] AK-Gundlach, § 136a, Rdnr. 55; SK/StPO-Rogall, § 136a, Rdnr. 73.

III. Überblick über die einzelnen Testverfahren

Zum Zwecke der Täterschaftsermittlung gibt es mittlerweile eine Vielzahl von Testverfahren, die auf zwei Grundprinzipien, der sog. indirekten und der direkten Methode, basieren.

1. Die indirekte Methode (Tatwissentest)

Die indirekte Methode, auch Tatwissentest oder Assoziationsmethode genannt, zielt von ihrer Grundidee darauf ab, verheimlichtes Tatwissen aufzudecken.[65] Dieser ursprünglich von *Keeler*[66] unter dem Begriff des „Peak of Tension Test" entwickelte Versuchsaufbau wurde später von *Lykken*[67] auch „Guilty-Knowledge-Test" genannt. Da jedoch bloßes „Wissen" niemals „schuldig" sein kann, prägte *Undeutsch*[68] hierfür den Ausdruck „Concealed Knowledge". Mittlerweile findet in wissenschaftlichen Veröffentlichungen sowohl der Begriff des „Guilty-Knowledge-Test" (GKT) als auch der des „Conceald-Knowledge-Test" (CKT) parallele Verwendung.[69] Im deutschen Sprachgebrauch hat sich einheitlich der Begriff des Tatwissentest durchgesetzt.[70]

Inhaltlich basieren alle indirekten Verfahren auf der Assoziationsmethode, die an die Überlegung anknüpft, dass die Testperson nur dann Kenntnis über Einzelheiten der Tat haben kann, wenn sie Tatbeteiligter ist.[71] Zunächst wird daher in einem Vorgespräch mit dem Probanden das Tatwissen in Erfahrung gebracht, wobei ein Unschuldiger, wenn überhaupt, nur zufällige Einzelheiten über die Tat wissen wird. Der Täter mit dem Detailwissen wird jedoch die Tat leugnen und sein Wissen nicht preisgeben.[72] Anhand dieses Vorgespräches werden nun die Fragen formuliert und zu jeder Frage fünf bis sechs Antwortmöglichkeiten vorgegeben, die für den Unbeteiligten mit gleicher Wahrscheinlichkeit zutreffen können.[73] Mögliche Fragen zielen hierbei auf bestimmte Einzelheiten des Tathergangs oder des Taterfolges, von denen als wahrscheinlich angenommen wer-

[65] Wegner, S. 12.
[66] Keeler, American Journal of Police Science 1930, S. 48.
[67] Vgl. etwa Lykken, Psychology Today, März 1975, S. 57.
[68] Undeutsch, Vernehmung und non-verbale Information, S. 402.
[69] Honts/Devitt/Winbush/Kircher, Psychophysiology 33 (1996), S. 84ff. spricht vom „Conceald Knowledge Test", während Elaad/Ginton/Jungman, Journal of Applied Psychology 77 (1992), S. 757ff. die Bezeichnung „Guilty Knowledge Test" vorziehen.
[70] Vgl. etwa Schneider, S. 151; BGHSt 44; S. 313, 315; Fiedler, Praxis der Rechtspsychologie, Sonderheft 9 (1999), S. 16.
[71] Vgl. Schneider, S.151.
[72] Undeutsch, MschrKrim 62 (1979), S. 229.
[73] Steinke, MDR 41 (1987), S. 536.

den muss, dass der Täter ihnen seine Aufmerksamkeit geschenkt hat.[74] Gegenstand der Befragung dürfen also keinesfalls marginale Details sein, die auch der Täter bei der Tatbegehung übersehen haben könnte. Darüber hinaus sollten alle Antwortvarianten für einen Unbeteiligten mit gleicher Wahrscheinlichkeit zutreffen können. Eine entsprechende Frage könnte sein:[75]

Wo befand sich der Gegenstand der gestohlen wurde? War er

1. in dem Schrank?	4. auf der Fensterbank?
2. auf dem Bücherregal?	5. in der Schublade?
3. in dem Aktenbock?	6. in dem Ablagekasten?

Ein Tatwissentest besteht dabei aus mehreren Frageblöcken mit jeweils fünf bis sechs Antwortvarianten. Der Proband reagiert in der Standardprozedur mit der Verneinung jeder Variante. Ebenso kann der Test aber auch durchgeführt werden, indem der Proband die vorgegebene Möglichkeit wiederholt, jede Frage bejaht oder auf jede verbale Reaktion verzichtet wird.[76] Für einen Tatunbeteiligten hat keine der Fragen eine besondere Bedeutung, der Täter jedoch wird bei den relevanten Fragen spezifische Aktivationen zeigen, die auf der Messskala bei jedem einzelnen Messwert ihren Niederschlag finden.[77]

Die Testauswertung erfolgt nun durch Überprüfung, ob ein Proband konsistent auf die relevanten Varianten stärkere physiologische Reaktionen gezeigt hat, als auf die irrelevanten. Je umfangreicher die Testsituation gestaltet ist, um so geringer ist die rechnerische Möglichkeit lediglich zufälliger Übereinstimmung zwischen den verschiedenen Messwerten. Bei einer Fragestellung mit 6 Antwortmöglichkeiten, wie im obigen Beispiel, wird jedoch die erste Variante regelmäßig nicht gewertet, da sie den eigentlichen Antworten als Puffer anfänglicher aufregungsbedingter Reaktionen vorangestellt ist.[78] Bei den verbleibenden fünf Antwortmöglichkeiten beträgt die Wahrscheinlichkeit, dass ein unschuldiger bzw. unwissender Proband bei der kritischen Antwortalternative zufällig die stärkste physische Reaktion zeigt 1:5. Diese Zufallswahrscheinlichkeit verringert sich exponential mit der Anzahl der Frageblöcke. Bei 5 Frageblöcken mit 5 Varianten beträgt die Zufallswahrscheinlichkeit damit $1:5^5$, also 1:3.125, bei 10 Frageblöcken lediglich noch $1:5^{10}$, entsprechend 1:9.756.625.[79]

---

[74] Undeutsch, Vernehmung und non-verbale Information, S. 402.
[75] Beispiel nach Steller, Psychophysiologische Aussagebeurteilung, S. 11.
[76] Steller, Psychophysiologische Täterschaftsbeurteilung, S. 91f.
[77] Wegner, S. 13.
[78] Podlesny/Raskin, Psychophysiology 15 (1978), S. 349.
[79] Steller, Psychophysiologische Aussagebeurteilung, S. 10. Über entsprechende Ergebnisse beim sog. „Guilty-Knowledge-Test" berichtet auch Lykken, Psychology Today, März 1975, S. 58.

Die weitere, auf *Lykken*[80] basierende Auswertung des Tatwissentests erfolgt nun, indem der Reaktion auf die jeweils relevante Antwort numerische Werte zugeordnet werden. Ist die Reaktion auf die kritische Antwortmöglichkeit die stärkste innerhalb des Blockes, werden 2 Punkte zugeordnet; ist sie die zweitstärkste, so erhält sie einen Punkt. Bei 5 Frageblöcken mit jeweils 5 tatsächlich bewerteten Antwortmöglichkeiten ergibt sich eine mögliche Punktesumme zwischen 0 und 10.[81] Probanden mit einer Bewertung von weniger als 6 Punkten werden als „unschuldig" bzw. „kein Tatwissen vorhanden" klassifiziert; ab einem Wert von 6 und mehr Punkten wird auf entsprechendes Tatwissen geschlossen.[82] Vereinzelt gelten Werte von 5 und 6 Punkten als unentscheidbar.[83] Die Wahrscheinlichkeit einer zufälligen Klassifikation einer Person als Täter liegt bei einer Bewertung von 6 Punkten bei 9,15%, mit 7 Punkten bei 3,23%, für 8 und mehr Punkte bei 0,99%.[84]

Damit bietet dieses Verfahren ein sehr hohes Maß an Sicherheit. Gleichzeitig birgt es jedoch den Nachteil in sich, dass es nur erfolgreich angewandt werden kann, wenn der Proband noch keine Einzelheiten über den Tathergang, beispielsweise aus Zeitung oder Nachrichten, erlangt hat.[85] Dies wird jedoch lediglich in einem sehr frühen Verfahrensstadium, regelmäßig nur im Ermittlungsverfahren, der Fall sein. Im Zeitpunkt des Hauptverfahrens wird somit auch ein zu Unrecht Angeklagter über diese Informationen verfügen; dies nicht zuletzt durch den Verteidiger, dem nach Abschluss der Ermittlungen ein umfangreiches Akteneinsichtsrecht zusteht, und dieser seinen Mandanten regelmäßig mit den Einzelheiten der Anklage und der Tatumstände vertraut gemacht haben wird. Damit scheidet die Durchführung eines Tatwissentests im Hauptverfahren aus.[86]

2. Die direkte Methode (Kontrollfragentest)

Anders als der Tatwissentest zielt der Kontrollfragentest, der vereinzelt auch als Vergleichsfragentest bezeichnet wird,[87] nicht auf die Aufdeckung verheimlichten Tatwissens ab, sondern versucht verbal erklärte Lügen des Probanden zu

[80] Vgl. Lykken, Journal of Applied Psychology 43 (1959), S. 386.
[81] Undeutsch, Vernehmung und non-verbale Information, S. 403.
[82] Podlesny/Raskin, Psychophysiology 15 (1978), S. 349f.; Undeutsch, Vernehmung und non-verbale Information, S. 403.
[83] Podlesny/Raskin, Psychophysiology 15 (1978), S. 349f.
[84] So die nicht weiter erläuterten und nicht unmittelbar nachvollziehbaren Zahlenangaben bei Undeutsch, Vernehmung und non-verbale Information, S. 403; zumindest bei einem Wert von 10 Punkten liegt die Wahrscheinlichkeit der zufälligen Klassifikation einer Person als Täter bei besagten 1:1.325 bzw. knapp 0,08%.
[85] Undeutsch, MschrKrim 62 (1979), S. 230.
[86] So auch BGHSt 44, S. 328 unter Berufung auf die Gutachten von Steller und Fiedler.
[87] Fabian/Stadler, Kriminalistik 54 (2000), S. 609.

offenbaren.[88] Hierbei werden der Versuchsperson offen und direkt Fragen nach dem tatspezifischen Sachverhalten gestellt (Haben Sie den Geldschein gestohlen?).[89] Diese hat der Proband stets zu verneinen.[90]

Neben diesen relevanten Fragen werden dem Probanden auch irrelevante, mit dem Delikt in keinem Zusammenhang stehende, Fragen gestellt. Darüber hinaus werden zusätzlich zu diesen relevanten und irrelevanten Fragen auch noch sog. Kontrollfragen gestellt. Diese Kontrollfragen werden aufgrund eines dem Test vorausgehenden Informationsgespräches formuliert und beinhalten zwar keine den Sachverhalt betreffenden, aber den Probanden gleichfalls belastenden Inhalt. Damit wird erreicht, dass die Versuchsperson bei der vorgabegemäßen Verneinung dieser Kontrollfragen lügt oder mindestens unsicher wird. Die Grundannahme der Kontrollfragentechnik geht hierbei davon aus, dass derjenige, der die relevanten Fragen wahrheitsgemäß beantworten kann, durch die Kontrollfragen zu erhöhten physiologischen Reaktionen veranlasst wird, da er durch sie in stärkerem Maße emotional belastet wird oder sich wenigstens mit ihnen in einem höheren Ausmaß auseinandersetzt als mit den relevanten Fragen.[91] Wenn es sich bei dem eigentlichen Delikt um einen Diebstahl handelt, so könnte eine Kontrollfrage lauten: „Haben Sie früher einmal jemandem etwas weggenommen?".[92] In der Praxis haben Kontrollfragentests drei Paare von relevanten und Kontrollfragen, zwischen die irrelevante bzw. neutrale Fragen gestreut werden. Eine typische Fragenfolge für einen Kontrollfragentest in einem Diebstahlsfall könnte daher wie folgt aussehen:[93]

(n) 1. Ist Ihr Name...?
(r) 2. Bezüglich...(Angabe der aufzuklärenden Angelegenheit) – haben Sie die Absicht, alle diesbezüglichen Fragen wahrheitsgemäß zu beantworten?
(k) 3. Glauben Sie mir, dass ich Ihnen nur Fragen stelle, die wir zuvor vereinbart haben?
(k) 4. Haben Sie vor Ihrem 19. Lebensjahr jemals irgendwelches Geld gestohlen?
(r) 5. Haben Sie den betreffenden Ring genommen?
(k) 6. Haben Sie während der Schulzeit irgendeinen Gegenstand von Wert gestohlen?
(r) 7. Haben Sie den betreffenden Ring aus der Schublade entwendet?

[88] Lykken, Psychologie Today, März 1975, S. 58.
[89] Steller, Psychophysiologische Aussagebeurteilung, S. 6; entsprechend Wegner, S. 14; Schneider, S. 152.
[90] Rill/Vossel, NStZ 1998, S. 482.
[91] Steller, Psychophysiologische Täterschaftsbeurteilung, S. 94.
[92] Holstein, Kriminalistik 44 (1990), S. 156.
[93] Entnommen aus Undeutsch, Vernehmung und non-verbale Information, S. 405, nach einer von Raskin entwickelten Abwandlung.

(n) 8. Heißen Sie mit Vornamen ...?

(k) 9. Haben Sie jemals einen Menschen, der berechtigt war, die Wahrheit zu erfahren, belogen, um sich unangenehme Konsequenzen fernzuhalten?

(r) 10. Waren Sie irgendwie an dem Diebstahl des betreffenden Ringes beteiligt?

Mit derartigen Frageblöcken werden nun mehrere Durchgänge mit gleichen oder – infolge weiterer Zugeständnisse – modifizierten Kontrollfragen durchgeführt, um die notwendige Validität zu erreichen. Dabei werden die jeweiligen Reaktionen des Probanden registriert.[94]

Während die physiologischen Reaktionen auf die irrelevanten Fragen unerheblich sind und hierbei lediglich das Reaktionsniveau normalisiert werden soll, werden jeweils die Reaktionen auf eine relevante Frage und eine Kontrollfrage gegenüber gestellt und verglichen. In obigem Beispiel fließen die Fragen 1-3 und 8 als neutrale Fragen nicht in die Bewertung mit ein. Die Fragenpaare 4 und 5, 6 und 7, sowie 9 und 10 bilden jeweils die Vergleichsreize für die Auswertung.[95] Diese erfolgt dann, indem jeder Fragenkombination ein numerischer Wert von -3 bis +3 zugeordnet wird.[96] Ein positiver Wert wird gegeben, wenn die Reaktion auf die Kontrollfrage eines Fragenpaares größer ist als auf die relevante Frage, ein negativer Wert im umgekehrten Fall. Liegt bei der Reaktion auf die beiden Fragen keine signifikante Differenz vor, so wird ein Wert von Null vergeben.[97] Positive Wert lassen folglich auf die wahrheitsgemäße Verneinung der relevanten Frage und damit auf die Unschuld des Probanden schließen.[98] Zur abschließenden Entscheidung, ob der Proband bei den relevanten Fragen lügt oder die Wahrheit sagt, werden die durch drei Testdurchläufe bestätigten Werte der drei Zahlenpaare addiert. Bewegt sich die Summe der Werte (bei theoretisch möglichen -9 bis +9) zwischen -5 und +5, so gilt der Test als unentscheidbar. Liegt die Summe bei -6 oder weniger, so wird auf Täterschaft geschlossen, bei Werten von +6 und mehr wird von der Nichttäterschaft ausgegangen.[99]

Entwickelt wurde der Kontrollfragentest aus der sich als unzulänglich erwiesenen Relevant-Irrelevant-Technik, die, ohne oben genannte Kontrollfragen, lediglich relevante und irrelevante Fragen an den Probanden vorgesehen hat. Bei

---

[94] Steller, Psychophysiologische Täterschaftsermittlung, S. 94.

[95] Undeutsch, Vernehmung und non-verbale Information, S. 405.

[96] Z.B. Barland/Raskin, Psychophysiology 12 (1975), S. 325. Insgesamt handelt es sich bei diesem Vorgehen um die allgemein gebräuchliche numerische Auswertung von Kontrollfragentests; vgl. auch die Darstellungen von Steller, Psychophysiologische Täterschaftsermittlung, S. 8f. bzw. Undeutsch, Vernehmung und non-verbale Information, S. 405.

[97] Raskin/Hare, Psychophysiology 15 (1978), S. 129.

[98] Vgl. Steller, Psychophysiologische Aussagebeurteilung, S. 9.

[99] Undeutsch, Vernehmung und non-verbale Information, S. 405.

stärkeren Reaktionen auf die relevanten Fragen im Vergleich zu den irrelevanten Fragen wurde auf Lügen bzw. Täterschaft geschlossen. Hierbei wurde übersehen, dass auch „unschuldige" Personen die relevanten Fragen ohne weiteres identifizieren konnten und, bedingt durch ihre Angst vor einer falschen Verdächtigung, gleichfalls stärkere physiologische Reaktionen zeigen, als bei den irrelevanten Fragen.[100]

C. DIE HISTORISCHE ENTWICKLUNG PSYCHOPHYSIOLOGISCHER TÄTERSCHAFTSERMITTLUNG

I. Vorwissenschaftliche Methoden

In ihrer historischen Betrachtung war die „Lügendetektion" von der Zeit um Christi Geburt bis in das Mittelalter hinein eng mit sogenannten Gottesurteilen verknüpft. Der in den Köpfen der Menschen allgegenwärtige Aberglaube führte dazu, dass nur ein Gottesurteil einen Unschuldsnachweis erbringen konnte. Auch im Europa des 16. Jahrhunderts war man noch der Auffassung, dass der Nachweis von Schuld oder Unschuld nicht durch den Betroffenen selbst, sondern nur durch eine höhere Macht geliefert werden könne.[101] So unwissenschaftlich solche Gottesurteile auch gewesen sein mögen, gemeinsam ist ihnen jedoch das Interesse der Menschen, glaubhafte und unglaubhafte Bekundungen durch Methoden voneinander zu unterscheiden, die der willkürlichen Beeinflussung des Aussagenden nicht unterliegen. Einige weisen sogar deutliche Anzeichen dafür auf, dass ihnen die Kenntnis oder wenigstens intuitive Ahnung psychophysiologischer Zusammenhänge zugrunde lagen.[102]

Bereits im Orient versuchte man über die Speichelsekretion Rückschlüsse auf die etwaige Täterschaft zu ziehen. Im Norden Bengalens wurden Gottesurteile zur Überführung von Beschuldigten gefällt, indem der Betroffene seine Zunge mehrmals an ein glühendes Metall halten musste. Blieb er dabei unverletzt, war er unschuldig, hatte er sich verbrannt, wurde er hingerichtet.[103]

Bei einem weiteren, ursprünglich aus Indien stammenden Verfahren wurde auch auf den Speichelfluss abgestellt. Man ließ die Betroffenen trockenen Reis kauen, um diesen nach einiger Zeit wieder ausspeien zu lassen. Sofern dies dem Probanden nur mit Schwierigkeiten gelang, galt er als überführt.[104]

[100] Steller, Psychophysiologische Täterschaftsermittlung, S. 93.
[101] Vgl. Trovillo, Journal of Criminal Law and Criminology 29 (1939), S. 850.
[102] Steller, Psychophysiologische Aussagebeurteilung, S.16; vgl. auch Tent, S.193.
[103] Trovillo, Journal of Criminal Law and Criminology 29 (1939), S. 851.
[104] Steller, Psychophysiologische Aussagebeurteilung, S.16.

Einen entsprechenden Anknüpfungspunkt hatte eine in Großbritannien angewandte Methode, bei der die Angeklagten trockenes Brot schlucken mussten. Gelang es ihnen nicht innerhalb einer vorgegebenen Zeit, wurde dies als Anzeichen für einen Täuschungsversuch gewertet.[105]

Aber auch Reaktionen wie Erröten oder Schweißausbrüche wurden seit jeher von dem jeweiligen Vernehmungsführer wahrgenommen und zur Beurteilung des Wahrheitsgehaltes der Aussage herangezogen.[106] In den frühen Inquisitionsprozessen führte man über die nonverbalen Reaktionen des Vernommenen ein sogenanntes Gebärdenprotokoll. In ihm wurden Reaktionen wie Zittern, Schweißausbrüche, Erröten oder das Stocken bei der jeweiligen Aussage notiert, um den Wahrheitsgehalt der Aussage beurteilen zu können.[107]

In der Literatur finden sich gleichfalls Beispiele für die psychophysiologische Täterschaftsermittlung. In dem von *Wiliam Shakespeare* im Jahre 1603 veröffentlichten Werk „The Tragedy of Hamlet, Prince of Denmark" versuchte Hamlet, den von ihm verdächtigten Mörder seines Vaters durch das Vorspielen einer den Todesumständen entsprechenden Ermordungsszene zu überführen. Er stellte darauf ab, dass der Mörder sich in der Handlung wiedererkennen würde und sich bei ihm, anders als bei den anderen unbeteiligten Zuschauern, besondere spezifische Reaktionen feststellen lassen, die ihn dann als Mörder entlarven würden.[108]

Auch die Messung des Pulses wurde bereits im Jahre 1730 von dem englischen Schriftsteller *Daniel Defoe* als Mittel zur Erkennung von Tätern empfohlen. Danach sei ein unregelmäßiger Pulsschlag untrügliches Zeichen dafür, dass der Betroffene trotz Leugnen der Täter ist.[109]

II. Die wissenschaftlichen Anfänge

Auch alle späteren wissenschaftlichen Versuche zur „Lügendetektion" basieren auf der Grundlage, dass psychische Vorgänge unweigerlich physiologische Veränderungen nach sich ziehen, die durch das vegetative Nervensystem ausgelöst werden. Der Erforschung dieses Zusammenhanges widmet sich die Wissenschaft der Psychophysiologie.[110]

---

[105] Schneider, S.132.
[106] Schünemann, Kriminalistik 1990, S. 131.
[107] Vgl. H.-H. Kühne, Strafprozeßlehre, Rdnr. 536; Schneider, S. 132.
[108] Shakespeare, Hamlet, II. Akt, 2. Szene.
[109] Vgl. Steller, Psychophysiologische Aussagebeurteilung, S. 17.
[110] Wegner, S. 5.

1. Cesare Lombroso

Erste ernstzunehmende Versuche wissenschaftlicher Registrierung dieses Zusammenhangs machte der Turiner Gerichtsmediziner *Cesare Lombroso* am Ende des vorletzten Jahrhunderts.[111] Er registrierte Kreislaufmerkmale, insbesondere die Pulsfrequenz, die er mit Hilfe eines Plethysmographen aufzeichnete.[112] Gemessen wurde hierbei die Volumenveränderung der Gliedmaße während des Durchlaufens einer Pulswelle.[113] Der Proband wurde dabei sprachlichen oder visuellen, jeweils auf die Tat bezogenen Reizen ausgesetzt.[114] Aufgrund der jeweiligen Reaktionen sollten Rückschlüsse auf die Täterschaft gezogen werden.

2. Carl Gustav Jung

Anfang des 20. Jahrhunderts befasste sich der Psychoanalytiker *Carl Gustav Jung* von der Psychiatrischen Universitätsklinik Zürich mit „diagnostischen Assoziationsstudien“. Dabei wurde der Versuchsperson ein Reizwort vorgegeben, auf das sie möglichst schnell mit dem nächsten damit assoziierten Wort antworten soll.[115] Hierbei hat *Jung* neben den allgemeinen, irrelevanten und den besonderen, relevanten Fragen auch noch beunruhigende Wörter mit einfließen lassen. Damit deutet sich bereits zu dieser Zeit die Idee des Kontrollfragentests an, der erst 1947 von *Reid*[116] als „Comparative Response Questions“ eingeführt wurde.[117]

3. Max Wertheimer und Julius Klein

Zeitgleich erkannten *Max Wertheimer* und *Julius Klein*, Mitarbeiter des Kriminalwissenschaftlers *Hans Groß* an der deutschen Universität zu Prag, in der Assoziationsmethode eine Möglichkeit der Täterschaftsermittlung.[118] Unter dem Begriff der „psychologischen Tatbestandsdiagnostik“ versuchte man mit Hilfe der Auswertung der unterschiedlichen Reaktionszeit bei tatbezogenen und tatirrelevanten Reizworten, Rückschlüsse auf eine mögliche Täterschaft zu ziehen, was gleichfalls gewisse Parallelen zum Kontrollfragentest zeigt. Hierbei haben

---

[111] Wegner, S. 5.
[112] Schneider, S. 132.
[113] Holstein, Kriminalistik 1990, S. 155.
[114] Wegner, S. 5.
[115] Jung, Journal for Abnormal Psychology 1 (1906/1907), S. 249-257; entsprechend Steller, Psychophysiologische Aussagebeurteilung, S. 19.
[116] Reid, Journal of Criminal Law and Criminology 37 (1946/47), S.543.
[117] Undeutsch, Vernehmung und non-verbale Information, S. 403.
[118] Tent, S. 185.

Wertheimer und *Klein* auch Veränderungen der Atmung und der Pulsfrequenz festgestellt, ohne diese jedoch näher ausgewertet zu haben. [119]

4. Weitere Parameter von Vittorio Benussi und William Marston

Erst *Vittorio Benussi* analysierte 1914 den Zusammenhang zwischen der Atmung und der Lüge.[120] Unabhängig und beinahe zeitgleich erkannte der Amerikaner *William Marston* im Jahre 1917 die hohe Korrelation zwischen Lüge und dem systolischen Blutdruck.[121]

5. Erste Polygraphen von John Larson und Leonarde Keeler

Den ersten Polygraphen, also Mehrkanalschreiber, entwickelte daraufhin 1921 der Polizist und Medizinstudent an der Universität in Berkeley, *John Larson.* Dieser Polygraph zeichnete gleichzeitig die am Probanden gemessenen Parameter von Blutdruck, Puls- und Atemfrequenz auf.[122] Der laut *Holstein*[123] „erste Lügendetektor der Geschichte" wurde dann von *Leonarde Keeler* weiter verbessert und um den Parameter des hautgalvanischen Widerstandes ergänzt. Allerdings wehrte sich dieser bereits gegen die missverständliche Bezeichnung des Polygraphen als Lügendetektor, da erst die anschließende Auswertung der aufgezeichneten Daten durch einen psychophysiologischen Gutachter entsprechende Rückschlüsse auf den Wahrheitsgehalt der Aussage bzw. eine etwaige Täterschaft des Probanden ermöglicht.[124] Diesen aus dem ersten Drittel des 20. Jahrhunderts stammenden Publikationen folgte dann eine wissenschaftliche Abstinenz, die erst in den 70er Jahren in den USA durch eine Forschergruppe um den Psychologen *Raskin* beendet wurde.

---

[119] Steller, Psychophysiologische Aussagebeurteilung, S. 20.
[120] Benussi, Archiv für die gesamte Psychologie 31 (1914), S. 245.
[121] Holstein, Kriminalistik 1990, S.155.
[122] Steller, Psychophysiologische Aussagebeurteilung, S. 27.
[123] Holstein, Kriminalistik 1990, S. 155.
[124] Keeler, American Journal of Police Science 1 (1930), S. 48; entsprechend Steller, Psychophysiologische Aussagebeurteilung, S. 28, der zur Erklärung anführt, dass ein Gerät zur Registrierung von Blutdruck, Puls, der Atmung und des Hautwiderstandes ebensowenig „Lügendetektor" genannt werden könne, wie ein Mikroskop zum Zählen von Blutkörperchen die Bezeichnung „Appendicitis Detector" verdiene.

2. Kapitel:

Der derzeitige Einsatzbereich des Polygraphen

A. DER EINSATZ DES POLYGRAPHEN IN ANDEREN RECHTSORDNUNGEN

Die in der Vergangenheit gesammelten und in dem vorangegangenen Kapitel beschriebenen Erfahrungen über die „Lügendetektion" und die Glaubwürdigkeitsbeurteilung finden in Deutschland im Allgemeinen und im deutschen Strafverfahren im Besonderen kaum Berücksichtigung. Anders verhält es sich jedoch in einigen anderen Ländern und deren Rechtsordnungen, wo man sich dieses Wissen bereits seit geraumer Zeit zu Nutzen macht. Die Polygraphie findet in über 50 Ländern und in den verschiedensten Bereichen Anwendung.[1] Aufgrund dieser Vielfalt soll im Folgenden nur eine exemplarische Übersicht über die internationale Handhabung gegeben werden, ohne jedoch Anspruch auf Vollständigkeit erheben zu wollen.

I. Vereinigte Staaten von Amerika

Als Beispiel für die praktische Anwendung des Polygraphen wird regelmäßig die USA angeführt.[2] Neben den staatlichen Untersuchern, insbesondere bei Polizei und Militär, gibt es auch eine große Zahl privater Polygraphengutachter, die zum Großteil in der American Polygraph Association (APA) organisiert sind. Das Hauptbetätigungsfeld dieser privaten Gutachter liegt dabei im Bereich des Arbeitsrechts.[3]

1. Anwendung im Arbeitsrecht

Dort wird der Polygraph im Bereich des privaten und öffentlichen Arbeitsrechts, insbesondere im Rahmen von Einstellungsuntersuchungen zur Überprüfung der Sozialbewährung des Bewerbers oder – während eines bestehenden Arbeitsverhältnisses – hinsichtlich der Überprüfung seiner bisherigen Loyalität gegenüber dem Arbeitgeber eingesetzt.[4] Nachdem in der Vergangenheit eine Reihe vereinzelter Versuche, diese Anwendung auf gesetzlicher Ebene zu unter-

---

[1] Vgl. Van Aperen, S. 2.
[2] Z.B. Undeutsch, Vernehmung und non-verbale Information, S. 406.
[3] Vgl. hierzu auch die APA-homepage unter www.polygraph.org .
[4] Undeutsch, Vernehmung und non-verbale Information, S. 406.

binden, gescheitert waren,[5] wurde jedoch mit dem „Employee Polygraph Protection Act (EPPA)“[6] vom 27. Dezember 1988 eine diesbezügliche Vorschrift erlassen. Seit dem ist Arbeitgebern die Verwendung jeglicher „Lügendetektoren“ in Form von Polygraphen, Stimmenanalysegeräten oder ähnlichen Geräten untersagt. Dies gilt für Tests im Rahmen von Neueinstellungen ebenso wie für Tests an Mitarbeitern hinsichtlich deren grundsätzlicher Loyalität. Durch den EPPA wird dem Arbeitgeber sowohl die Benutzung von „Lügendetektoren“ als auch das Drängen oder gar Verpflichten eines (auch zukünftigen) Arbeitnehmers auf Durchführung eines Polygraphentests verboten. Gleichzeitig wird jegliche Benachteiligung von Arbeitnehmern oder die Nichteinstellung aufgrund des Nichtbestehens oder der Verweigerung der Durchführung eines solchen Tests untersagt.

Hiervon ausgenommen ist jedoch der Einsatz von Polygraphen seitens des Arbeitgebers im Rahmen der Verfolgung und Aufklärung innerbetrieblicher Straftaten. Darüber hinaus gilt die Einschränkung des EPPA auch nicht für den öffentlichen Dienst – weder auf Bundes-, Staats- noch auf kommunaler Ebene.

Der EPPA stellt im Wesentlichen jedoch nur eine Vereinheitlichung der bereits in einer Vielzahl von Einzelstaaten bestehenden gesetzlichen Regelungen zur Einschränkung des Einsatzes von Polygraphen im privaten arbeitsrechtlichen Bereich dar.[7] Auch hier ist jedoch der Bereich des öffentlichen Dienstes durchweg von den Beschränkungen ausgenommen, so dass insbesondere bei Bewerbern für den Polizeidienst oder bei Dienstvergehen von Beamten regelmäßig entsprechende Untersuchungen stattfinden.[8] Lediglich in Kalifornien besteht eine Regelung, wonach Sicherheitsbeamte im öffentlichen Dienst – von Ausnahmen abgesehen – nicht zur Durchführung eines Polygraphentests gezwungen werden können.[9] Texas nimmt hiervon einige Beamte[10], insbesondere Feuerwehrleute aus.[11] In Guam, das zwar keinen eigenen Bundesstaat darstellt, jedoch zu US-

[5] Vgl. Delvo, S. 120.

[6] Employee Polygraph Protection Act vom 27.12.1988 i.d.F. vom 4.10.1991, Code of Federal Regulations, Title 29, Ch. 5, Part 801.

[7] *California* Labor Code Section 432.2, entsprechender Inhalt wurde am 15.9.1998 ergänzend in die *California* Statutes, Chapter 515 aufgenommen; *Connecticut* Statutes, Title 31, Chapter 557, Section 31-51g; *Hawaii* Revised Statutes, Chapter 378-26, 378-27; *Idaho* Statutes, Title 44, Ch.9; *Iowa* Code Chapter 730, Section 730.4; *Michigan* Polygraph Protection Act of 1981, Act 44 of 1982; *Minnessota* Statutes, Section 181.75, 181.76; *Nevada* Revised Statutes, Chapter 613, Section 613.480; *Oregon* Revised Statutes, Chapter 659, Sec. 225, 227; *Rhode Island* General Laws, Title 28, Chapter 28-6.1, Section 28-6.1-1; *Vermont* Statutes, Title 21, Chapter 5, § 494-494e; *Virginia*, Code of Virginia, Title 10.1, Chapter 3, Section 40.1-51.4; *West Virginia* State Code Chapter 21, Section 5, Article 5ff.; vgl. hierzu auch die Auflistung der einzelnen Staaten und der entsprechenden Normen bei Delvo, S. 123f.

[8] Delvo, S. 124f.

[9] *California* Statutes, Assembly Bill 2293, Chapter 112, Section 3307.

[10] *Texas* Statutes, Chapter 411, Art. 411.007 und Chapter 614, Art. 614.063.

[11] *Texas* Statutes, Chapter 143, Art. 143.124.

amerikanischem Territorium gehört und auch der Verwaltung des US-Innenministeriums untersteht, ist im Gegensatz dazu für die Aufnahme in den Polizeidienst die Durchführung eines Polygraphentests sogar ausdrücklich vorgeschrieben.[12]

2. Anwendung im Strafrecht

Auch im strafrechtlichen Bereich findet der Polygraph in den USA Verwendung.[13] Zwar gibt es eine ausdrückliche gesetzliche Regelung über die uneingeschränkte Zulässigkeit des Polygrapheneinsatzes und seiner Verwertbarkeit im Strafverfahren weder auf Bundesebene noch haben einzelne Bundesstaaten entsprechende Gesetze erlassen.[14] Dennoch finden sich aber auch keine Vorschriften bezüglich seiner grundsätzlichen Unzulässigkeit bzw. eines Verbotes der entsprechenden beweisrechtlichen Verwertbarkeit.

a) Polygrapheneinsatz im Ermittlungsverfahren

Prinzipiell ist bei der Darstellung der rechtlichen Situation zwischen der Zulässigkeit des polygraphischen Gutachtens als Beweismittel und dem Einsatz des Polygraphen im Rahmen des Ermittlungsverfahrens zu differenzieren. Im Ermittlungsverfahren gehört der Polygraph schon seit Beginn der vierziger Jahre unbestritten zur Praxis der Ermittlungsbehörden und wird von den Gerichten als unproblematisch anerkannt.[15] Darüber hinaus wird ihm sogar ausdrücklich eine außerordentliche Nützlichkeit attestiert.[16] Diese Anwendungspraxis findet vereinzelt auch in bundesstaatlichen Rechtsvorschriften Niederschlag, die den Einsatz des Polygraphen im Rahmen der Ermittlungstätigkeit ausdrücklich vorsehen.[17]

---

[12] *Guam* Code Annotated, Chapter 77-110.

[13] Undeutsch, Vernehmung und non-verbale Information, S. 406; eine ausführliche Darstellung zur Rechtslage bezüglich des Polygraphen im U.S.-amerikanischen Strafverfahren gibt Wegner, S. 33ff. sowie Delvo.

[14] Vgl. Delvo, S. 120,123.

[15] State vs. Cole, 354 Mo. 181, 188 s. W. 2 d 43, Missouri (1945); People vs. Davis, 343 Mich. 348, 72 N.W. 2 d 269, Michigan (1955); State vs. Foye, 254. N.C. 704, 120 S.E. 2 d 269, North Carolina (1961); State vs. Oliverez, 34 Ore. App. 417, Oregon (1978).

[16] State vs. Lowry 163 Kann. 622, 185 P. 2 d 147, Kansas (1947).

[17] *Ohio* Revised Code, Title 1, Chapter 177, Section 177.01; Washington, Revised Code of Washington, Title 9, Chapter 94A, Section 440.

b) Polygraphengutachten als gerichtliches Beweismittel

Hinsichtlich der beweisrechtlichen Situation differieren die gesetzlichen Regelungen über den Umgang mit dem Polygraphen zwischen den einzelnen Bundesstaaten erheblich. In einzelnen Bundesstaaten ist, bei grundsätzlicher Unzulässigkeit des Polygraphengutachtens als Beweismittel, im Falle der Zustimmung aller Parteien (Staatsanwalt, Verteidiger und Angeklagter)[18] oder des Richters[19] der Einsatz von Polygraphentests und die Verwertung entsprechender Testergebnisse möglich. In anderen Bundesstaaten wiederum ist die Möglichkeit eines freiwilligen Polygraphentestes und dessen gerichtlicher Verwertbarkeit vorgesehen.[20] In New Mexico hingegen ist der „Lügendetektor" auch ohne vorherige Parteiübereinkünfte und ohne wesentliche Einschränkungen zulässig.[21]

Ausdrückliche Verbote gibt es jedoch vereinzelt hinsichtlich der Anwendung von Lügendetektoren bei Opfern von sexuellen Angriffen. So ist den Strafverfolgungsbehörden beispielsweise in Connecticut[22] oder New York[23] untersagt, bei diesen Personen Polygraphentests oder Stimmanalysen zur Ermittlung der Glaubwürdigkeit deren Aussagen durchzuführen.

Im Wesentlichen wird die Frage der gerichtlichen Verwertbarkeit des Polygraphengutachtens jedoch von der Rechtsprechung bestimmt. Die kodifizierten Gesetze (Statute Law) stellen im Verhältnis zur gerichtlichen Prägung der Rechtslage (Case Law) nur Rechtsquellen zweiten Ranges dar.[24] Damit hat das „Statute Law" im amerikanischen Rechtssystem lediglich die Aufgabe, den Normenkomplex des „Case Law" zu präzisieren, zu ergänzen und gegebenenfalls den veränderten Rahmenbedingungen anzupassen.[25]

Bereits seit den zwanziger Jahren des vergangenen Jahrhunderts befasst man sich in den USA. mit der Frage der Heranziehung des Polygraphengutachtens als mögliches gerichtliches Beweismittel.[26] In der Entscheidung des Präzedenzfalles Frye vs. United States im Jahre 1923 wurde die völlige und uneingeschränkte Unzulässigkeit des Polygraphenbeweises aufgrund mangelnder wissenschaftlicher Anerkennung und unzureichender wissenschaftlicher Genauigkeit der Ergebnisse festgestellt.[27] Dennoch wurde hierdurch der Streit um die Zuläs-

---

[18] *California* Evidence Code, Section 351.1.
[19] *Nebraska* Statutes, Legal Bill 426, Section 5.
[20] Z.B. *Virginia*, Code of Virginia, Title 19, Chapter 1, Section 19.2-9.1.
[21] *New Mexico* Rules of Evidence, Article 7, Rule 11-707.
[22] *Connectict* Statutes, Title 54, Chapter 961, Section 54-51j.
[23] *New York* State Consolidated Laws, Art. 160, Section 160.45.
[24] Wegner, S. 54.
[25] Vgl. entsprechend Wegner, S. 54.
[26] Wegner, S. 34.
[27] Frye vs. U.S., 54 App. D.C. 46, 293 F. 1013 (1923) 34 A.L.R. 145.

sigkeit des polygraphischen Gutachtens als gerichtliches Beweismittel nicht endgültig beendet. Vielmehr gab es immer wieder Gerichtsentscheidungen, die ein entsprechendes Beweismittel aufgrund einer im Vorfeld zwischen den Parteien getroffenen Vereinbarung für zulässig erklärten[28] oder aber die Frage der Zulässigkeit dem jeweiligen Tatrichter anheim stellten.[29] Von anderen Gerichten wurde der Polygraph jedoch auch ohne diese vorherige Vereinbarung für zulässig erachtet.[30]

Dennoch musste *Wegner*[31] ebenso wie *Delvo*[32] bei aller Uneinheitlichkeit der bundesgerichtlichen Rechtssprechung sowie auch der jeweiligen einzelstaatlichen Gerichtsbarkeit bereits Anfang der achtziger Jahre des vergangenen Jahrhunderts feststellen, dass hierbei keine liberalisierenden Tendenzen auszumachen sind. Vielmehr sei ihrer Ansicht nach von einer überwiegend ablehnenden Grundhaltung auszugehen. An dieser uneinheitlichen, wenngleich tendenziell ablehnenden Haltung hat sich auch in den beiden vergangenen Jahrzehnten nichts Wesentliches geändert. So gab es auch in der Zwischenzeit seitens des „Federal Court of Appeal" sowohl liberale Entscheidungen, wonach per-se-Vorschriften über den Ausschluss von Lügendetektorbeweisen aufgegeben und ihre Zulassung bzw. ihr Ausschluss in das Ermessen der jeweiligen Bezirksgerichte gestellt wurde.[33] Auf der anderen Seite gibt es aber auch eine Reihe von Entscheidungen einzelstaatlicher Gerichte, die einen grundsätzlichen Ausschluss von Polygraphengutachten als Beweismittel bestätigen.[34] Darüber hinaus gibt es auch Entscheidungen des „Court of Appeal", in denen die Zulässigkeit solcher Gutachten aufgrund der selbst unter Wissenschaftlern umstrittenen Zuverlässigkeit ausdrücklich unentschieden blieb.[35] In der letzten sich mit der Frage der Beweiszulässigkeit befassenden Entscheidung des Obersten Gerichtshofes der Vereinigten Staaten bestätigte dieser die Zurückweisung eines Antrags auf Antritt eines Polygraphentests unter Hinweis auf die Militärische Beweisregel 707.[36] Dieser Vorschrift folgend ist in Verfahren vor dem Kriegsgericht, um das es sich im Ausgangsfall handelte, ein polygraphisches Gutachten als Beweismittel unzu-

[28] State vs. Loniello, Circuit Court of Columbia Country, Wisconsin (1935); People vs. Houser, 85 Cal. App. 2 d 680, P. 2 d 937 California (1948).
[29] Masri vs. U.S., 434 U.S. 907 (1977).
[30] People vs. Kenny C. 167 Misc. 51,3 N.Y.S. 2 d 348 New York, Supreme Court Queeny Country (1938); People vs. Cutler No. A. 176965 12. Crim. L. Rptr. 2133, California (1972).
[31] Wegner, S. 36.
[32] Delvo, S. 127-146.
[33] U.S. vs. Posado, 57 F. 3d 428, 434 (CA5 1995); U.S. vs. Cordoba, 104 F. 3d 225, 228 (CA9 1997).
[34] People vs. Gard, 158 Ill. 2d 191, 202-204, 632 N.E. 2d 1026, 1032 (1994); State vs. Porter, 241 Conn. 57, 92-95, 698 A. 2d 739, 758-759 (1995); Perkins vs. State, 902 S.W. 2d 88, 94-95, Texas Court o. App. (1995).
[35] U.S. vs. Messina, 131 F. 3d 36, 42 (CA2 1997).
[36] U.S. vs. Scheffer, 000 U.S. 96-1133 (1998).

lässig. Das Gericht bestätigte hiermit insbesondere die Verfassungsmäßigkeit der – entsprechende Beweismittel per se ausschließenden – Vorschrift. Dennoch bleibt zweifelhaft, ob hiermit endgültig die Unzulässigkeit des Polygraphengutachtens als Beweismittel besiegelt sein wird, da es sich im vorliegenden Fall um eine militärische Beweisregel handelt, so dass der Tenor dieses Urteils nicht zwangsläufig auch auf entsprechende zivile Vorschriften Anwendung finden muss. Dennoch ist diesem Urteil weitere tendenzielle Bedeutung beizumessen, was die von *Wegner*[37] und *Delvo*[38] prognostizierte Richtung jedenfalls bestätigt.

3. Ausbildungs-, Zulassungs- und Berufsausübungsregelung

Wenngleich es innerhalb der US-amerikanischen Justiz keine einheitliche Haltung zum Polygraphen gibt, so gibt es jedoch sowohl auf Bundesebene als auch etwa der Hälfte der einzelnen Bundesstaaten Regelungen zur Ausbildung, Zulassung und Berufsausübung der Polygraphengutachter.[39] Die Ausbildung der für den Bund in strafrechtlichen Verfahren tätigen Examinatoren wird durch Verwaltungsvorschriften geregelt. Grundvoraussetzungen für Polygraphensachverständige bei den US-Streitkräften sind u.a. die amerikanische Staatsbürgerschaft, ein Mindestalter von 25 Jahren, ein akademischer Abschluss, mindestens zwei Jahre Erfahrung als Ermittlungsbeamter einer Regierung oder Strafverfolgungsbehörde, das Bestehen eines Polygraphentests hinsichtlich einer einwandfreien Vergangenheit und entsprechende charakterliche und moralische Eigenschaften. Die Ausbildung selbst erfolgt in einem zweiwöchigen Kurs unter Aufsicht der US Military Police School in Ft. Gordon. Die Ausbildung der Vielzahl der privaten Examinatoren, die weitestgehend auch in der American Polygraph Association (APA) organisiert sind, richtet sich im Wesentlichen nach den von ihr ausgearbeiteten Richtlinien.[40]

Aufgrund des hohen Organisationsgrades privater amerikanischer Polygraphengutachter – insbesondere ist auch der Großteil namhafter Psychophysiologen Mitglied der APA – wird das Bild des Polygraphen und seine Anwendungspraxis von der APA stark mitgeprägt. Die meisten der internationalen Polygraphensachverständigen haben ihre Ausbildung an einer amerikanischen Polygra-

---

[37] Wegner, S. 36.
[38] Delvo, S. 127-146.
[39] *Alabama* Code, Title 34, Chapter 25; *Arkansas* State Code, Title 17, Chapter 39; *Nevada* Revised Statutes, Chapter 648; *Oklahoma* Statutes, Title 59, Section 1450ff., Title 70, Section 3311, Title 74, Section 3906; Oregon Revised Statutes, Chapter 703; *Montana* Code, Title 37, Chapter 62; *South Carolina* Code of Laws, Title 40, Chapter 53; *Texas* Statutes, Chapter 1703; *Utah* Code, Title 58, Chapter 64, Section 102 (Deception Detection Examiners Act); *Vermont* Statutes Title 26, Chapter 53, Section 2901-2910; *Virginia*, Code of Virginia, Title 2, Chapter 1, Section 2.1-1.6 und 54.1-1800ff;
[40] Vgl. www.polygraph.org/apa1.htm#code .

phenschule absolviert[41] und sind zum Teil auch Mitglied der APA.[42] Für viele nationale Verbände privater polygraphischer Sachverständiger dient die APA auch als Vorbild, so dass ihr sogar ein weltweit prägender Charakter zugestanden werden muss.[43]

II. Israel

Nach den U.S.A. findet der Polygraph in Israel weltweit am häufigsten Verwendung.[44] Die Einführung polygraphischer Untersuchungen erfolgte gleichzeitig beim israelischen Geheimdienst und bei der Nationalpolizei Ende der fünfziger Jahre des vergangenen Jahrhunderts.[45]

1. Anwendung im Strafrecht

a) Polygrapheneinsatz im Ermittlungsverfahren

Seit dieser Zeit findet die polygraphische Untersuchung im Rahmen polizeilicher Ermittlungen ausgedehnte Anwendung.[46] Die grundsätzlich nur freiwillig und mit Einwilligung des Beschuldigten im Rahmen des Ermittlungsverfahrens gewonnenen Untersuchungsergebnisse können den Anstoß für weiterer Ermittlungen geben oder auch die Grundlage für einen Durchsuchungsbefehl bilden.[47]

b) Polygraphengutachten als gerichtliches Beweismittel

Zur Zulässigkeit polygraphischer Gutachten als Beweismittel innerhalb gerichtlicher Verfahren gibt es weder gesetzliche Vorschriften noch hat der „Israelische Supreme Court“ direkt zu diesem Thema Stellung bezogen.[48] Zulässig ist die Verwertung der Ergebnisse einer polygraphischen Untersuchung jedoch dann, wenn zwischen allen Verfahrensbeteiligten eine diesbezügliche Einigkeit

[41] Vgl. www.polygraphplace.com/docs/polyexaminers.htm und die dort aufgeführte Liste internationaler Polygraphengutachter.
[42] So etwa die Mitglieder der Polygraph Association of South Africa (PASA), siehe: www.pasa.co.za/Members.htm .
[43] Entsprechend auch die Ausführungen von Undeutsch/Klein zu Frage 20 des Fragenkataloges des BGH im Anhang.
[44] Horowitz, Die Arbeit mit dem Polygraphen in Israel, S. 165.
[45] Horowitz, Die Arbeit mit dem Polygraphen in Israel, S. 165f.
[46] Saxe/Ben-Shakhar, Psychology, Public Policy, and Law, 5 (1999), S. 219.
[47] Horowitz, Die Arbeit mit dem Polygraphen in Israel, S. 169.
[48] Saxe/Ben-Shakhar, Psychology, Public Policy, and Law, 5 (1999), S. 219.

besteht, was in Strafverfahren allerdings äußerst selten der Fall sein wird.[49] Tatsächliche Anwendung als gerichtliches Beweismittel fanden solche Gutachten in israelischen Strafverfahren nach Informationen von *Horowitz*[50] kaum, *Saxe/Ben-Shakhar*[51] zufolge bisher noch gar nicht.

2. Anwendung im Zivilverfahren

Im Zivilverfahren ist die Verwertung polygraphischer Gutachten, nach vorheriger Absprache der Parteien, grundsätzlich zulässig.[52] Häufig zum Einsatz kommen Polygraphengutachten etwa auch bei der Verifizierung zivilrechtlicher Ansprüche aus Diebstahlversicherungen, die oftmals auf einem betrügerischen Vorgehen der Versicherungsnehmer basieren, so dass hierbei schon beinahe eine Verbindung zur strafrechtlichen Verwendung vorliegt. Aber auch in familienrechtlichen Verfahren werden – das Einverständnis der beiden Parteien vorausgesetzt – ebenfalls regelmäßig polygraphische Untersuchungen im Zusammenhang mit Fragen des Ehebruchs, Missbrauchs, der Einkommens- und Besitzverhältnisse sowie der Unterhaltszahlungen durchgeführt.[53]

3. Polygraphische Untersuchungen im arbeitsrechtlichen Zusammenhang

Auch in arbeitsrechtlicher Hinsicht gibt es in Israel keinerlei Einschränkungen bezüglich des Einsatzes von Polygraphen. So werden Bewerber auf Vertrauenspositionen in Regierung oder Verwaltung sogar routinemäßig polygraphisch untersucht. Privatwirtschaftliche Unternehmen lassen Bewerber für verantwortungsvolle Positionen etwa bei Banken und Versicherungen oder bei Forschungs- und Entwicklungsprojekten gleichfalls – rechtlich unbeanstandet - polygraphisch untersuchen bzw. auf ihre Loyalität überprüfen.[54]

4. Die Ausbildung polygraphischer Gutachter

Die israelische Polizei verfügt über eine eigene Ausbildungsstätte für Polygraphen-Sachverständige,[55] wobei sich die israelische Ausbildung jedoch stark an den amerikanischen Methoden orientiert und viele israelische Examinatoren

[49] Horowitz, Die Arbeit mit dem Polygraphen in Israel, S. 169.
[50] Horowitz, Die Arbeit mit dem Polygraphen in Israel, S. 169.
[51] Saxe/Ben-Shakhar, Psychology, Public Policy, and Law, 5 (1999), S. 219.
[52] Saxe/Ben-Shakhar, Psychology, Public Policy, and Law, 5 (1999), S. 219.
[53] Horowitz, Die Arbeit mit dem Polygraphen in Israel, S. 170.
[54] Vgl. hierzu Horowitz, Die Arbeit mit dem Polygraphen in Israel, S. 175.
[55] Undeutsch, Vernehmung und non-verbale Information, S. 406.

einen Teil ihrer Ausbildung auch in den USA absolvieren und Mitglieder der American Polygraph Association sind.[56] Mit dem Ende der siebziger Jahre des letzten Jahrhunderts etablierten sich jedoch die ersten privaten Polygraphgutachter, die sich zunächst aus gut ausgebildeten Fachleuten rekrutierten. Allerdings sieht man auch in Israel mit einer gewissen Besorgnis auf die Ausweitung privater Gutachter und deren fachlicher Qualifikation.[57]

III. Australien

Obwohl in vielen Bereichen amerikanische Technologien regelmäßig nach kurzer Zeit auch in Australien Einzug halten, war dies bei der Polygraphie nicht der Fall.

1. Zulässigkeit im Strafverfahren

In Australien gibt es keine Vorschriften, die den Einsatz polygraphischer Untersuchungen im Bereich strafrechtlicher Ermittlungstätigkeiten oder entsprechende Ergebnisse als gerichtliche Beweismittel verbieten.[58] Auch der „High Court of Australia" hatte bisher noch nicht über die Zulässigkeit polygraphischer Begutachtungen zu entscheiden,[59] so dass eine höchstrichterliche Entscheidung noch aussteht. In einer Entscheidung des „South Wales District Court" hielt dieser jedoch Polygraphentestergebnisse für ein unzulässiges Beweismittel, um den Verdacht gegen den Beschuldigten zu entkräften.[60] Er begründete dies damit, dass die Beurteilung der Wahrhaftigkeit von Aussagen grundsätzlich Aufgabe des Gerichts sei und darüber hinaus auch der wissenschaftliche Nachweis der Zuverlässigkeit der Untersuchungen fehle.[61] Im Rahmen polizeilicher Ermittlung findet der Polygraph ebenfalls keine Verwendung.[62]

2. Zulässigkeit in anderen Rechtsgebieten

Für den Bundesstaat New South Wales verbietet der „Lie Detectors Act 1983" den Einsatz des Polygraphen im arbeitsrechtlichen Zusammenhang mit der Untersuchung von Beschäftigten oder Bewerbern. Darüber hinaus verbietet er auch

---

[56] Ben-Shakhar/Furedy, S. 123.
[57] So jedenfalls Horowitz, Die Arbeit mit dem Polygraphen in Israel, S. 166f.
[58] Clarke, Rdnr. 23.
[59] Clarke, Rdnr. 17.
[60] Clarke, Rdnr. 18.
[61] Raymond George Murray 1982 7A Crim R 48, S. 49.
[62] Ben-Shakhar/Furedy, S. 121f.

die Verwendung bei der Aufklärung etwaiger betrügerischer Versicherungsfälle.[63] Aber auch in den anderen Bundesstaaten scheint der Polygraph kaum eine Rolle zuspielen und wird von weiten Teilen abgelehnt.[64] In Zivilverfahren steht der Verwendung polygraphischer Gutachten bei entsprechender Verständigung der Parteien jedoch grundsätzlich nichts entgegen.[65]

IV. Japan

Nach einer Vielzahl von Versuchen mit dem Polygraphen erfolgte die erste praktische Anwendung während des Zweiten Weltkrieges zur Überprüfung eines Spions.[66] Seit dem Ende dieses Krieges erlebte die Polygraphie in Japan einen regelrechten Boom,[67] so dass bereits 1951 in allen Polizeibezirken Japans polygraphische Untersuchungen durchgeführt wurden und seit dem auch regelmäßig zur Anwendung kommen. Im Jahr 1975 waren dort insgesamt 100 Polygraphengutachter im Einsatz, während die Zahl der Untersuchungen bei ca. 4.700 lag.[68] Anders als etwa in den USA finden polygraphische Untersuchungen in Japan auch heute noch ausschließlich im Rahmen polizeilicher Ermittlungen statt.[69] Durchgeführt werden diese Untersuchungen von Diplompsychologen, die im Rahmen ihrer polizeilichen Tätigkeit ausschließlich mit dieser Aufgabe betraut sind und darüber hinaus oftmals auch eigene Forschung betreiben und sich regelmäßig weiterbilden. Die Polygraphentests werden hierbei sowohl nach direkten Verfahren, einer geringfügig abgewandelten Form des Kontrollfragentests, als auch in überwiegendem Maße nach dem Tatwissenverfahren durchgeführt.[70] Die dabei gewonnenen Ergebnisse wurden dann auch regelmäßig als gerichtliche Beweismittel zugelassen.[71]

V. Polen

In Polen findet der Polygraph in erster Linie auf staatlicher Ebene, etwa im Staatsschutz, Militär, Grenzschutz und Zoll Verwendung. Die Polizei selbst verfügt hier jedoch über keine eigenen Polygraphensachverständigen und greift daher auf jene der vorgenannten Institutionen zurück[72] oder bedient sich psycho-

[63] *New South Wales* Lie Detectors Act, Section 6.
[64] Ben-Shakhar/Furedy, S. 122.
[65] Entsprechend Clarke, Rdnr. 30.
[66] Matte, S. 23.
[67] Entsprechend Matte, S. 24.
[68] Undeutsch, Kriminalistik 1977, S.196.
[69] Ben-Shakhar/Furedy, S. 119.
[70] Ben-Shakhar/Furedy, S. 120.
[71] Matte, S. 24.
[72] Krzyścin, Polygraph 29 (2000), S.227.

physiologischer Experten kriminologischer Lehrstühle.[73] Dennoch ist der Einsatz des Polygraphen im Ermittlungsverfahren auch in Polen zulässig und die damit gesammelten praktischen Erfahrungen werden als durchweg positiv bewertet.[74] Allerdings wird der „Lügendetektor" nur selten und hauptsächlich bei Tötungsdelikten verwendet.[75] Als gerichtliches Beweismittel wurde das polygraphische Gutachten bereits 1963 als zulässiges gerichtliches Beweismittel ausdrücklich anerkannt[76] und mehrfach durch das Oberste Gericht bestätigt.[77]

In der Vergangenheit gab es jedoch sowohl von Theoretikern als auch Praktikern, insbesondere der obersten nationalen Strafverfolgungsbehörde, Bestrebungen, den Polygraphen aus dem gesamten Strafverfahren zu verbannen. Dieses Vorhaben fand jedoch auf breiter Front keine Unterstützung und erfuhr daher keinerlei gesetzliche Umsetzung.[78]

Darüber hinaus gibt es in Polen eine geringe Zahl privater Polygraphengutachter, die sich in erster Linie mit Untersuchungen im arbeitsrechtlichen Zusammenhang befassen.[79]

VI. Südafrika

Auch in Südafrika hat die Polygraphie eine weite Verbreitung gefunden, wenngleich hier die Anfänge der Polygraphie erst 1978 im Rahmen privater Untersuchungen gemacht wurden.[80]

1. Polygraphengutachten in Zivilverfahren

So gibt es eine Vielzahl privater Polygraphengutachter, die entsprechend dem amerikanischen Vorbild APA in einer Organisation, der „Polygraph Association of South Africa" (PASA) zusammen geschlossen sind.[81] Gesetzliche Vorschriften hinsichtlich der Durchführung oder auch der gerichtlichen Zulässigkeit

[73] Etwa Jaworski, Kriminalistik 1990, S. 123.
[74] So jedenfalls Jaworski, Kriminalistik 1990, S. 123ff.
[75] Jaworski, Kriminalistik 2000, S. 23.
[76] Undeutsch, Kriminalistik 1977, S. 196, unter Bezugnahme auf ein Urteil des Landgericht der Provinz Olsztyn (Az. IV K 94/63).
[77] Jaworski, Kriminalistik 1990, S. 129, verweist hier auf Entscheidungen, in denen das Oberste Gericht zur Zulässigkeit der polygraphischen Untersuchung ausdrücklich Stellung bezogen hat; ebenso Krzyścin, Polygraph 29 (2000), S. 226.
[78] Krzyścin, Polygraph 29 (2000), S.227.
[79] Krzyścin, a.a.O.
[80] Matte, S. 66.
[81] Vgl. Matte, S. 67.

polygraphischer Gutachten bestehen allerdings nicht. Die Untersuchungen dieser privaten Gutachter befassen sich mit arbeitsrechtlichen Auseinandersetzungen im weitesten Sinne. Zum Großteil sind dies Loyalitätsüberprüfungen von Arbeitnehmern und Einstellungsuntersuchungen von Bewerbern.[82]

Die Polygraphentestergebnisse werden jedoch auch von der „Commission for Conciliation, Mediation and Arbitration", einer Schlichtungsstelle, anerkannt. Verhandelt werden dort unter anderem Fälle von Betrug, Diebstahl oder Untreue, die mit dem Arbeitsverhältnis in Zusammenhang stehen. Entsprechend werden – im Einverständnis der Beteiligten – auch viele diesbezügliche Polygraphenuntersuchungen durchgeführt.[83] Darüber hinaus sind polygraphische Untersuchungen grundsätzlich auch im Rahmen klassischer arbeitsrechtlicher Streitigkeiten zulässig.[84]

2. Polygrapheneinsatz im Strafverfahren

Eine geringere Rolle spielt jedoch der strafrechtliche Einsatz des Polygraphen. Zwar arbeitet der südafrikanische Geheimdienst auch mit diesen Geräten, so findet er im Bereich der kriminalpolizeilichen Ermittlungen allerdings kaum Anwendung. *Matte* berichtet hier lediglich von einem die Verdachtsmomente unterstützenden Einsatz polygraphischer Testergebnisse.[85] Dennoch sind diese Ergebnisse auch als gerichtliche Beweismittel zugelassen,[86] wobei auch die „Polygraph Association of South Africa" (PASA) davon ausgeht, dass der Polygraphentest nur der Bekräftigung anderer Beweise dienen kann.[87]

VII. Bulgarien

In Bulgarien hielt die Polygraphie bereits Ende der sechziger Jahre des 20. Jahrhunderts ihren Einzug. Die Untersucher rekrutierten sich überwiegend aus Medizinern mit psychologischen Erfahrungen und man orientierte sich an den von *Reid/Inbau* entwickelten Testaufbauten. Vor 1989 wurde der Einsatz von Poly-

[82] Entsprechend www.polyinstitute.co.za/ccma.htm.
[83] Vgl. hierzu insbesondere die unter www.pasa.co.za/CCMAcases.htm und www.polyinstitute.co.za/ccma.htm aufgeführten Fälle.
[84] Christianson, Contemporary Labour Law 8 (1998), No. 1.
[85] Matte, S. 67.
[86] So berichtet Matte, S. 67, von einer Entscheidung des Pretoria North Criminal Court aus dem Jahr 1995.
[87] Vgl. Die Ausführungen der PASA, www.pasa.co.za/Q&A.htm.

graphen weitestgehend geheim gehalten und fand hauptsächlich im Zusammenhang mit Verschwörungen und Spionagefällen Anwendung.[88]

Mittlerweile werden Polygraphen überwiegend bei der Ermittlung von Mordfällen, Waffendiebstählen oder Entführungen verwendet, haben aber auch in Korruptionsfällen schon zu Erfolgen geführt. Als gerichtliche Beweismittel sind polygraphische Untersuchungsergebnisse in Bulgarien jedoch nicht zugelassen.[89]

VIII. Polygraphie in anderen Staaten

Neben den bereits aufgeführten Ländern, findet der Polygraph noch in einer Reihe anderer Länder und in den verschiedensten Bereichen Verwendung. So wurde in Kroatien, genauer in der damaligen jugoslawischen Teilrepublik Kroatien, im dortigen Kriminologischen Institut seit 1959 mit dem Polygraphen gearbeitet.[90] Das „Central Forensic Science Laboratory" in Delhi (Indien) unterhält eine eigene Abteilung für Polygraphie, an der speziell ausgebildete und in Vernehmungstechnik erfahrene Psychologen tätig sind.[91] In China liegen die Anfänge der Polygraphie bereits in den Vierziger Jahren des vorigen Jahrhunderts und wurden seit dieser Zeit, mit vereinzelten politisch bedingten Unterbrechungen, weiter ausgebaut. So plant man dort in allen 3000 Polizeibezirken entsprechende forensische Psychologen einzusetzen.[92] In Korea werden polygraphische Untersuchungen sowohl im Bereich der Strafverfolgung als auch beim Militär durchgeführt.[93] Sowohl in Spanien,[94] als auch in Ländern wie Chile, der Dominikanischen Republik, Ecuador, Guatemala, Malaysia, Mexiko, Puerto Rico oder Venezuela gibt es eine Vielzahl von Polygraphengutachtern, die zum Teil auch forensische Gutachten erstellen, den Polygraphen jedoch überwiegend zur Untersuchung von Bewerbern und Mitarbeitern privatwirtschaftlicher Auftraggeber einsetzen.[95]

B. POLYGRAPHIE IN ANDEREN RECHTSGEBIETEN

Zwar herrscht innerhalb des deutschen Rechtssystems prinzipiell der Grundsatz der Einheit der Rechtsordnung bzw. der als Einheit zu verstehenden richter-

[88] Zanev, Polygraph 28 (1999), S. 263.
[89] Zanev, Polygraph 28 (1999), S. 264.
[90] Undeutsch, Vernehmung und non-verbale Information, S. 406.
[91] Undeutsch, Vernehmung und non-verbale Information, S. 406.
[92] Matte, S. 34.
[93] Matte, S. 54.
[94] Vgl. Escudero.
[95] www.polygraphplace.com/docs/polyexaminers.htm .

lichen Gewalt,[96] dennoch gibt es selbst innerhalb dieser grundsätzlich einheitlichen Rechtsordnung Unterschiede hinsichtlich der Anwendung bzw. Zulässigkeit polygraphischer Gutachten. Sowohl im zivilrechtlichen Verfahren als auch im Verwaltungsprozess war der Einsatz des Polygraphen lange Zeit unter dem Aspekt des Verstoßes gegen Art. 1 I GG abgelehnt worden.[97] *Schwabe* propagiert allerdings auch in diesem Bereich den Einsatz des Polygraphen, um Irrtümer über Tatsachen und daraus resultierende falsche Urteile unter dem Aspekt des „fairen Verfahrens" zu vermeiden. Daran würde es jedoch fehlen, wenn eine falsche Gerichtsentscheidung wesentlich auf einem Außerachtlassen von Beweisen wegen sachlich nicht gerechtfertigter Beweisverbote beruht.[98]

Im Rahmen familienrechtlicher Prozesse wurde dieser Forderung bereits stattgegeben und die Verwertbarkeit des Ergebnisses einer polygraphischen Befragung als Beweismittel anerkannt.[99] Handelte es sich in diesem Fall zwar um den Vorwurf des sexuellen Missbrauchs eines Kindes durch den Vater, der mit Hilfe eines polygraphischen Gutachtens entkräftet werden konnte, so ging es hierbei allerdings nicht um die Klärung strafrechtlicher Konsequenzen, sondern um die Frage des Sorgerechts für das Kind. Dabei steht regelmäßig das Wohl des Kindes im Vordergrund,[100] so dass in einem solchen Fall, schon um dem Kind die mit einer intensiveren Vernehmung oder psychologischen Untersuchung einhergehenden Belastungen zu ersparen, auf ein entsprechendes Polygraphentestergebnis des Vaters vertraut werden kann. Zu den psychischen Belastungen des Kindes, aufgrund der sich häufig über mehrere Monate und einer Vielzahl von Sitzungen erstreckende Untersuchung, treten darüber hinaus oftmals auch die Probleme einer dabei suggerierten Falschaussage auf.[101] Ist zwar davon auszugehen, dass in diesem Fall eine Absolutheit, wie sie für eine strafrechtliche Verurteilung erforderlich wäre, nicht notwendig ist, so muss angenommen werden, dass das Gericht das Testergebnis nicht ohne eine gewisse Skepsis überprüft haben wird. So stellen die Folgen – wären die Vorwürfe gegen den Vater entgegen der Auffassung des Gerichts doch berechtigt – sicherlich auch eine starke Beeinträchtigung des Wohles des Kindes dar.

Auch das OLG Oldenburg hat in einem weiteren Verfahren über das Umgangs- bzw. Sorgerecht eines Kindes ein Polygraphengutachten unbedenklich zur Grundlage seiner Entscheidung gemacht und das Ergebnis ausreichen las-

[96] So Forsthoff, S. 474, 476.
[97] Wegner, S. 31.
[98] Schwabe, NJW 1979, 581.
[99] OLG Bamberg NJW 1995, S. 1684.
[100] Vgl. hierzu die §§ 1627ff BGB, insbesondere § 1666 BGB.
[101] Steller, MschrKrim 80 (1997), S. 278.

sen, die im Rahmen dieses Verfahrens gegen den Vater erhobenen Vorwürfe in ausreichendem Maße zu entkräften.[102]

Im Rahmen eines arbeitsrechtlichen Verfahrens, in dem zuvor dem Kläger wegen des Verdachts sexueller Belästigungen fristlos gekündigt wurde, sah das LAG Rheinland-Pfalz ein polygraphisches Gutachten, das die Unrichtigkeit dieses Vorwurfes bestätigte, jedoch als unzulässiges Beweismittel an.[103] Wäre dieses Ergebnis in Ansehung der bisherigen höchstrichterlichen Rechtsprechung vielleicht noch vertretbar, so erweckt jedoch die Argumentation des LAG den Anschein, dass es sich weder mit der prozessualen Einordnung einer psychologischen Glaubwürdigkeitsbeurteilung im Allgemeinen noch auch nur im Ansatz mit der Vorgehensweise polygraphischer Sachverständiger im Besonderen vertraut gemacht hat. Wie sonst ließe sich erklären, warum das LAG davon ausgeht, dass ihm bei der Beurteilung des Polygraphengutachtens als einem Untersuchungsverfahren des Sachverständigen kein Raum für eine eigene freie Beweiswürdigung bliebe,[104] bzw. wie es zu der Auffassung gelangt, dass der Polygraphengutachter den Probanden lediglich an das Gerät anschließt und dieses dann automatisch über den Wahrheitsgehalt der jeweiligen Aussage Auskunft gibt.[105] In der Vorinstanz hatte das Arbeitsgericht Koblenz das Polygraphentestergebnis allerdings als ausreichend erachtet, die Vorwürfe gegenüber dem Kläger zu entkräften.

Abschließend lässt sich festhalten, dass die Polygraphie in Deutschland auch außerhalb des strafrechtlichen Bereiches eine sehr untergeordnete Rolle spielt. Zwar hat das Thema Polygraphie im Zivilrecht eine deutlich niedrigere Brisanz, als etwa der strafrechtliche Einsatz, bei dem die Frage im Extremfall Freiheitsentzug oder Freispruch sein kann. Dennoch liegt die Zurückhaltung bei der zivilrechtlichen Verwendung entsprechender Gutachten sicherlich auch hier in der bisherigen, von BGH und BVerfG im Zusammenhang mit dem strafrechtlichen Einsatz des Polygraphen vertretenen Auffassung, wonach die polygraphische Untersuchung gegen die Menschenwürde, mindestens jedoch gegen das Persönlichkeitsrecht verstößt. Ist das eigentliche Testverfahren in allen Rechts- und Anwendungsgebieten gleich, so träfe auch für alle gleichermaßen der Vorwurf der Verfassungswidrigkeit zu. Um dieser Gefahr zu entgehen, haben sich auch die Zivilgerichte offenbar an der diesbezüglichen Auffassung der Strafgerichte orientiert und sich im Zweifel gegen die Zulassung eines solchen Gutachtens ausgesprochen.

[102] OLG Oldenburg, Beschluss vom 15.6.1998, Az. 4 UF 60/96.
[103] LAG Rheinland-Pfalz, Az. 4 Sa 639/97, S. 19.
[104] Vgl. hierzu LAG Rheinland-Pfalz, Az. 4 Sa 639/97, S. 20.
[105] LAG Rheinland-Pfalz, Az. 4 Sa 639/97, S. 22.

3. Kapitel:

Die bisherige Rechtslage unter Zugrundelegung der Entscheidungen des BGH und des BVerfG

In der Vergangenheit wurde die rechtliche Stellung des polygraphischen Gutachtens im deutschen Strafverfahren durch die von BGH und BVerfG in regelmäßigen Abständen gefällten Entscheidungen geprägt. Gelegentlich befassten sich aber auch untere Gerichte mit dieser Thematik. Auf jede dieser Entscheidungen, in welche Richtung sie auch ausfielen, folgte unmittelbar ein Kommentar oder Aufsatz, der sich mit den jeweiligen Gründen auseinander setzt und ihnen entweder wohlwollend im „Kampf" gegen den Einsatz des „Lügendetektors" beipflichtet oder sich mit der Entscheidung energisch in Widerspruch setzt.

Im Folgenden wird nun eine Darstellung über die Argumentation gegeben, mit der die Ablehnung des „Lügendetektors" bisher begründet wurde. Diesen Argumenten werden jeweils die entsprechenden Stimmen der Literatur gegenüber gestellt.

A. VERSTOSS GEGEN DIE MENSCHENWÜRDE

I. Ausgangssituation

Die Ablehnung des Einsatzes des „Lügendetektors" im Strafverfahren wurde zunächst als Grundrechtsverletzung in Form eines Verstoßes gegen die Menschenwürde gemäß Art. 1 Abs. 1 GG begründet. In seinem Grundsatzurteil aus dem Jahre 1954[1] ließ der BGH seine ablehnende Haltung bereits im Leitsatz in aller Deutlichkeit zum Ausdruck kommen, indem er die Untersuchung mit dem Polygraphen sowohl im Hauptverfahren als auch im Ermittlungsverfahren, trotz Einverständnisses des Beschuldigten, für unzulässig erklärt.

In dem zugrunde liegenden Fall wurde der Angeklagte wegen Untreue in Tateinheit mit Unterschlagung und wegen Vortäuschens einer Straftat verurteilt. In dem Ausgangsverfahren wurden die Antworten des Angeklagten bei der polygraphischen Untersuchung verwertet und die entsprechenden Aufzeichnungen des Gerätes als Beweismittel verwandt.

[1] BGHSt 5, 332ff.

In dem Einsatz des Polygraphen sah der BGH damals allem voran einen Verstoß gegen die Menschenwürde nach Art.1 Abs.1 GG, die sich seiner Auffassung nach sinngemäß in den Art. 2, 104 Abs. 1 GG und in den prozessualen Vorschriften der §§ 69 Abs. 3, 81c, 136a, 161 Abs. 2 und 163 Abs. 2 ZPO widerspiegele. Nähere Ausführungen zu den Verstößen gegen die einfachgesetzlichen Normen machte er dabei allerdings nicht. Dem BGH folgend resultiere hieraus, dass der Beschuldigte – bei allen Bemühungen der Wahrheitsfindung – Beteiligter des Verfahrens bleiben muss und nicht zum bloßen Objekt herabgewürdigt werden darf. Vielmehr darf die Wahrheitsfindung nur in justizförmiger Weise, d.h. entsprechend der strafprozessualen Vorschriften, erfolgen. Danach kann die körperliche Freiheit zwar beschränkt werden (§§ 81, 81a StPO), die Entschließungsfreiheit muss jedoch unangetastet bleiben. Der Beschuldigte braucht sich folglich zur Anklage nicht zu äußern und muss auch nicht zur Aufklärung beitragen. Auf keinen Fall darf jedoch die Persönlichkeit des Beschuldigten der Verbrechensbekämpfung zum Opfer fallen.[2]

II. Stellungnahme der Literatur

Das vom BGH in seiner Entscheidung vom 16.2.1954 ins Feld geführte Argument, dass die Verwendung des Polygraphen gegen die Menschenwürde des Probanden i.S.d. Art. 1 Abs. 1 GG verstoßen würde, spiegelte auch die zu dieser Zeit vorherrschende Ansicht der strafverfahrensrechtlichen Literatur und der Justizverwaltung wider und wurde daher überwiegend positiv aufgenommen.[3]

1. Polygraphie als Rückkehr zur Inquisition

Ursächlich für diese derart deutliche Ablehnung des Polygraphentests war sicherlich die Tatsache, dass die Erfahrungen der nationalsozialistischen Zeit im Bewusstsein noch unmittelbar präsent waren und man mit dem Einsatz des Polygraphen „Gestapo-Methoden" zu assoziieren schien.[4] Andere befürchteten in der Anwendung des „Lügendetektors" gar den Rückfall in die Inquisition.[5] Hierbei ging man offenbar von der Möglichkeit einer zwangsweisen Durchführung polygraphischer Untersuchungen – auch gegen den Willen des Probanden – aus und befürchtete die Abkehr von dem mühsam errungenen nemo-tenetur-Grundsatz.[6]

---

[2] Entsprechend BGHSt 5, S. 334.
[3] Tent, S. 243, m.w.N.
[4] So vermutet jedenfalls Undeutsch, ZStW 87 (1975), S. 656.
[5] Vgl. Radbruch, S. 123.
[6] Vgl. zu seiner Entstehung Rogall, S. 93ff.

Bei all diesen Überlegungen wird das Gerät jedoch überschätzt,[7] insbesondere indem der BGH davon ausging, damit „Einblick in die Seele des Beschuldigten" zu erlangen.[8] Dem ist allerdings zu entgegnen, dass es nicht etwa das Gerät ist, das die Wahrheit findet, sondern vielmehr „gibt der Körper die richtige Antwort".[9] Letztlich ist es aber erst der Sachverständige, der aus den Aufzeichnungen des Polygraphen entsprechende Schlüsse über den Wahrheitsgehalt der Aussage zieht.

Ebenso unglücklich war auch der Umstand, dass in dieser Präzedenzentscheidung des BGH die Verurteilung eines Angeklagten auf einem für ihn negativen Test beruhte. Die Möglichkeit der Entlastung durch einen solchen Test wurde hierbei völlig außer Acht gelassen.[10]

2. Herabwürdigung zum bloßen Objekt

Weiterhin sah der BGH in der polygraphischen Untersuchung eine Herabwürdigung des beschuldigten Probanden zum bloßen Objekt des Verfahrens. Argumentativer Ausgangspunkt des BGH war der Gedanke, dass sich in den Vorschriften der Art. 2, 104 Abs. 1 GG sowie den §§ 136a, 69 Abs. 3, 81c, 161 Abs. 2 und 163 Abs. 2 StPO der Leitsatz der Unantastbarkeit der Menschenwürde widerspiegle und dieser Gedanke auch uneingeschränkt für den einer Straftat Verdächtigten gelte. Hieraus resultiere, dass der Beschuldigte Beteiligter, nicht aber zum bloßen Objekt des Verfahrens werden dürfe, was jedoch durch den Einsatz des Polygraphen zwangsläufig der Fall sei. Diese Argumentation wird jedoch dann widersinnig, wenn einem Beschuldigten die Möglichkeit der Widerlegung von Schuldindizien genommen würde und im ungünstigsten Fall die Verurteilung eines Unschuldigen stünde.[11] Vielmehr wird dem Angeklagten dadurch vielleicht das einzige und letzte ihm noch verbleibende Verteidigungsmittel entzogen, wodurch er erst recht zum rein passiven Objekt des Verfahrens wird. *Schwabe* formuliert dies noch spitzer, indem er es als ein beschämendes Ergebnis bezeichnet, wenn ein unschuldig Verurteilter im Gefängnis sitzen muss, weil man sich unter Berufung auf seine Menschenwürde weigerte, von einem nach Expertenmeinung etwa 90% zuverlässigen Unschuldsnachweis Kenntnis zu nehmen.[12]

[7] Achenbach, NStZ 1984, S. 351.
[8] BGHSt 5, S. 335.
[9] Steinke, MDR 1987, S. 536.
[10] Schwabe, NJW 1979, S. 578.
[11] Schünemann, Kriminalistik 1990, S. 131.
[12] Schwabe, NJW 1979, S. 578. Die Angabe der Zuverlässigkeit von 90% wurde aus der Fundstelle übernommen. Den gleichen Wert hat jedoch auch das BVerfG in seinem Beschluss vom 18.8.1981, ohne sich näher damit auseinanderzusetzen, vom Beschwerdeführer in seine Begründung übernommen. Auf die tatsächliche Validität wird aber an späterer Stelle näher eingegangen.

Darüber hinaus ist fraglich, ob der Angeklagte durch den Polygraphentest überhaupt seine Stellung als Verfahrenssubjekt verliert und tatsächlich zum bloßen Objekt degradiert wird. Der wesentliche Kern seiner Stellung besteht darin, dass er nicht aktiv zu seiner Verurteilung beitragen muss. Dem Beschuldigten steht es frei, sich zu den Anschuldigungen zu äußern oder aber zu schweigen. Somit wird seine Aussage zum Beweismittel für, aber auch gegen ihn. Er behält jedoch den Status des Verfahrenssubjektes. Wählt der Beschuldigte oder Angeklagte nun die Hinzuziehung eines polygraphischen Gutachters, so ändert dies nichts an seiner rechtlichen Stellung innerhalb des Verfahrens.[13]

3. Auswirkungen des Einverständnisses

Der Frage nach den rechtlichen Auswirkungen des Einverständnisses des Beschuldigten ist zunächst vorauszuschicken, dass ein verwertbares Testergebnis überhaupt nur bei absoluter Freiwilligkeit und kooperativer Haltung des Probanden zu erzielen ist.[14] Offensichtlich wird dies bei der von *Schwabe*[15] geschilderten Vorstellung, dass ein widerstrebender Proband auf einen Stuhl geschnallt und trotz Gegenwehr und Geschrei von einem Psychologen mit dem Polygraphen auf „Lüge und Wahrheit" getestet wird, die sich damit selbst ad absurdum führt. Die vom BGH erklärte Unzulässigkeit des „Lügendetektors" unter dem Hinweis „ohne Rücksicht auf seine Zustimmung"[16] verdeutlicht hingegen seine mangelnde Auseinandersetzung mit der Thematik. Allerdings steht der BGH damit nicht allein, da auch viele Gegner des Polygraphen offensichtlich von der Möglichkeit eines zwangsweisen Tests ausgehen.[17]

Sofern man mit dem BGH die Auffassung vertritt, wonach der Polygrapheneinsatz gemäß Art. 1 Abs. 1 GG grundsätzlich gegen die Menschenwürde verstößt, stellt sich zunächst auch nicht die Frage nach der rechtlichen Bedeutung eines von dem Probanden zur Durchführung einer polygraphischen Untersuchung abgegebenen Einverständnisses. Da der allgemein menschliche Eigenwert der Würde unabhängig von der Verwirklichung bei dem konkreten Menschen ist, kann ein staatlicher Angriff, um den es sich bei einem Polygraphentest im Rahmen des Strafverfahrens – den entsprechenden Verstoß gegen die Menschenwürde gemeinsam mit dem BGH vorausgesetzt – handelt, auch verletzen, wenn er selbst damit einverstanden ist.[18] Von dieser objektiven Wertschutznorm

[13] Klimke, NStZ 1981, S. 433.
[14] Schwabe, NJW 1979, S. 576; Amelung, NStZ 1982, S. 38 m.w.N.
[15] Schwabe, NJW 1979, S. 576f.
[16] BGHSt 5, S. 333.
[17] Metz, NJW 1951, S. 752.
[18] Maunz/Dürig, GG Art.1 Abs. 1 Rdnr. 22.

ausgehend, ist die Menschenwürde nicht zur Disposition des Einzelnen gestellt.[19] Ein etwaiges Einverständnis des Beschuldigten kann daher keine rechtliche Wirkung entfalten und beseitigt somit auch nicht die Unzulässigkeit der Maßnahme bzw. des Beweismittels.[20] Selbst die Tatsache, dass es unter Berufung auf die Menschenwürde zu „beschämenden" Ergebnissen[21] in Form der Verurteilung eines Unschuldigen kommen kann, vermag daran nichts zu ändern. Allerdings findet durch das dogmatische Festhalten an der Unantastbarkeit eine deutliche Beschränkung der eigenständigen Verteidigungsmöglichkeiten des Beschuldigten statt, die zwar noch keine Herabwürdigung zum bloßen Objekt, aber mindestens eine Schwächung in seiner Stellung als Verfahrenssubjekt darstellt.[22]

4. Polygramm als präziseres Reaktionsprotokoll

Als Argument gegen die Menschenunwürdigkeit des „Lügendetektors" lässt sich auch gemeinsam mit *Undeutsch*[23] einwenden, dass durch ihn nur solche Reaktionen gemessen und aufgezeichnet werden, die von dem Vernehmungsführer immer schon, wenngleich in vergröberter und weniger zuverlässiger Form im Rahmen der Glaubwürdigkeitsbeurteilung berücksichtigt wurden.[24]

Hierbei stellt sich allerdings die Frage, welche Beobachtungen bei der Vernehmung von Zeugen und Beschuldigten überhaupt zulässig sind. Eine entsprechende Beobachtung durch mehrere Beobachter, deren Augenmerk speziell auf die Reaktionen der vernommenen Personen gerichtet ist, hält der BGH in einer Entscheidung über die Zulässigkeit der Mitwirkung eines blinden Richters für zulässig.[25] In der dadurch verbreiterten Beurteilungsbasis sieht er darüber hinaus auch einen besonderen Vorteil. In der gleichen Entscheidung hält es der BGH sogar für besonders sinnvoll, wenn diese Beobachtungen von Menschen mit besonders fein ausgebildetem Gehörsinn, wie ihn in der Regel Blinde haben, gemacht werden, die dann beispielsweise ein Zittern der Stimme oder Änderungen des Tonfalles wahrnehmen können.[26]

---

[19] Die gleiche Auffassung vertritt auch das BVerwGE 64, S. 277f., wonach die betroffenen Frauen und Kleinwüchsigen im Rahmen der Veranstaltung von „Peepshows" und „Zwergenweitwurfwettbewerben" nicht über ihre Menschenwürde verfügen können; vgl. auch Pieroth/Schlink, Rdnr. 131, 137.

[20] Maunz/Dürig, GG Art.1 Abs. 1 Rdnr. 22.

[21] Schwabe, NJW 1979, S. 578.

[22] Vgl. Brandis, S. 3.

[23] Ausführlich hierzu: Undeutsch, ZStW 87 (1975), S. 658f.

[24] Entsprechend auch Schünemann, Kriminalistik 1990, 131.

[25] BGHSt 5, S. 355ff.

[26] BGHSt 5, S. 356.

Damit drängt sich die von *Undeutsch* zu Recht gestellte Frage auf, ob hierzu auch ein psychologischer Sachverständiger hinzugezogen werden darf.[27] Weiterhin stellt sich die Frage, inwieweit günstige optische und akustische Beobachtungsbedingungen geschaffen werden dürfen und ob hierzu auch apparative Hilfen benutzt werden können.[28] Die Antwort auf die Frage der Zulässigkeit von Beleuchtungs-, Mikrofon- und Lautsprecheranlagen gibt der gerichtliche Alltag. Aber selbst Tonbandaufnahmen finden unter dem Aspekt des Festhaltens des genauen Wortlautes früherer Aussagen, der Erinnerungstreue, der Zuverlässigkeit und des Aufschlusses über die Art und Weise in der die Aussage gemacht wurde, höchstrichterliche Zustimmung.[29] Solche Tonbandaufnahmen stellen aber gleichzeitig auch eine materielle Grundlage für die textkritische und für die auf inhaltliche Realitätskriterien gerichtete Analyse von Aussagen durch Psychologen dar.[30] Die Heranziehung solcher Tonbandaufnahmen zur Glaubwürdigkeitsbeurteilung macht sich gleichfalls lediglich deren Erinnerungshilfe zu nutze und erscheint damit genauso zulässig. Entsprechendes gilt dann auch für die Untersuchung einer auf Tonband festgehaltenen Aussage auf die Stimmführung und Lautbildung.[31] Dürfen hierfür aber auch elektronische Hilfen benutzt werden, die die Stimme auf Anzeichen affektiver Erregung und intentionaler Spannung analysieren, wie dies etwa bei dem in den USA gebräuchlichen sog. „voice-stress-analyser" der Fall ist? Wie verhält es sich bei Videoaufzeichnung von Aussagen von Zeugen bzw. Angeklagten und deren anschließender Auswertung durch Psychologen? Stellt das Messen von Atmung, Puls, Blutdruck und der hautgalvanischen Reaktion einen weitreichenderen Eingriff in die Persönlichkeit dar oder dient die polygraphische Aufzeichnung nicht gleichfalls nur einer Verbreiterung der Basis für die Beurteilung der betreffenden Aussage?

Diese Fragen wurden von der Rechtsprechung bisher weder positiv noch negativ beantwortet. Sie verdeutlichen aber die Schwierigkeit der Trennung zwischen menschenwürdigen und menschenunwürdigen und damit verfassungswidrigen Verfahrensweisen. Sieht man in der polygraphischen Untersuchung tatsächlich einen größeren persönlichen Eingriff und damit einen Verstoß gegen die Menschenwürde, so setzt eine entsprechende Begründung jedoch eine ausführlichere Auseinandersetzung mit den oben aufgeführten Methoden voraus, die eine Abgrenzung zwischen noch zulässigen und bereits unzulässigen Maßnahmen plausibel erscheinen lässt.

---

[27] Undeutsch, ZStW 87 (1975), S. 652.
[28] Vgl. Undeutsch, ZStW 87 (1975), S. 653.
[29] BGH NJW 1960, S. 1583; vgl. auch schon die beiden Urteile des BGH in JZ 1956, S. 227f.
[30] So Undeutsch, ZStW 87 (1975), S. 654; entsprechend Trankell, Der Realitätsgehalt von Zeugenaussagen, S. 30.
[31] So jedenfalls Undeutsch, ZStW 87 (1975), S. 654.

5. Vergleich mit der phallographischen Untersuchung

Ein weiteres Argument gegen einen Verstoß der Polygraphie gegen die Menschenwürde zeigt der Vergleich mit der phallographischen Untersuchung. Ebenso wie *Undeutsch*[32] hält es auch *Peters*[33] für fragwürdig, dass bei der Ablehnung apparativer Erkenntnismittel unter Berufung auf die Menschenwürde mit zweierlei Maß gemessen wird. So werden auf gerichtlicher Seite bei dem wesentlich schwerwiegenderen Einsatz phallographischer Untersuchungen keinerlei verfassungsrechtliche Bedenken geäußert.[34] Hierbei handelt es sich um ein der physiopsychologischen Sexualdiagnostik zugeordnetes Verfahren zur Erfassung körperlicher Reaktionen männlicher Untersuchungspersonen auf visuelle Sexualreize. Diese werden in Form von Texten, Bildern und Filmen sexuellen Inhalts dargeboten, während der Penis mit einem entsprechenden Messgerät verbunden ist, das den Grad der Erektion erfasst.[35]

Das OLG Düsseldorf[36] hat hinsichtlich solcher Untersuchungen lediglich die Aussagekraft eines phallographischen Untersuchungsergebnisses in Zweifel gezogen und es daher nicht in seine Entscheidung mit einfließen lassen. Keinerlei Erwähnung fand aber die Frage nach der grundsätzlichen Zulässigkeit unter dem Aspekt eines Verstoßes gegen die Menschenwürde. Die Tatsache, dass sich das OLG Düsseldorf überhaupt mit der Frage der Aussagekraft eines Beweismittels auseinander setzt, setzt jedoch konkludent die Annahme einer grundsätzlichen Zulässigkeit solcher Tests und damit keinen entsprechenden Verstoß gegen Art. 1 Abs. 1 GG voraus.[37] Auch *Jessnitzer*[38] hält die Anwendung phallographischer Untersuchungen im ausdrücklichen Gegensatz zum Polygraphen, wenngleich auch unter dem Aspekt des § 136a StPO, für zulässig. Wenn jedoch der Auffassung des BGH folgend davon auszugehen ist, dass § 136a StPO eine konkretisierte Ausprägung des Schutzes der Menschenwürde gemäß Art. 1 Abs. 1 GG darstellt, dann kann auch hierbei kein Unterschied gelten. Zwar handelt es sich bei der Anwendung phallographischer Untersuchungen um keine „Vernehmung", gemeinsam ist dem Phallographen mit dem Polygraphen aber, dass beide versteckte, sonst nicht oder kaum äußerlich erkennbare Reaktionen des Probanden messen.[39] Der Vorwurf des „Einblicks in die Seele des Beschuldigten"[40] würde somit auf beide oder aber keines der Verfahren zutreffen.

---

[32] Undeutsch, ZStW 87 (1975), S. 656.
[33] Peters, ZStW 87 (1975), S. 672f.
[34] LG Hannover NJW 1977, S. 1110.
[35] Eisenberg, Beweisrecht der StPO, Rdnr. 702. Zur ausführlicheren Geschichte der Phallographie: Binder, NJW 1972, S. 321f.
[36] OLG Düsseldorf NJW 1973, S. 2255-2256.
[37] Diesbezüglich a.A. Peters, ZStW 87 (1975), S. 673.
[38] Jessnitzer[4], S. 174.
[39] H.-H. Kühne, Strafprozeßlehre, Rdnr. 537.
[40] BGHSt 5, S. 335.

Zur Differenzierung und entsprechender Rechtfertigung wird jedoch auch eingewandt, dass die Phallometrie regelmäßig erst im Rahmen des Vollstreckungsverfahrens, bei der Frage nach der Rückfallgefahr eines Sexualstraftäters und der damit verbundenen (ggf. vorzeitigen) Entlassung Anwendung findet.[41] Ob die jeweilige Untersuchung nun im Ermittlungs-, Haupt oder Nachverfahren stattfindet, kann aber bei der Frage nach einem Verstoß gegen die Menschenwürde keine Rolle spielen.[42] Offenbar dieser Erkenntnis folgend, enthielt sich *Jessnitzer* in den späteren Auflagen sowohl des Themas der Phallographie, als auch der Polygraphie gänzlich.[43]

6. Vergleich mit psychologischer Analyse und Exploration

Ähnlich verhält es sich auch mit den psychologischen Analysen. So sieht das OVG Bremen in der Verwertung psychologischer und charakterologischer Tests bei der Beurteilung der charakterlichen Eignung eines Kraftfahrers einen Einbruch in dessen ureigene Intimsphäre und hält dies deshalb nicht für verfassungskonform.[44] Dies gilt um so mehr, wenn man gemeinsam mit *Undeutsch* davon ausgeht, dass derartige Tests nicht auf die Aufdeckung der Fähigkeiten und Charakterzüge des Probanden beschränkt sind, sondern auch Gefühle, Eigenschaften und innere Konflikte sichtbar machen.[45] Darüber hinaus bestehen gleichfalls große Bedenken an der Qualität solcher Beurteilungen, die „in einem sehr hohen Ausmaß von subjektiven Interpretationszufälligkeiten des jeweiligen Gutachters beeinflusst" werden und damit viel Raum „etwa für spekulative Analogieschlüsse" lassen.[46] Dennoch sieht jedenfalls das BVerwG darin keine Verletzung des GG oder anderer verkehrsrechtlicher Vorschriften.[47]

Auch die Exploration durch Sachverständige zur Erstellung eines Glaubwürdigkeitsgutachtens stöt offenbar auf keinerlei verfassungsrechtlichen Widerstand.[48] So ist gerade die spezielle Exploration zur Sache, wie sie von psychiatrischen und psychologischen Sachverständigen durchgeführt wird, von Grund auf bedenklich.[49] Macht sie doch – *Bockelmann* folgend – denjenigen, der ihr unterworfen wird, bis zu einem gewissen Grade zum Objekt des Verfahrens und „ver-

[41] Jessnitzer[4], S. 174.
[42] Peters, ZStW 87 (1975), S. 673.
[43] Vgl. Jessnitzer[8], S. 220 bzw. Jessnitzer[9], S.194; während der Abschnitt über Phallographie und Lügendetektion bis zur 8. Auflage unverändert blieb, wurde er ab der 9. Auflage ersatzlos gestrichen.
[44] OVG Bremen MDR 1963, S. 249; entsprechend Schmidt-Bleibtreu/Klein, Art. 1, Rdnr. 9.
[45] Undeutsch, ZStW 87 (1975), S. 662.
[46] OLG München NJW 1979, S.603.
[47] BVerwG NJW 1964, S. 607.
[48] So wird diese jedenfalls als selbstverständlich angesehen, vgl. KK-Senge, Vorb. § 72, Rdnr. 4.
[49] Dippel, S. 165.

sachlicht" den Betroffenen zum „Wahrheitserforschungsmaterial".[50] Hierbei zeigt sich die Parallele zum Polygraphen bereits an der Formulierung, die sehr stark an die des BGH[51] erinnert und mit der auch das LG Mannheim die Ablehnung des Beweisantrages auf Einholung eines polygraphischen Gutachtens begründete.[52] Daran zeigt sich deutlich die Nähe der polygraphischen Untersuchung mit der Exploration von Zeugen durch den Sachverständigen. Damit ändert sich zwar nicht die Intensität des Eingriffs des „Lügendetektortests", jedoch wird die unterschiedliche Behandlung einer durchaus vergleichbaren Materie deutlich.

7. Fehlende Berücksichtigung ausländischer Erfahrungen

Auffällig ist in der Entscheidung des BGH auch, dass die Tatsache, dass der Polygraph in anderen durchaus demokratischen Staats- bzw. Rechtssystemen legalisiert ist, keinerlei Erwähnung fand, sondern die Verwertung solcher Gutachten als vorbehaltlos menschenunwürdig verworfen wurde.[53] Zwar kann es gewiss nicht unmöglich sein, hinsichtlich der Menschenwürde einen anderen Maßstab anzulegen, als in anderen freiheitlichen Staaten. Dies sollte jedoch mit Vorsicht und in dem Bewusstsein erfolgen, dass hierbei offenbar ein Grenzfall zu beurteilen ist. Der notwendige Respekt gegenüber den anderen Rechtskulturen erfordert es daher, sich mit deren Rechtsauffassung wenigstens argumentativ auseinander zu setzen und die Notwendigkeit eines eigenen, differierenden Maßstabes aufzuzeigen.[54] Die Ausführungen des BGH lassen jedoch auch nur einen Ansatz dieser Auseinandersetzung vermissen.[55]

In der juristischen Kommentierung ist diese Entscheidung dennoch weitgehend auf Zustimmung gestoßen[56], was allerdings größtenteils das Ergebnis, nicht aber den vom BGH zur Begründung eingeschlagenen Weg über einen Verstoß gegen die Menschenwürde anbetrifft.[57] Insgesamt erweckt die Entscheidung aber den Eindruck einer stark ergebnisorientierten Argumentation, denn der eigentliche Kern der erhobenen Bedenken scheint nicht in dem Eindringen in das Innerste der Testperson, sondern in der Zwischenschaltung einer mechanischen Appa-

[50] Bockelmann, GA 1955, S. 335.
[51] Vgl. BGHSt 5, S. 333.
[52] BGHSt 44, S. 309.
[53] Knögel, DRiZ 1954, S. 236.
[54] Schwabe, NJW 1979, S. 578.
[55] Vgl. BGHSt 5, S. 332ff.
[56] Steller, Psychophysiologische Aussagebeurteilung, S. 156.
[57] Die den „Lügendetektor" ablehnende Literatur stützt sich bei ihrer Begründung in erster Linie auf einen Verstoß gegen § 136a StPO, den der BGH in dieser Entscheidung neben der Menschenwürde auch verletzt sieht.

ratur, die den Betroffenen zum Objekt macht, zu liegen.[58] Inhaltlich wirkt diese Entscheidung daher wenig geglückt[59] und in späteren Entscheidungen berief man sich auch nicht mehr auf einen Verstoß gegen Art. 1 Abs. 1 GG.

B. VEREINBARKEIT MIT DEM ALLGEMEINEN PERSÖNLICHKEITSRECHT

I. Ausgangssituation

Mit einem Verstoß gegen das allgemeine Persönlichkeitsrecht i.S.d. Art. 2 Abs. 1 i.V.m. Art. 1 Abs. 1 GG wurde das polygraphische Gutachten erstmals in dem Beschluss des Vorprüfungsausschusses des Bundesverfassungsgerichts vom 18.8.1981[60] in Verbindung gebracht. Die dieser Entscheidung zugrunde liegende Verfassungsbeschwerde eines wegen Mordes Verurteilten wurde mangels Erfolgsaussicht nicht zur Entscheidung angenommen. Dieser hatte zum Beweis der Richtigkeit seiner Aussage die Anwendung eines polygraphischen Gutachtens beantragt. Dieser Antrag wurde jedoch vom LG und dem BGH abgelehnt und der Beschwerdeführer aufgrund von Indizien zu lebenslanger Freiheitsstrafe verurteilt.

In der Einsicht, den Einsatz eines „Lügendetektors" als Verstoß gegen die Menschenwürde nicht länger aufrecht erhalten zu können, berief sich das BVerfG, nunmehr etwas zurückhaltender als der BGH in seiner Entscheidung aus dem Jahre 1954, auf einen Verstoß gegen das Persönlichkeitsrecht im Sinne des Art. 2 Abs. 1 i.V.m. Art. 1 Abs. 1 GG. Dieser Verstoß lag nach Ansicht des BVerfG in der „Durchleuchtung" der Person, da mit Hilfe des Polygraphen sonst nicht wahrnehmbare und unwillkürliche körperliche Reaktionen des Untersuchten registriert werden und dieser damit zum bloßen Anhängsel des Apparates wird.[61]

Die Frage, ob hierbei der absolut geschützte Persönlichkeitskern[62] betroffen ist oder aber dieses Recht zur Disposition des Betroffenen steht und er somit auf diesen Schutz verzichten kann, ließ der Vorprüfungsausschuss offen, da eine entsprechende Einwilligung aufgrund der fehlenden Freiwilligkeit nicht wirksam wäre.[63]

---

[58] Vgl. Achenbach, NStZ 1984, S. 351; Eisenberg, Beweisrecht der StPO, Rdnr. 697; Schneider, S. 138.
[59] Vgl. das redaktionelle Vorwort zu dem Aufsatz von Undeutsch, Kriminalistik 31 (1977), S. 193.
[60] BVerfG NJW 1982, S. 375.
[61] BVerfG NJW 1982, S. 375.
[62] Maunz/Dürig, Art. 2, Rdnr. 130.
[63] BVerfG NJW 1982, S. 375.

II. Stellungnahme der Literatur

Auch diese Entscheidung musste sich deutliche Kritik entgegenhalten lassen, die sich nicht unbedingt auf das Ergebnis, sondern vielmehr auf die Begründung bezog.[64] Im Einzelnen betrifft sie die folgenden Punkte:

1. Betroffenheit des allgemeinen Persönlichkeitsrechts

Wie bei der Prüfung jeder Grundrechtsverletzung, stellt sich auch hier zunächst die Frage, ob im vorliegenden Fall überhaupt der Schutzbereich des allgemeinen Persönlichkeitsrechts gemäß Art. 2 Abs. 1 i.V.m. Art. 1 Abs. 1 GG betroffen ist.[65] So schützt dieses Grundrecht die Privatsphäre[66] und dient insbesondere auch der Gewährleistung eines abgeschirmten Bereichs der persönlichen Entfaltung sowie dem Schutz vor erzwungener Selbstbezichtigung im Strafverfahren.[67]

Die Klärung des Wahrheitsgehaltes einer Aussage durch eine polygraphische Untersuchung führt gleichzeitig auch zu einem positiven oder negativen Persönlichkeitsurteil. Anders als bei anderen Untersuchungsmethoden wird hierbei jedoch kein Persönlichkeitsbild hinsichtlich Anlage, Charakter oder Triebstruktur zu Tage gefördert,[68] wie dies insbesondere – vom BGH unbeanstandet – bei Tests über die Triebstruktur eines Angeklagten der Fall ist.[69]

Allerdings wurde diese zu Unrecht differenzierende Betrachtungsweise auch schon von gerichtlicher Seite aufgegriffen. So hat das Amtsgericht Demmin bemerkt, dass ein grundsätzlich zulässiger DNA-Test weitaus tiefer in das Persönlichkeitsrecht des Beschuldigten eindringe, als der Polygraph durch die Aufzeichnung der psychophysiologischen Parameter und hat einem Beweisantrag auf Zulassung eines psychophysiologischen Gutachtens durch Vernehmung des Sachverständigen stattgegeben.[70]

---

[64] So auch Schwabe, NJW 1982, S. 367, für den „eine so klägliche Begründung fast schlechter als gar keine" ist.
[65] Pieroth/Schlink, Rdnr. 9.
[66] Vgl. BVerfGE 27, S. 6; 44, S. 203.
[67] Pieroth/Schlink, Rdnr. 377.
[68] So Peters, Strafprozeß, S. 331.
[69] BGHSt 13, S. 138.
[70] AG Demmin, Zweigstelle Malchin, Beschluss vom 1.9.1998, Az. 721 Js 31691/97.

2. Einwilligung des Betroffenen

Ein weiterer Kritikpunkt war die nicht ausreichende Berücksichtigung der Einwilligung des Betroffenen. Anders als bei der Menschenwürde bejahte das BVerfG beim Persönlichkeitsrecht in einer früheren Entscheidung bereits die Dispositionsfreiheit.[71] Hier ließ es diese Frage jedoch inkonsequenterweise ausdrücklich offen. Wie bereits ausgeführt, scheidet eine zwangsweise Durchführung eines Polygraphentests bereits aus rein praktischen Erwägungen aus, da eine gewisse Kooperation des Probanden Grundvoraussetzung eines verwertbaren Testergebnisses ist.

a) Einwilligungsmöglichkeit zur Freiheitssicherung

Ein von der Rechtsprechung außer Betracht gelassener und von *Amelung*[72] aufgegriffener Aspekt ist die grundrechtssichernde Funktion des Angebotes, sich dem Polygraphentest zu unterziehen. Ein Bürger, dem aufgrund der bisherigen Beweislage Freiheitsstrafe droht, muss die Möglichkeit haben, in den Polygraphentest einzuwilligen. Er opfert hierzu sein „Persönlichkeitsrecht" vorübergehend auf, um dadurch dauerhaft seine persönliche, durch den Staat aufgrund der Verdächtigung bedrohte, Freiheit zu sichern. Da diese Freiheit durch Art. 2 Abs. 2 Satz 2 GG geschützt ist, besteht sogar eine verfassungsrechtliche Verpflichtung, diesem Aufopferungsangebot des Beschuldigten nachzukommen. Ungeachtet dessen bleibt aber die Frage nach der Freiwilligkeit.

b) Freiwilligkeit der Einwilligung

Fragwürdig erscheint aber auch die Auffassung des BVerfG, dass – Dispositionsfreiheit unterstellt – keine wirksame Einwilligung vorläge, da es an der hierfür notwendigen Freiwilligkeit fehle.[73] Zwar liegt hier tatsächlich keine völlige Freiwilligkeit seitens des zu Untersuchenden vor, da er als von einer Freiheitsstrafe bedrohter Angeklagter jede Gelegenheit wahrnehmen wird, dieser zu entgehen. Fraglich ist aber, ob die Einwilligung schon deshalb als unwirksam anzusehen ist, da es im Strafrecht eine Vielzahl von Einwilligungen oder ähnlichen Zustimmungserklärungen gibt, die trotz eines gewissen staatlichen Zwanges wirksam sind.[74] Beispielhaft kann hier die Einwilligungen, sich einer Heilbehandlung, einem körperlichen Eingriff oder einer Entziehungskur zu unterziehen bzw. sich in

---

[71] Vgl. BVerfGE 27, S. 352.
[72] Amelung, NStZ 1982, S. 39.
[73] BVerfG NJW 1982, S. 375.
[74] Amelung, NStZ 1982, S. 38.

ein Heim oder eine Anstalt einweisen zu lassen, genannt werden. Diese Einwilligung dient gemäss § 56c Abs. 3 StGB der Schaffung der Voraussetzungen einer Strafaussetzung zur Bewährung und damit letztlich auch der Verhinderung der Vollstreckung einer Freiheitsstrafe. Ebenso verhält es sich mit der Einwilligung in die Entmannung nach § 3 KastrationsG, die der Betroffene regelmäßig auch nur erteilt, um einer weiteren Vollstreckung seiner Freiheitsstrafe oder freiheitsentziehenden Maßregeln zu entgehen. Damit wird deutlich, dass es sich bei dieser Form der Einwilligung nicht um die gesetzesvertretende Einwilligung handelt. Ein veranschaulichendes Beispiel für eine solche „freiwillige" Einwilligung stellt die Herausgabe eines von der Strafverfolgungsbehörde sicherzustellenden Gegenstandes gemäß § 94 Abs. 2 StPO dar. Im Falle der Weigerung wird die Herausgabe des Gegenstandes mit Hilfe einer Beschlagnahme durchgesetzt. Eine tatsächliche Wahl, ob der Gewahrsamsinhaber seine Sachherrschaft behalten möchte oder nicht, hat er nicht. Damit bezieht sich die Freiwilligkeit lediglich auf das „wie", nicht aber auf das „ob".[75]

Grundgedanke einer solchen Regelung ist jedoch nicht, dass der Konsens des verfügenden Grundrechtsträgers eine fehlende Eingriffsermächtigung ersetzen soll, sondern vielmehr der Gedanke des Übermaßverbotes bzw. das Erforderlichkeitsprinzip. Sofern ein Bürger die Beeinträchtigung seiner Grundrechtssphäre dulden muss, sollte ihm aber zumindest freigestellt bleiben zu wählen, welche Rechtsgutbeeinträchtigung ihn am wenigsten trifft. Dies gilt um so mehr, wenn er durch seine Mitwirkung außerdem die Folgen staatlicher Zwangsanwendung vermeiden kann.[76] Diese sogenannte „eingriffsmildernde Einwilligung" ist, wenngleich nicht frei von jeglichem Zwang getroffen, als Einwilligung dennoch wirksam, solange kein rechtswidriger zusätzlicher Druck ausgeübt wird.[77] Für einen solchen rechtswidrigen Druck sind im vorliegenden Fall jedoch keinerlei Anhaltspunkte gegeben.

c) Moralischer Druck auf andere Beschuldigte

Teilweise wird ein entsprechender Druck jedoch damit begründet, dass bei einer etwaigen Zulässigkeit eines derartigen Verfahrens mittelbar auf all diejenigen Beschuldigten Zwang ausgeübt werde, die sich einem Polygraphentest nicht unterziehen wollen.[78] Hierdurch entstehe ein moralischer Zwang der Inanspruch-

---

[75] Vgl. Amelung, Die Einwilligung in die Beeinträchtigung eines Grundrechts, S. 105.
[76] Amelung, Die Einwilligung in die Beeinträchtigung eines Grundrechts, S. 106.
[77] Amelung, NStZ 1982, S. 39.
[78] Klimke, NStZ 1981, S. 433.

nahme[79] und derjenige, der keinen Antrag auf eine Untersuchung stelle, mache sich verdächtig.[80]

Dieses zunächst plausibel klingende Argument zu widerlegen, bedarf einer kurzen Darstellung der Rolle des Beschuldigten im Strafverfahren. Im Gegensatz zum Inquisitionsprozess, in dem der Beschuldigte zum schlichten Verfahrensobjekt gemacht wurde, hat er im heutigen Strafverfahren die Stellung eines Verfahrenssubjekts. Sowohl durch Art. 103 Abs. 1 GG, als auch durch die §§ 136 Abs. 1, 137 Abs. 1 StPO wird dafür Sorge getragen, dass der Beschuldigte nicht zum bloßen Verfahrensobjekt gemacht wird. Der wesentliche Kern seiner Stellung liegt darin, nicht aktiv an seiner Verurteilung mitwirken zu müssen und sich aktiv gegen die Beschuldigungen zur Wehr setzen zu können. Gleichzeitig steht ihm das Recht zu, sich zu den Vorwürfen zu äußern oder aber sich in Schweigen zu hüllen. Diese beiden Möglichkeiten sind vom Gesetzgeber bewusst als gleichwertig ausgestaltet worden und verbieten es, verwertbare Rückschlüsse daraus zu ziehen, dass sich ein Beschuldigter nun für die eine oder andere Variante entschieden hat. Insbesondere dürfen aus seinem Schweigen keine nachteiligen Rückschlüsse gezogen werden[81], was in der Rechtspraxis auch konsequente Beachtung findet.[82]

Entsprechendes sollte dann auch für die Durchführung eines freiwilligen Polygraphentests gelten. Ein Beschuldigter kann sich für die Durchführung eines Polygraphentests, wie auch für eine Aussage entscheiden. Die Verwertung der dabei gewonnenen Ergebnisse kann dabei sowohl für als auch gegen ihn verwendet werden. Es ist jedoch unzulässig, aus diesem Verhalten Rückschlüsse gegenüber anderen Verfahren zu ziehen, in denen ein Beschuldigter nicht zu diesem Beweismittel gegriffen hat, sondern sich – wie auch beim Schweigen – passiv verhält. Ebensowenig wie durch das Aussagen eines Beschuldigten ein moralischer Druck auf den Schweigenden ausgeübt wird und dieser ins Zwielicht gerät, wird auch auf den Beschuldigten, der sich einem solchen Test nicht unterziehen möchte, weder Druck ausgeübt noch macht er sich verdächtig.[83]

3. Zulassungsanspruch aus dem allgemeinen Persönlichkeitsrecht

Im Gegensatz zu einem möglichen Verstoß des Polygraphen gegen das allgemeine Persönlichkeitsrecht stellte sich in der weiteren Diskussion umgekehrt

[79] Radbruch, S. 123, sieht darin sogar einen Geständniszwang.
[80] Dieses Argument hat auch in der Kommentarliteratur Anklang gefunden, z.B. LR[25]-Hanack, § 136a, Rdnr. 60.
[81] Vgl. BGHSt 5, S. 334.
[82] Verrel, S. 44ff.
[83] Klimke, NJW 1981, S. 433f.

die Frage, ob sich aus Art. 2 Abs. 2 i.V.m. Art. 1 Abs. 1 GG nicht sogar ein Anspruch auf die Zulassung des Polygraphentests als Beweismittel ergibt.

Auslöser dieser erneuten Diskussion um den Polygraphen im Zusammenhang mit dem allgemeinen Persönlichkeitsrecht war weniger die Literatur, als vielmehr eine Verfassungsbeschwerde, die sich gegen die Ablehnung eines Beweisantrages auf Anhörung eines Sachverständigen zu den Ergebnissen einer auf Wunsch des Beschwerdeführers vorgenommenen polygraphischen Untersuchung richtete. Die gegen das erstinstanzliche Urteil, in dem der Beschwerdeführer wegen sexuellen Missbrauchs von Kindern in Tateinheit mit sexuellem Missbrauch von Schutzbefohlenen in zwei Fällen verurteilt wurde, eingelegte Berufung wurde verworfen. Der die Tatvorwürfe weiterhin leugnende Beschwerdeführer stellte den Beweisantrag, die Ergebnisse der psychophysiologischen Begutachtung durch Anhörung des Sachverständigen in die Berufungsverhandlung einzuführen. Dieser Antrag wurde vom LG Wuppertal als unzulässig abgelehnt, die darauf gestützte Revision vom OLG Düsseldorf verworfen. Das BVerfG hat die Beschwerde mit dem Beschluss vom 7.4.1998[84] nicht zur Entscheidung angenommen.

Anders als in den bisherigen Entscheidungen stützte das BVerfG die Nichtannahme der Verfassungsbeschwerde nicht auf die Unzulässigkeit des Polygraphentests, sondern auf eine unzureichend substantiierte Darlegung der angeblich verletzten Rechte. Dennoch bezog der Dreierausschuss zu der Behauptung des Beschwerdeführers, dass die Ablehnung des Antrages eine Verletzung seines Grundrechtes aus Art. 2 Abs. 1 i.V.m. Art. 1 Abs. 1 GG darstelle, als obiter dictum Stellung. Eine solche Verletzung wäre danach nur dann gegeben, wenn die Zulassung des Polygraphentests verfassungsrechtlich geboten sei, wofür jedoch jeglicher Vortrag fehle. Vielmehr dient nach Ansicht des BVerfG gerade die Ablehnung der Zulassung dem Schutz der Menschenwürde und des Persönlichkeitsrechtes des Angeklagten. Damit führte das BVerfG zwar keine neuen Argumente ins Felde, bekräftigte aber sein Festhalten an der verfassungsrechtlich begründeten Ablehnung des Polygraphen.

C. ABLEHNUNG POLYGRAPHISCHER GUTACHTEN ALS VERSTOSS GEGEN ANDERE VERFASSUNGSRECHTE

In der dem Nichtannahmebeschluss des Bundesverfassungsgerichts vom 7.4.1998[85] zugrunde liegenden Verfassungsbeschwerde berief sich der Be-

[84] BVerfG NJW 1998, S. 1938f.
[85] BVerfG NStZ 18 (1998), S. 523f.

schwerdeführer auch auf weitere verfassungsrechtlich gewährleistete rechtsstaatliche Grundsätze, ohne diesbezüglich jedoch wesentliche Ausführungen gemacht zu haben.

I. Verletzung des Anspruchs auf rechtliches Gehör

Eines der angeführten Gründe war das Argument der Verletzung ausreichenden rechtlichen Gehörs i.S.d. Art. 103 Abs. 1 GG. Die Ablehnung der Zulassung des Polygraphentests stellt nach Auffassung des Vorprüfungsausschusses jedoch keinen Verstoß gegen Art. 103 Abs. 1 GG dar, da diesbezüglich seitens des Beschwerdeführers keinerlei Anhaltspunkte dargelegt worden seien. Darüber hinaus ergibt sich nach Auffassung des BVerfG aus diesem rechtsstaatlichen Grundsatz überhaupt kein Anspruch auf ein bestimmtes Beweismittel.[86]

II. Verstoß gegen den Grundsatz des fairen Verfahrens

Weiterhin argumentierte der Beschwerdeführer gegenüber dem Bundesverfassungsgericht damit, dass die Ablehnung einer polygraphischen Untersuchung einen Verstoß gegen den verfassungsrechtlichen Anspruch auf ein rechtsstaatlich faires Verfahren darstelle.[87] Auch hierbei fehlt es jedoch nach Ansicht des 2. Senats an entsprechenden Ausführungen des Beschwerdeführers, wonach sich ein entsprechender Anspruch auf Zulassung des Polygraphentests ergeben könnte. Ebensowenig sah das BVerfG in dem Anspruch auf ein rechtsstaatlich faires Verfahren einen Anspruch des Beschwerdeführers auf ein bestimmtes Beweismittel.[88]

III. Verstoß gegen die Bindung der Rechtsprechung an Recht und Gesetz

Darüber hinaus wurde in dem Verfahren auch gerügt, dass die Ablehnung des Beweisantrages einen Verstoß gegen die Bindung der Rechtsprechung an Recht und Gesetz gemäss Art. 20 Abs. 3 GG darstelle.[89] Auf die Rüge dieses Verstoßes ist das BVerfG in seinen Gründen jedoch mit keinem Wort eingegangen und in den zusammengefassten Veröffentlichungen dieser Entscheidung

[86] BVerfG NStZ 18 (1998), S. 524.
[87] BVerfG NStZ 18 (1998), S. 524.
[88] Entsprechend auch Maunz/Dürig, Art. 103, Abs. 1, Rdnr. 98.
[89] Diese vom Beschwerdeführer vorgebrachte Verletzung ist nur in der unveröffentlichten Entscheidung des BVerfG, 2. Senat 2. Kammer, Az. 2 BvR 1827/97, S. 2f., nicht aber in den auszugsweisen Veröffentlichungen, beispielsweise NStZ 1998, S. 523f. und NJW 1998, S. 1938f. zu finden.

fand der vom Beschwerdeführer gerügte Verstoß gegen Art. 20 Abs. 3 GG nicht einmal Erwähnung.[90] Auch in der Literatur fand weder die Argumentation noch die Entscheidung ein großes Echo, so dass die hier aufgeführten Argumente nicht weiter aufgegriffen wurden.

D. UNZULÄSSIGKEIT DES POLYGRAPHEN AUFGRUND DES NUMERUS CLAUSUS DER BEWEISMITTEL

Ein weiterer Aspekt einer möglichen Unzulässigkeit des Polygrapheneinsatzes im Strafverfahren ergibt sich aus dem weitgehend anerkannten Grundsatz des numerus clausus der strafprozessualen Beweismittel[91] und der fehlenden Erwähnung des Polygraphen innerhalb des Beweismittelkataloges der StPO.[92]

I. Der numerus clausus der Beweismittel

Dem numerus clausus der Beweismittel folgend dürfen Beweise, die der Klärung der Schuld- und Straffrage dienen, nur mit den im Gesetz vorgesehenen Beweismitteln erhoben werden, wobei der innerhalb der StPO aufgeführte Katalog der Beweismittel abschließend ist.[93] Diese, aufgrund ihrer gesetzlich vorgeschriebenen strengen Förmlichkeit auch Strengbeweis genannte Beweiserhebung,[94] darf daher ausschließlich durch die gesetzlichen Beweismittel des Beschuldigten und Zeugen (§§ 48-71 StPO), des Sachverständigen (§§ 72-85 StPO), des Augenscheins (§§ 86-93 StPO) und der Urkunden (§§ 249-256 StPO) erfolgen.[95]

II. Systematische Einordnung des Polygraphen innerhalb der strafprozessualen Beweismittel

Da die StPO den Polygraphen nicht ausdrücklich als Beweismittel vorsieht und der voranstehend ausgeführte Grundsatz des numerus clausus der Beweismittel gilt, legt dies zunächst den Schluss nahe, dass die Anwendung des Poly-

[90] Vgl. die Zusammenfassungen in NStZ 1998, S. 523f. bzw. NJW 1998, S. 1938f. Dies gilt jedoch ebenso für die ausführliche Urteilsbegründung, Az. 2 BvR 1827/97.
[91] SK/StPO-Schlüchter, § 244, Rdnr. 10 m.w.N.
[92] Vgl. Peters, ZStW 87 (1975), S. 671.
[93] Roxin, Strafverfahrensrecht, § 24, Rdnr. 2; Schlüchter, Das Strafverfahren, Rdnr. 474; Schmehl/Vollmer, S. 123.
[94] Volk, § 22, Rdnr. 2; § 23, Rdnr. 7.
[95] Roxin, Strafverfahrensrecht, § 24 Rdnr. 2.

graphen innerhalb des Strafverfahrens bereits aus diesem Grund unzulässig wäre.[96]

Der Frage der verfahrensrechtlichen Zulässigkeit des Polygraphen vorangestellt, bedarf es zunächst aber einer systematischen Einordnung der polygraphischen Untersuchung innerhalb der von der StPO vorgesehenen Beweismittel. Denn bevor überhaupt etwas als Beweismittel herangezogen werden kann, gilt es zunächst abzuklären, welchem der in der StPO genannten Beweismittel es überhaupt zugeordnet werden muss,[97] und erst danach lässt sich die strafprozessuale Zulässigkeit des Beweismittels selbst erörtern.

Zwar sprechen sowohl die Rechtsprechung als auch Stimmen in der Literatur oftmals von der Zulässigkeit bzw. Unzulässigkeit des „Lügendetektors" als Beweismittel.[98] Dennoch handelt es sich bei der polygraphischen Untersuchung nicht um ein eigenständiges Beweismittel, dass bereits wegen der nicht expliziten Erwähnung innerhalb der StPO unverwertbar wäre.[99]

Die Untersuchung mit dem „Lügendetektor" betrifft die Beurteilung der Glaubwürdigkeit der aussagenden Person, die regelmäßig dem Gericht obliegt.[100] In bestimmten Situationen, in denen das Gericht die Frage der Glaubwürdigkeit nicht aus eigener Sachkunde entscheiden kann, wird ein Sachverständiger mit dieser Aufgabe betraut. Ob diese Untersuchung unter Zuhilfenahme eines Polygraphen oder mit anderen Untersuchungsmethoden erfolgt, ist für die dogmatische Einordnung irrelevant.[101] Damit handelt es sich beim Polygraphen nicht um ein eigenständiges Beweismittel, sondern vielmehr um eine Untersuchungsmethode im Rahmen des von der StPO vorgesehenen Beweismittels des Sachverständigen.[102] Die einzelnen von den Sachverständigen genutzten Untersuchungsmethoden bedürfen dabei keiner ausdrücklichen strafprozessualen Zulassung. Vielmehr bleibt es dem Sachverständigen grundsätzlich überlassen, auf welchem Weg und auf welcher Grundlage er sein Gutachten erarbeitet.[103] Der numerus clausus der strafprozessualen Strengbeweismittel stellt daher für die polygraphische Untersuchung keinen Ausschlussgrund dar.

---

[96] Vgl. Peters, ZStW 87 (1975), S. 671.
[97] Schmidt, Lehrkommentar zur StPO, Nachtragsband 1, vor § 244, Rdnr. 4.
[98] BGHSt 5, S. 333; 44, S. 309; Berning, MschrKrim 76 (1993), S. 249; Frister, ZStW 106 (1994), S. 303, 313; selbst in seiner letzten Entscheidung spricht der BGH noch von der polygraphischen Untersuchungsmethode als Beweismittel, vgl. BGHSt 44, S. 319.
[99] So jedenfalls Peters, ZStW 87 (1975), S. 671.
[100] Eisenberg, Beweisrecht der StPO, Rdnr. 1860.
[101] Prittwitz, MDR 1982, S. 889.
[102] Vgl. Delvo, S. 364; diesem zustimmend Rieß, GA 1984, S. 141.; auch Willutzki, S. 100.
[103] BGH NJW 1970, S. 1243, m.w.N.; BGH StV 1989, S. 141; zuletzt BGHSt 45, S. 169.

E. POLYGRAPHENTEST ALS VERBOTENE VERNEHMUNGSMETHODE

Die Ablehnung des polygraphischen Gutachtens unter dem Aspekt des Verstoßes gegen verbotene Vernehmungsmethoden i.S.d. § 136a StPO zieht sich wie ein roter Faden durch die gesamte, Jahrzehnte währende Diskussion um den Polygraphen.

I. Gerichtliche Ausgangssituation

Bereits in seiner ersten „Lügendetektor"-Entscheidung aus dem Jahr 1954 griff der BGH dieses Argument auf.[104] Dabei begreift er den § 136a StPO als Konkretisierung des durch Art. 1 Abs. 1 GG gewährleisteten Schutz der Menschenwürde von Beschuldigten in der Situation der Vernehmung. Dem Beschuldigten ist es bei der Vernehmung selbst überlassen, ob und wie er jede einzelne Frage beantwortet, ohne dass unbewusste Äußerungen seiner Persönlichkeit dabei anders wahrnehmbar hervortreten, als auch sonst im Umgang.[105] Dies sei jedoch bei der Zuhilfenahme eines Polygraphen während der Befragung nicht mehr möglich, da zugleich die unbewussten Signale registriert würden. Zwar dürfe das Gericht bewusste und auch unbewusste Ausdrucksvorgänge beim Angeklagten, die in der Hauptverhandlung in üblicher Weise hervortreten, bei der Beweiswürdigung mit Vorsicht, Zurückhaltung und Menschenkenntnis berücksichtigen. Von diesen groben Sinneseindrücke seien allerdings Messungen unbewusster und verborgener Körpervorgänge zu unterscheiden. Eine entsprechende Erforschung des Unbewussten stelle jedoch eine Verletzung der Freiheit der Willensentschließung und -betätigung dar und sei damit nach Auffassung des BGH gemäß § 136a StPO unzulässig.[106]

Die Subsumtion des „Lügendetektors" unter die nach § 136a StPO verbotenen Vernehmungsmethoden wurde auf niedrigerer gerichtlicher Ebene, teilweise mit gleichen,[107] teilweise mit davon differierenden Argumenten, noch bis kurz vor Erlass des jüngsten diesbezüglichen BGH-Urteils aufrecht erhalten.[108] So ging etwa das LG Düsseldorf davon aus, dass bei der Kontrollfragenuntersuchung der Beschuldigte gezielt über die tatsächlichen Fähigkeiten des Gerätes und über die Bedeutung der Kontrollfragen getäuscht würde, was einen Verstoß gegen § 136a Abs. 1 Satz 1 Var. 6 StPO darstelle und darüber hinaus auch gemäß § 136a Abs. 3 StPO nicht einwilligungsfähig sei.[109]

[104] BGHSt 5, 332ff.
[105] BGHSt 5, S. 335.
[106] BGHSt 5, S. 336.
[107] LG Wuppertal, NStZ-RR 1997, S. 75f.
[108] OLG Karlsruhe, StV 1998, S. 530; LG Düsseldorf, StV 1998, S. 648f.
[109] LG Düsseldorf, StV 1998, S. 648.

II. Grundsätzliche Anwendbarkeit des § 136a StPO auf den Polygraphengutachter als Sachverständigen

Völlig außer Acht gelassen wurde in der bisherigen Rechtsprechung das Problem bezüglich der grundsätzlichen Anwendbarkeit des § 136a StPO auf die Tätigkeit eines psychophysiologischen Sachverständigen bei der Erstellung polygraphischer Gutachten. Eigentliche Adressaten dieser Norm sind die für die Maßnahmen der Strafverfolgung zuständigen staatlichen Stellen, primär Richter, Staatsanwälte und Beamte des Polizeidienstes.[110] Da jedoch die Durchführung eines „Lügendetektortests" durch einen Sachverständigen erfolgt, stellt sich unausweichlich die Frage, ob § 136a StPO auch auf die Tätigkeit des Sachverständigen im Rahmen der polygraphischen Untersuchung anzuwenden ist. Überwiegend wird davon ausgegangen, dass die Vorschrift des § 136a StPO auch für den Sachverständigen gilt, da dem Richter verwehrte Methoden erst recht dem Gehilfen des Richters verboten sein müssen.[111]

Dogmatisch vermag diese Begründung jedoch nicht zu überzeugen, da der Sachverständige kein Organ der Strafverfolgung, sondern ein Beweismittel ist.[112] § 136a StPO gilt folglich gemäß §§ 69 Abs. 3, 72 StPO nur für die Vernehmung des Sachverständigen durch die staatlichen Organe, nicht jedoch für die Vernehmung des Probanden durch den Sachverständigen im Rahmen der Exploration.[113] Damit ist der Psychophysiologe bei seiner polygraphischen Untersuchung kein Normadressat, das von der h.M. angeführte argumentum a fortiori mithin nicht durchgreifend.[114]

Im Ergebnis ist dies allerdings unerheblich, da die von einem Sachverständigen im Wege der nach § 136a Abs. 1 und 2 StPO verbotenen Vernehmungsmethoden erlangten Kenntnisse jedenfalls dem Beweisverwertungsverbot des § 136a Abs. 3 StPO unterliegen und damit nicht verwertbar sind.[115] Denn die Maßnahmen einer im Auftrag einer Strafverfolgungsbehörde handelnden Person sind ihrem Auftraggeber rechtlich wie faktisch zuzurechnen.[116] Damit bleibt die Frage, ob die polygraphische Untersuchung unter die nach § 136a StPO verbotenen Vernehmungsmethoden subsumiert werden kann, weiterhin offen und für

---

[110] HK-Lemke, § 136a, Rdnr. 4; SK/StPO-Rogall, § 136a, Rdnr. 7.

[111] BGHSt 11, S. 212; Kleinknecht/Meyer-Goßner, § 136a, Rdnr. 2; SK/StPO-Rogall, § 136a, Rdnr. 8

[112] Eisenberg, Beweisrecht der StPO, Rdnr. 629, m.w.N.

[113] Fincke, ZStW 86 (1974), S. 658.

[114] Vgl. SK/StPO-Rogall, § 136a, Rdnr. 8.

[115] H.-H. Kühne, Strafprozeßlehre, Rdnr. 514.1.

[116] Eisenberg, Beweisrecht der StPO, Rdnr. 629; SK/StPO-Rogall, § 136a, Rdnr. 8 unter Verweis auf Fincke, ZStW 86 (1974), S. 659.

die verfahrensrechtliche Zulässigkeit relevant, so dass nachfolgend auf die inhaltliche Diskussion um die Vereinbarkeit mit § 136a StPO eingegangen werden soll.

III. Stellungnahme der Literatur

1. Beeinträchtigung der Willensentschließung und -betätigung

Zustimmung findet die Subsumtion der polygraphischen Untersuchung unter die verbotenen Vernehmungsmethoden des § 136a StPO beispielsweise bei *Frister.*[117] Dieser geht davon aus, dass eine Vernehmung i.S.d. § 136a StPO immer dann vorliegt, wenn das Wissen des Beschuldigten von der Tat festgestellt werden soll, ungeachtet einer verbalen Äußerung. Dieses Wissen darf jedoch nur durch eine die Verfügungsbefugnis des Beschuldigten wahrende Vernehmung, nicht aber durch einen seiner Willenskontrolle nicht unterliegenden Sachbeweis festgestellt werden.[118] Die Auswertung der von dem Polygraphen aufgezeichneten psychophysiologischen Reaktionen bezweckt aber gerade den Zugriff auf das Wissen des Beschuldigten unter Umgehung dieser willentlichen Kontrolle, womit eine entsprechende Beeinflussung vorliegt.[119]

Entgegen der Entscheidung des BGH wurde jedoch schon vor diesem Grundsatzurteil beispielsweise von *Erbs*[120] die Auffassung vertreten, dass es für ein Verbot der Anwendung des „Lügendetektors" nicht darauf ankommt, ob es sich hierbei um einen körperlichen Eingriff, eine Täuschung, unzulässigen Zwang oder einen Fall analoger Anwendung dieser Vorschrift handelt. Jedenfalls fehlt es seiner Ansicht nach bei der polygraphischen Untersuchung an der entsprechenden Beeinträchtigung der Willensentschließung und Willensbetätigung auf Seiten des Probanden, wenngleich *Erbs* eine diesbezügliche Begründung schuldig geblieben ist. Dem gegenüber handelt es sich allerdings auch bei den Ausführungen des BGH, wonach die Erforschung des Unbewussten eine Verletzung der Freiheit der Willensentschließung und -betätigung darstelle, um eine unbegründete Behauptung.

Anders als bei § 240 StGB, dessen Schutzgut die allgemeine Freiheit der Willensentschließung und -betätigung ist,[121] wird durch § 136a StPO die Willensfreiheit gerade in Bezug auf die Aussagefreiheit garantiert.[122] Die Aussagefreiheit

---

[117] Frister, ZStW 106 (1994), S. 319.
[118] Frister, ZStW 106 (1994) , S. 319.
[119] So im Ergebnis Frister, ZStW 106 (1994), S. 320.
[120] Erbs, NJW 1951, S. 387.
[121] Tröndle/Fischer, § 240, Rdnr. 2; SK/StGB-Horn, § 240, Rdnr. 2; Wessels/Hettinger, Strafrecht BT 1, § 8 III 1.
[122] SK/StPO-Rogall, § 136a, Rdnr. 25.

umfasst die Entscheidung des Beschuldigten über das „ob" und das „wie" der Aussage. Mit der Freiheit der Willensbetätigung wird die freie Disposition bei der Ausführung dieser Entschlüsse geschützt.[123] Eine uneingeschränkte Willensfreiheit kann und will diese Vorschrift jedoch nicht gewährleisten, da sie in Bezug auf eine Aussage im Strafprozess nicht denkbar ist. Vielmehr wird ein Beschuldigter in seinem Aussageverhalten regelmäßig von einer Vielzahl von Faktoren beeinflusst.[124] Eine nach § 136a StPO verbotene Maßnahme muss daher eine gewisse „Erheblichkeitsschwelle" überschreiten, so dass nur gravierende Verstöße gegen rechtsstaatliche Grundsätze von ihr erfasst werden.[125]

Bei der Frage nach dem „ob" einer polygraphischen Untersuchung kann es sich, aufgrund der bereits erläuterten zwingenden Mitwirkung des Probanden, die eine zwangsweise Durchsetzung ausschließt, nicht anders verhalten, als bei der Frage nach dem „ob" einer Aussage an sich. In diesem Zeitpunkt findet eine Erforschung des Unbewussten, sofern dies überhaupt möglich ist, jedenfalls nicht statt. Aber auch das „wie" seiner Aussage steht dem Betroffenen frei. Folgt man hierbei dem engen Aussagebegriff der §§ 153ff. StGB, wonach jede Mitteilung einer Person in mündlicher oder schriftlicher Form, in Zeichensprache oder mit Mitteln der Gestik eine Aussage darstellt,[126] so wird deutlich, dass der Aussagende durch den Polygraphen in dem „wie" seiner Aussage nicht beeinträchtigt wird. Selbst wenn man den Begriff der Aussage auf die gesamte Aussagesituation samt der damit verbundenen nonverbalen Verhaltensweisen ausweitet,[127] findet durch den Einsatz des Polygraphen keinerlei Beeinträchtigung des Aussagenden und seiner Willensentschließung und entsprechender Willensbetätigung statt. Es findet lediglich eine passive Aufzeichnung der ohnehin von dem Beschuldigten gesendeten nonverbalen, psychophysiologischen Signale statt, ohne jedoch hierauf Einfluss zu nehmen. Damit erscheint, wie bereits von *Erbs* erwähnt, schon eine Beeinträchtigung der Willensfreiheit fraglich.[128]

2. Polygraphentest als körperlicher Eingriff

Geht man dennoch von einer entsprechenden Beeinträchtigung des Aussagenden aus, schließt sich nunmehr die Frage an, unter welche der in § 136a StPO exemplarisch aufgeführten verbotenen Methoden der Polygraphentest zu subsumieren ist.[129] In der früheren Kommentierung zu § 136a StPO wurde

[123] KK-Boujong, § 136a, Rdnr. 8; Eisenberg, Beweisrecht der StPO, Rdnr. 642.
[124] SK/StPO-Rogall, § 136a, Rdnr. 25.
[125] Vgl. KK-Boujong, § 136a, Rdnr. 8
[126] SK/StGB-Rudolphi, vor § 153, Rdnr. 12.
[127] Vgl. hierzu insbesondere Schneider, S. 11.
[128] Erbs, NJW 1951, S. 387; entsprechend auch Knögel, DRiZ 1954, S. 236.
[129] SK/StPO-Rogall, § 136a, Rdnr. 29.

er vereinzelt als körperlicher Eingriff bezeichnet.[130] Eine nachvollziehbare Begründung hierfür wurde jedoch nicht erbracht. Vielmehr scheitert eine Subsumtion der polygraphischen Untersuchung bereits daran, dass die Messung der physiologischen Reaktionen völlig schmerzfrei ist und ohne jeden Eingriff in die Substanz des Körpers erfolgt.[131] Eine Veränderung der körperlichen Konstitution, ein Eingriff in die körperliche Unversehrtheit oder mindestens die Beeinträchtigung des körperlichen Befindens sind jedoch Voraussetzung für die Annahme eines körperlichen Eingriffs.[132]

Diese kaum nachvollziehbare Argumentation versucht *Prittwitz*[133] damit zu erklären, dass es sich hierbei offensichtlich um ein Beispiel ergebnisorientierter juristischer Auslegungs- und Argumentationskunst handelt. Die Gegner des Polygraphen betrachteten ihn einerseits nicht als körperliche Untersuchung, um die legitimierende Wirkung des § 81a StPO zu umgehen; andererseits wurde der Polygraphentest von Teilen der Kommentarliteratur aber unter den Begriff des körperlichen Eingriffs subsumiert, um für ihn das Verbot des § 136a StPO greifen zu lassen. Bestätigung findet diese These dadurch, dass man mittlerweile einhellig davon Abstand genommen hat, die polygraphische Untersuchung weiterhin als körperlichen Eingriff im Sinne des § 136a StPO zu werten und aus diesem Grund als unzulässig zu erachten.[134]

3. Polygraphie als Ausübung unzulässigen Zwanges

Einige Stimmen fanden sich aber auch, die die Unzulässigkeit des „Lügendetektors" im Strafverfahren mit einem Verstoß gegen § 136a StPO wegen der Ausübung unzulässigen Zwanges begründeten.[135] Die Zulassung des Polygraphentests schaffe demnach den generellen Zwang, sich einem solchen Test zu unterziehen, weil er ohne eine entsprechende Rückwirkung auf die Beweiswürdigung kaum abgelehnt werden könne. Wie bereits bei der Frage nach der Freiwilligkeit der Einwilligung begegnet *Klimke* auch hier diesem Argument mit der Vergleichbarkeit zum Aussageverweigerungsrecht des Beschuldigten, wonach die Tatsache, dass viele Beschuldigte bereit sind, sich zur Sache zu äußern, sich auf

[130] So jedenfalls KMR-Müller, § 136a, Rdnr. 9; LR[22]-Sarstedt, § 136a, Anm. 4c; Kleinknecht, § 136a, Rdnr. 6.
[131] Frister, ZStW 106 (1994), S. 315.
[132] SK/StPO-Rogall, § 136a, Rdnr. 37; Kleinknecht/Meyer-Goßner, § 136a, Rdnr. 9; KK-Boujong, § 136a, Rdnr. 14.
[133] Prittwitz, MDR 1982, S. 890.
[134] SK/StPO-Rogall, § 136a, Rdnr. 37; Kleinknecht/Meyer-Goßner, § 136a, Rdnr. 6, 9, 24 führt die Anwendung des Polygraphen nicht mehr als unzulässigen körperlichen Eingriff, sondern hält ihn in analoger Anwendung des Abs. 1 für unzulässig.
[135] Amelung, NStZ 1982, S. 39; Frister, ZStW 106 (1994), S. 325.

andere gleichfalls als mittelbaren Zwang ausübe, nicht zu schweigen.[136] So wie es bei der Aussageverweigerung unzulässig ist, entsprechende Schlüsse zu ziehen, wäre es dies auch bei der Weigerung, sich einem entsprechenden Test zu unterziehen, unzulässig.

4. Polygraphie als Täuschung i.S.d. § 136a StPO

Ob die Anwendung des Polygraphen unter das Merkmal der Täuschung zu subsumieren ist, stellt weniger eine rechtliche als vielmehr eine tatsächliche Frage über die Funktionsweise der Untersuchung dar. So geht beispielsweise *Delvo* davon aus, dass dem „Lügendetektor" die Täuschung immanent sei, da dem Probanden eine höhere Validität vorgespiegelt würde, als sie tatsächlich gegeben sei.[137] *Berning* hingegen differenziert zwischen dem Kontrollfragentest und dem Tatwissentest, sieht aber nur bei Ersterem im Rahmen der in den USA gängigen Praxis, durch den Einsatz von Polygraphentests Geständnisse zu erreichen, die Gefahr einer Täuschung.[138] Von der Immanenz einer Täuschung distanziert sie sich jedoch ausdrücklich, wenngleich sie sich der Einzellfallprüfung von verschiedenen Untersuchungsaufbauten hinsichtlich deren Verstoßes gegen § 136a StPO nicht verschließt.

Allerdings geht *Undeutsch*[139] davon aus, dass dem polygraphischen Testverfahren keinerlei Täuschung immanent sei. Insbesondere würden die Probanden nicht über die Leistungsfähigkeit der Untersuchungsmethoden getäuscht. Allerdings räumt er die Möglichkeit ein, dass sich die Treffsicherheit der Methode bei entsprechender Überzeugung des Probanden von der Brauchbarkeit des Verfahrens erhöhen könnte.[140] Insgesamt scheide der Polygraph seiner Auffassung nach als verbotene Vernehmungsmethode i.S.d. § 136a StPO jedoch aus.

5. Analoge Anwendung des § 136a StPO auf den Polygraphentest

Möchte man den Polygraphen dennoch unter Berufung auf § 136a StPO als verbotene Vernehmungsmethode für unzulässig erklären, so stellt sich, da er in dieser Vorschrift nicht explizit erwähnt ist, die Frage, ob er im Rahmen einer analogen Anwendung einen körperlichen Eingriff, die Ausübung von Zwang oder eine

---

[136] Klimke, NStZ 1981, S. 433f.

[137] Delvo, S. 30, 351; Steller, Psychophysiologische Aussagebeurteilung, S. 7; sich diesen anschließend: Schneider, S. 155ff.

[138] Vgl. Berning, MschrKrim 76 (1993), S. 252.

[139] Undeutsch in seiner Darlegung vor dem 1. Strafsenat des BGH am 9. 12.1998; vgl. hierzu auch Frage 4 und 5 des Fragenkataloges des BGH im Anhang.

[140] Undeutsch, Antwort auf Frage 4 des Fragenkataloges des BGH im Anhang.

Täuschung darstellt, mit dessen Hilfe die Freiheit der Willensentschließung und der Willensbetätigung beeinträchtigt wird.

In seiner Grundsatzentscheidung aus dem Jahre 1954 hat der BGH keines dieser Merkmale bejaht, sondern den Polygraphen als eigene Kategorie im Rahmen des § 136a StPO dargestellt.[141] Der Möglichkeit einer solchen analogen Anwendung des § 136a StPO schließt sich auch *Eberhard Schmidt*[142] und grundsätzlich auch *Frister*[143] an, denn die Aufzählung der verbotenen Vernehmungsmethoden in § 136a StPO ist nach allgemein anerkannter Auffassung nicht als abschließend zu verstehen.[144] *Knögel* hingegen vermisst in der Entscheidung des BGH jedoch eine entsprechende Begründung für die Gleichsetzung der polygraphischen Untersuchung mit den in der Vorschrift des § 136a StPO aufgeführten Beispielen, die für eine analoge Anwendung jedoch erforderlich ist.[145]

6. Einwilligung des Beschuldigten

Betrachtet man den Polygraphentest als verbotene Vernehmungsmethode i.S.d. § 136a Abs. 1 StPO, so schließt sich nunmehr die Frage an, ob dann auch die Einschränkung des § 136a Abs. 3 StPO Anwendung findet und damit eine Einwilligung in die Durchführung eines Polygraphentests ausscheidet. Diese Auffassung wurde bisher auch von der höchstrichterlichen Rechtsprechung vertreten.[146]

Nachdem § 136a Abs. 1 StPO auf den „Lügendetektor" nur analog anwendbar ist, ist eine entsprechende Übertragung auf Abs. 3 mindestens zweifelhaft. Bei der Regelung des § 136a Abs. 3 StPO handelt es sich um eine staatliche Freiheitsbeschränkung, für die ein aus dem Vorbehalt des Gesetzes abgeleitetes Analogieverbot gilt.[147] Darüber hinaus fehlt hier die für eine Analogie erforderliche vergleichbare Interessenlage, da der Schutzzweck des § 136a StPO darauf abzielt zu verhindern, mit den aufgezählten Vernehmungsmethoden gegen einen Beschuldigten strafrechtlich vorzugehen.[148] Die Verpflichtung des Staates zu einem rechtsstaatlichen Verhalten soll dadurch gewährleistet und der Disposition des Einzelnen entzogen werden. Dieses Ziel wird jedoch in sein Gegenteil verkehrt, wenn § 136a Abs. 3 StPO dazu verwendet wird, einem zu Unrecht Be-

[141] BGHSt 5, S. 334f.
[142] Schmidt, Lehrkommentar zur StPO, Teil 2, § 136a, Rdnr. 9.
[143] Frister, ZStW 106 (1994), S. 314.
[144] Vgl. KK-Boujong, § 136a StPO, Rdnr. 9; m.w.N.
[145] Knögel, DRiZ 1954, S. 236.
[146] Vgl. Kleinknecht/Meyer-Goßner, § 136a, Rdnr. 24; BVerfG NJW 1982, S. 375.
[147] Krey, S. 240.
[148] Vgl. Protokoll über die Verhandlung des Bundestages, Sitzung vom 26.7.1950, Sp. 2882.

schuldigten das einzige Mittel zu entziehen, dass ihn vor einer ungerechtfertigten Verurteilung bewahren kann.[149] Folglich muss selbst im Falle der Subsumtion des Polygraphen unter die verbotenen Vernehmungsmethoden des § 136a StPO die verfahrensrechtliche Verwertung des polygraphischen Gutachtens bei der Einwilligung des Betroffenen zulässig sein. Hinsichtlich der Wirksamkeit, insbesondere der Freiwilligkeit dieser Einwilligung, gelten die zur Einwilligung in einen Verstoß gegen das allgemeine Persönlichkeitsrecht gemachten Ausführungen entsprechend.

Auch das BVerfG scheint an seiner strikt ablehnenden Haltung hinsichtlich der Möglichkeit der Einwilligung nicht mehr unumstößlich festzuhalten. Vielmehr hat es nunmehr ausdrücklich offen gelassen, ob die bisherige Rechtsprechung fortgesetzt oder auf entsprechende Einwände der Literatur eingegangen werden sollte.[150]

F. DER POLYGRAPHENTEST ALS KÖRPERLICHE UNTERSUCHUNG

I. Gerichtliche Ausgangssituation

Die Diskussion um die Möglichkeit der Zulassung des Polygraphentests als körperliche Untersuchung unter Berufung auf § 81a StPO fand bereits in der Entscheidung des BGH aus dem Jahre 1954 ihren Niederschlag.[151] Danach sei der Einsatz von Polygraphen unter Berufung auf § 81a StPO gleichfalls nicht möglich, da diese Vorschrift die körperliche Untersuchung des Beschuldigten regle und sich somit auf die Feststellung von verfahrenrelevanten Tatsachen beziehe. Hierunter sei aber nur die körperliche Beschaffenheit des Angeklagten zu verstehen. Diese beinhalte zwar auch „die äußere und innere Seinsweise des Körpers" sowie in ihn geratene Fremdkörper,[152] gelte aber nicht für unbewusst hervortretende Ausdruckssignale, wie sie von dem Polygraphen erfasst werden, so dass es nach Ansicht des BGH an den Voraussetzungen für § 81a StPO fehle.

---

[149] Vgl. Amelung, NStZ 1982, S. 40.
[150] BVerfG StraFo 1998, S. 16.
[151] BGHSt 5, S. 332ff.
[152] BGHSt 5, S. 336.

II. Stellungnahme der Literatur

1. Glaubwürdigkeit als Tatsache

Die Auffassung des BGH, der sich in seiner Entscheidung im Jahre 1954 dahingehend aussprach, dass eine polygraphische Untersuchung nicht unter § 81a StPO zu subsumieren sei, wurde auch von großen Teilen der strafprozessualen Literatur geteilt.[153] Begründet wurde dies damit, dass es sich bei der polygraphischen Untersuchung um die Beurteilung der Glaubwürdigkeit eines Beschuldigten handelt, § 81a StPO aber ausdrücklich von der Feststellung von Tatsachen spricht, die damit nicht von dieser Vorschrift erfasst werden.[154] Dem hält jedoch *Prittwitz* entgegen, dass § 81a StPO von „Tatsachen..., die für das Verfahren von Bedeutung sind" spricht, nicht aber von dem Begriff des Tatbestandsmerkmals. Die Glaubwürdigkeit einer Aussageperson stelle aber unzweifelhaft eine für das Verfahren bedeutsame Tatsache dar, so dass obiges Argument nicht zum Tragen komme.[155]

2. Polygraphentest als körperliche Untersuchung i.S.d. § 81a StPO

Auch auf Seiten der Literatur gab es eine Vielzahl von Vertretern der Auffassung, dass die Verwendung des Polygraphen keine körperliche Untersuchung i.S.d. § 81a StPO darstelle.[156] Begründet wurde dies beispielsweise von *Würtenberger* damit, dass eine körperliche Untersuchung regelmäßig einen Eingriff in den Körper des Untersuchten voraussetze, mit dem etwas zutage gefördert werde.[157] Allerdings lässt diese Argumentation die grundsätzliche Differenzierung zwischen körperlichem Eingriff und Untersuchung sinnlos erscheinen. *Eberhard Schmidt* erachtet die Rechtfertigung der Anwendung des Polygraphen gemäß § 81a StPO mit dem Argument für völlig ausgeschlossen, dass durch § 81a StPO nur die Feststellung des körperlichen Seinszustandes, nicht aber die experimentelle Ermittlung psychischer Reaktionsweisen erlaubt sei.[158]

Aber bereits vor der Grundsatzentscheidung des BGH aus dem Jahr 1954 gab es Stimmen, die eine Subsumtion des Polygraphentests unter den Begriff der körperlichen Untersuchungsmaßnahme propagierten, womit entsprechend auch die Zulässigkeit nach der Vorschrift des § 81a StPO zu beurteilen wäre. Hierzu

---

[153] So Peters, ZStW 87 (1975), S. 671.
[154] KMR-Paulus, § 81a, Rdnr. 24; LR[24]-Dahs, § 81a, Rdnr. 53.
[155] Prittwitz, MDR 1982, S.890.
[156] Metz, NJW 1951, S. 752; Würtenberger, JZ 1951, S. 774;
[157] Würtenberger, JZ 1951, S. 774.
[158] Schmidt, Lehrkommentar zur StPO, Teil 1, Rdnr. 102

gehörten beispielsweise *Arndt*[159] und *Erbs*[160] deren Argumentation *Belings* klassischer Definition der körperlichen Untersuchung folgt.

Danach handelt es sich bei der körperlichen Untersuchung um „die auf sinnliche Wahrnehmung der physischen Beschaffenheit eines menschlichen Körpers gerichtete, den letzteren unmittelbar erfassende Thätigkeit einer Person, mag sie sich nun auf Körperteile erstrecken, die gewöhnlich verhüllt getragen werden und zum Zwecke der Untersuchung erst entblößt werden müssen, oder nicht; mag die Ermittlungsthätigkeit ein inneres oder äußeres Organ betreffen."[161] Allerdings geht auch er davon aus, dass es sich bei der bloßen Wahrnehmung dessen, was jedermann zugänglich ist, noch nicht um eine körperliche Untersuchung handelt.[162] Eine Untersuchung bezeichnet vielmehr – dem natürlichen Sprachgebrauch folgend – eine gewisse erforschende Tätigkeit und grenzt sich dadurch von der bloßen Augenscheinseinnahme ab.[163] Sie setzt demzufolge voraus, dass das zu Erforschende erst noch durch den Untersuchenden erschlossen werden muss. Bei sich offen darbietenden Seinsgegebenheiten, die keiner weiteren Abklärung bedürfen, gibt es hingegen nichts zu untersuchen.[164]

Bei der polygraphischen Untersuchung werden zunächst die mehr oder weniger äußerlichen physiologischen Reaktionen des Probanden auf einzelne ihm gestellte Fragen aufgezeichnet und im Anschluss im Sinne eines Erforschens ausgewertet, so dass sämtliche obigen Kriterien erfüllt sind und es sich folglich um eine körperliche Untersuchung i.S.d. § 81a StPO handelt.[165]

Mit *Berning*[166] finden sich auch in der neueren Literatur Vertreter, die in der polygraphischen Untersuchung gleichfalls eine körperliche Untersuchung im Sinne des § 81a Abs. 1 S. 1 StPO sehen. Sie begründen dies damit, dass der Polygrapheneinsatz letztlich mit der Erfassung des Elektroencephalogramms (EEG)[167] und des Elektrokardiogramms (EKG)[168] gleichzusetzen sei, die wiederum beide anerkanntermaßen unter § 81a StPO fallen.[169] Speziell bei der EEG-

[159] Arndt, DRZ 1950, S. 133.
[160] Erbs, NJW 1951, S. 387.
[161] Beling, ZStW 15 (1895), S. 472.
[162] Beling, ZStW 15 (1895), S. 472.
[163] Schlüchter, Das Strafverfahren, Rdnr. 172.
[164] SK/StPO-Rogall, § 81a, Rdnr. 22, 23.
[165] Entsprechend Arndt, DRZ 1950, S. 133; Erbs, NJW 1951, S. 387.
[166] Berning, MschrKrim 76 (1993), S. 249f.
[167] Elektroencephallogramm: Aufzeichnung der von der Kopfhaut abgeleiteten Hirnstromtätigkeit zur Erkennung und Lokalisierung von Funktionsstörungen des Gehirns und zur Überwachung der Behandlung mit Psychopharmaka.
[168] Elektrokardiogramm: Aufzeichnung der Aktionsströme des arbeitenden Herzens in Form einer Differenzkurve zwischen ruhendem und erregtem Herzmuskel.
[169] BVerfGE 17, 108, 112, 114f; vgl. auch Kleinknecht/Meyer-Goßner § 81a, Rdnr. 20.

Untersuchung handelt es sich um die selben typischen Reizgaben seitens des Untersuchten, wie bei der Polygraphie. Im Übrigen sei es auch unstreitig, dass sich in psychophysiologischen Messdaten immer auch die Psyche mit „offenbare", also auch eine psychische Reaktion zutage träte.[170]

3. Notwendigkeit der Mitwirkung des Probanden

Problematischer erscheint jedoch die Frage der Zulässigkeit unter dem Aspekt eines aktiven Mitwirkens seitens des Beschuldigten. Aufgrund des auf Art. 2 Abs. 1 GG gestützten nemo-tenetur-Grundsatzes ist ein Beschuldigter – anders als im Inquisitionsprozess – nicht zur aktiven Mitwirkung an seiner Überführung verpflichtet.[171] In einzelnen Ausnahmefällen werden dem Beschuldigten im Rahmen der StPO lediglich gewisse Duldungspflichten auferlegt. So wird er gemäß § 81a StPO verpflichtet, körperliche Untersuchungen zu dulden. Zu einem aktiven Tun darf er hingegen nicht gezwungen werden.[172] Lediglich zur notwendigen Entkleidung bzw. zur Einnahme der für die Untersuchung erforderlichen Körperhaltung ist er verpflichtet.[173] Demnach braucht der Beschuldigte keine Fragen des Untersuchenden zu beantworten.[174] Insbesondere für die Durchführung des Kontrollfragentests ist jedoch ein ausführliches Vortest-Interview notwendig[175], das die Mitwirkung des Probanden zwingend voraussetzt. Damit scheitert eine entsprechende zwangsweise Durchführung des Tests an der fehlenden Mitwirkungspflicht des Beschuldigten.

Ungeachtet dessen gab es in der Vergangenheit einzelne Stimmen, die davon ausgingen, dass sich eine polygraphische Untersuchung auch zwangsweise durchsetzen lässt,[176] was, wenn überhaupt, nur für den Tatwissentest gelten kann. Für den Bereich des Tatwissentests stellt sich das Problem, dass prinzipiell auch ohne die Mitwirkung des Beschuldigten, etwa wenn dieser sich weigert Fragen zu beantworten, eine Untersuchung jedenfalls im Einzelfall denkbar wäre, sofern eine Duldung verlangt oder durchgesetzt werden kann.[177] Zwar halten offenbar neben den strikten Gegnern des Polygraphen[178] selbst einige seiner grundsätzlichen Befürworter[179] eine zwangsweise Durchführung für möglich.[180]

---

[170] Berning, MschrKrim 76 (1993), S. 250.
[171] Rogall, S. 93, 129.
[172] KK-Senge, § 81a, Rdnr. 4; Kleinknecht/Meyer-Goßner, § 81a, Rdnr. 11.
[173] HK-Lemke, § 81a, Rdnr. 7. Kleinknecht/Meyer-Goßner, § 81a, Rdnr. 10.
[174] OLG Hamm NJW 1974, S. 713.
[175] Steller, Psychophysiologische Aussagebeurteilung, S. 7.
[176] Metz, NJW 1951, S. 752; Würtenberger, JZ 1951, S. 774.
[177] Berning, MschrKrim 76 (1993), S. 250.
[178] Metz, NJW 1951, S. 752; Würtenberger, JZ 1951, S. 774.
[179] Vgl. H.-H. Kühne, Strafprozessuale Beweisverbote und Art. 1 Abs. 1 GG, insbesondere S. 25-29.

Diese Vorstellung widerlegt *Schwabe* jedoch mit dem Bild eines widerstrebenden, auf einen Stuhl geschnallten und trotz andauernder Gegenwehr und Geschrei polygraphisch ausgetesteten Beschuldigten.[181] Wenngleich etwas polemisch, so verdeutlicht es die Tatsache, dass die Kooperationsbereitschaft des Probanden auch für den Tatwissentest zwingende Voraussetzung für ein aufschlussreiches Testergebnis ist.[182] Bereits bei geringstem tatsächlichen Widerstand durch Bewegungsartefakte oder sonstige Muskelkontraktionen an nur bedingt kontrollierbaren Körperstellen des Untersuchten werden die Ergebnisse absolut unbrauchbar, was beispielsweise der Vergleich von Feinheiten der Aufzeichnung eines Enzephallogramms verdeutlicht.[183]

Trotz der möglichen Beeinflussung der Ergebnisse beim EEG und EKG durch systematische Artefakterzeugungen des zu Untersuchenden, ist die Anordnung solcher Untersuchungen nach § 81a StPO zulässig.[184] Damit liegt die Schlussfolgerung nahe, dass die Anordnung einer duldungspflichtigen Untersuchung i.S.d. § 81a StPO nicht zwingend die Möglichkeit einer zwangsweisen Durchsetzung zur Gewinnung eines verwertbaren Ergebnisses zum Ziel haben muss. Entsprechend sieht *Berning* sogar eine Möglichkeit der zwangsweisen Testung gegen den Willen des Beschuldigten.[185] Allerdings wird hiervon aufgrund der Berücksichtigung der Verhältnismäßigkeit und vor allem der Zweckmäßigkeit der Anordnung[186] aufgrund des zu erwartenden unbrauchbaren und damit unverwertbaren Ergebnisses abzusehen sein. Darüber hinaus steht der freiwilligen Durchführung einer körperlichen Untersuchung i.S.d. § 81a StPO, unter Berücksichtigung der Belehrungspflicht und den entsprechenden Wirksamkeitsvoraussetzungen der zwingend notwendigen Einwilligung, nichts im Wege.[187]

---

[180] H.-H. Kühne, Strafprozessuale Beweisverbote und Art. 1 Abs. 1 GG, S.113.
[181] Schwabe, NJW 1979, S. 576f.
[182] Eisenberg, Beweisrecht der StPO, Rdnr. 695; Undeutsch, Vernehmung und non-verbale Information, S. 406.
[183] Berning, MschrKrim 76 (1993), S. 250; Delvo, S. 23.
[184] SK/StPO-Rogall, § 81a, Rdnr. 28; OLG Schleswig NStZ 1982, S. 81.
[185] Berning, MschrKrim 76 (1993), S. 251.
[186] Vgl. SK/StPO-Rogall, § 81a, Rdnr. 12.
[187] Entsprechend SK/StPO-Rogall, § 81a, Rdnr. 13ff.

G. ABLEHNUNG POLYGRAPHISCHER GUTACHTEN ALS VERSTOSS GEGEN DIE GERICHTLICHE AUFKLÄRUNGSPFLICHT

I. Ausgangssituation der Rechtsprechung

Obwohl die bisherige Rechtsprechung die Anwendung des Polygraphen bisher immer schon bereits an verfassungsrechtlichen Bedenken, mindestens aber an dem Verbot des § 136a StPO scheitern ließ, versuchte ein wegen Kindesmissbrauch verurteilter Revisionsführer ein für ihn günstiges Gutachten mit dem Argument der gerichtlichen Aufklärungspflicht in das Verfahren einzubringen.[188] Dem vorausgegangen war die Ablehnung eines Antrags des Angeklagten auf Vernehmung eines psychophysiologischen Gutachters, der bei ihm einen Kontrollfragentest durchgeführt hatte, wobei er die tatbezogenen Fragen wahrheitsgemäß verneinte. Diese Ablehnung wurde nun mit einem Verstoß gegen die gerichtliche Aufklärungspflicht gemäß § 244 Abs. 2 StPO gerügt. Dieser für den Angeklagten positive Test sei nach Auffassung des Beschwerdeführers mindestens als starker Unschuldsindikator zu werten.[189]

Mit dem Beschluss vom 14.10.1998 verwarf der 3. Strafsenat des BGH die unter anderem hierauf gestützte Revision. Ausgangspunkt dieser Revision war ein Verfahren beim Landgericht Mönchengladbach, in dem der Angeklagte wegen sexuellen Missbrauchs eines Kindes zu einer Freiheitsstrafe von einem Jahr und sechs Monaten verurteilt wurde. Die gegen das erstinstanzliche Urteil eingelegte Revision wurde durch Beschluss vom Landgericht Mönchengladbach als unzulässig verworfen. Dieser sich auf § 346 Abs. 1 StPO stützende Beschluss wurde zwar vom BGH aufgehoben, in der Sache aber dennoch bestätigt.

Insbesondere sieht der 3. Strafsenat in der Ablehnung des Antrags auf Anhörung des psychophysiologischen Gutachters als sachverständigen Zeugen keinen Verstoß gegen die Aufklärungspflicht des § 244 Abs. 2 StPO. Hierzu wird zunächst auf die bisherige Rechtsprechung[190] verwiesen, wonach die Verwendung polygraphischer Gutachten im Strafverfahren gegen das durch Art. 2 Abs. 1 i.V.m. Art. 1 Abs. 1 GG geschützte Persönlichkeitsrecht des Betroffenen verstößt, was auch bei einer entsprechenden Einwilligung des Probanden in die Untersuchung gilt. Bezüglich der Aufrechterhaltung dieser Auffassung machte der BGH keine weiteren Ausführungen.

---

[188] Vgl. BGH StV 1999, S. 4f.

[189] Siehe hierzu die ausführlichen Gründe des BGH zum Beschluss vom 14.10.1998, Az. 3 StR 236/98, S. 5.

[190] In der Entscheidung werden BGHSt 5, S. 332ff.; BVerfG NStZ 1981, S. 446; BVerfG NStZ 1998, S. 523 zitiert.

II. Grundsätzliche Bedenken gegen den Kontrollfragentest

Zur weiteren Begründung seiner Entscheidung verweist der BGH im Wesentlichen auf die bereits von *Rill/Vossel*[191] geäußerten grundsätzlichen Bedenken gegen den Kontrollfragentest. Hierbei handelt es sich zum einen um die mangelnde Validität, da die zugrunde gelegten Zahlen regelmäßig Simulationsstudien entnommen seien und damit die Randbedingungen realer Testungen unberücksichtigt lassen.[192] Zudem würden auch Feldstudien mit zu hohen Trefferquoten angegeben, da diese unter Vernachlässigung der unentscheidbaren Ergebnisse errechnet wurden und die meisten Feldstudien zudem die Validität des Verfahrens überschätzen würden.[193] Weitere von *Rill/Vossel* angeführte und entsprechend vom BGH aufgegriffene Bedenken ergeben sich aus der Formulierung der Kontrollfragen, die eine hohe psychologische Kompetenz des Untersuchers erfordern und anhand keines objektivierbaren Kriteriums überprüft werden können.[194] Auch die Auswertung der gewonnenen Ergebnisse unterliege mangels eindeutiger Auslegungsregeln der subjektiven Auswertung des Untersuchers.[195] Weiterhin weise das Kontrollfragenverfahren zudem eine mangelnde Konstruktvalidität auf, da nicht feststeht, welche psychischen Zustände und Prozesse den körperlichen Reaktionsunterschieden zugrunde liegen. Die Gründe, weshalb eine Person auf bestimmte Fragen stärker reagiert als auf andere, seien individualdiagnostisch nicht feststellbar. Gleichzeitig sei das Testergebnis durch körperliche Beeinflussungsversuche manipulierbar.[196] Ein weiteres Problem sehen *Rill/Vossel* und damit auch der pauschal darauf verweisende BGH bei der Anwendung des Kontrollfragentests in Fällen sexuellen Missbrauchs. Grundlage dieses Testverfahrens sei die Annahme, dass sich der Täter seines Vergehens bewusst ist und er folglich die Vorwürfe wissentlich wahrheitswidrig verneint. Von klinischen Psychologen sei jedoch vielfach festgestellt worden, wie ein Täter seine Wahrnehmungen und Bewertungen sexueller Vergehen verleugne oder mindestens verzerre.[197]

Neben den von *Rill/Vossel* übernommenen Bedenken ist nach Auffassung des BGH auch die Verlässlichkeit des Testergebnisses selbst fraglich. Der fragliche Test erfolgte auf privater Grundlage, wodurch der Untersuchte über das Ergebnis frei verfügen konnte. Somit fehle der für ein Gelingen notwendige Aspekt

---

[191] Rill/Vossel, NStZ 1998, S. 485.

[192] Rill/Vossel, NStZ 1998, S. 483; hierbei wird insbesondere auf Undeutsch, FamRZ 1996, S. 329ff., 331, verwiesen, worin experimentelle Trefferquoten von bis zu 97% angegeben werden.

[193] Rill/Vossel, NStZ 1998, S. 483; unter Bezugnahme auf Undeutsch, FamRZ 1996, S. 329ff., 331; Lykken, Integrative Physiological and Behavior Science 26 (1991), S. 214. und Raskin, Science, Criminal Defense 8 (1981), S. 15f.

[194] Rill/Vossel, NStZ 1998, S. 484.

[195] Rill/Vossel, NStZ 1998, S. 485.

[196] Rill/Vossel, NStZ 1998, S. 484f.

[197] Rill/Vossel, NStZ 1998, S. 486, unter Hinweis auf Hirsch, S. 127f.

einer gewissen Furcht vor dem „Entdecktwerden", dem sog. „friendly examiner syndrome".[198] Im Falle eines für ihn negativen Ergebnisses hätte der Angeklagte keinerlei Konsequenzen fürchten müssen. Damit brauchte sich auch das Landgericht mit dem Ergebnis nicht befassen, so dass in der Nichtzulassung kein Verstoß gegen § 244 Abs. 2 StPO gesehen wurde.

Auch hierbei wird deutlich, dass sich die Problemstellung der Zulässigkeit des Polygraphen im Strafverfahren im Wesentlichen auf seine Zuverlässigkeit bezieht. Erst mit der Beantwortung dieser Frage, lässt sich auch die rechtliche Situation abschließend klären.

H. UNZULÄSSIGKEIT EINES AUF EINE POLYGRAPHISCHE UNTERSUCHUNG GESTÜTZTEN BEWEISANTRAGES

I. Gerichtliche Ausgangssituation

Ein weitere Möglichkeit der verfahrensrechtlichen Ablehnung polygraphischer Untersuchungen stellt § 244 Abs. 3 Satz 1 StPO dar. Ausgangspunkt dieser Argumentation war hierbei eine auf diese Vorschrift gestützte Ablehnung eines Beweisantrages auf Vernehmung eines polygraphischen Sachverständigen, die mit der Unzulässigkeit einer solchen Beweiserhebung begründet wurde.[199] Mit dieser Frage beschäftigte sich der Vorprüfungsausschuss des BVerfG in seinem Beschluss vom 7.4.1998 jedoch nur am Rande. Allerdings geht er davon aus, dass die Auffassung der vorinstanzlichen Gerichte, die den Beweisantrag aufgrund § 244 Abs. 3 Satz 1 StPO abgelehnt hatten, da in der Zulassung der Anhörung des Sachverständigen über das Ergebnis des Polygraphentests in unzulässiger Weise Beweis erhoben würde, zumindest vertretbar sei. Insbesondere aber sei die angegriffene Entscheidung weder dem Vortrag des Beschwerdeführers nach noch aus der Sicht des Gerichts willkürlich getroffen, so dass auch kein Einschreiten hinsichtlich eines Verstoßes gegen das verfassungsrechtliche Willkürverbot erforderlich wäre.

II. Auffassung der Literatur

Die Ablehnung eines auf die Vernehmung eines Polygraphengutachters gerichteten Beweisantrages unter dem Aspekt der Unzulässigkeit der Beweiserhe-

[198] Hierbei beruft sich der BGH in seiner Begründung auf: SK/StPO-Rogall, § 136a, Rdnr. 73; Eisenberg, Beweisrecht der StPO, Rdnr. 698; Frister, ZStW 106 (1994), 311.
[199] BVerfG NJW 1998, S. 1938f.

bung fand innerhalb der Literatur wenig Beachtung. Handelt es sich doch nach einhelliger Auffassung im Falle einer unzulässigen Beweiserhebung bei § 244 Abs. 3 Satz 1 StPO um einen zwingenden Ablehnungsgrund.[200] Die Kernfrage hierbei bleibt allerdings, wie bei den meisten Ablehnungsgründen des polygraphischen Gutachtens, die Zulässigkeit der Untersuchung selbst, die im wesentlichen von der Validität eines solchen Gutachtens abhängt.

J. BEWEISMITTELEIGNUNG DES POLYGRAPHENGUTACHTENS

I. Gerichtliche Ausgangssituation

In seinem Beschluss vom 14.10.1998[201] befasste sich der BGH auch mit dem vom Angeklagten gerügten Verstoß gegen § 244 Abs. 3 Satz 2 StPO aufgrund der Ablehnung des Antrags auf Vernehmung eines psychophysiologischen Gutachters, der den Angeklagten polygraphisch ausgetestet hatte. Der Angeklagte hatte, einem auf privater Grundlage bei *Prof. Undeutsch* durchgeführten Polygraphentest zufolge, die tatbezogenen Fragen wahrheitsgemäß verneint. Dieses Ergebnis sei nach Auffassung des Beschwerdeführers mindestens als starker Unschuldsindikator zu werten.[202]

Der BGH führt in seiner Begründung aus, dass der Antrag nicht wegen Unzulässigkeit der Beweisaufnahme hätte abgelehnt werden dürfen, soweit ihm die Tatsachenbehauptungen entnommen werden können, der Angeklagte habe sich an einem bestimmten Tag einem Polygraphentest unterzogen und dabei Fragen, die sich auf den Gegenstand der Anklage bezogen, verneint.[203]

Entgegen der Auffassung des Angeklagten stößt die Ablehnung der Beweisaufnahme durch das Landgericht nach Meinung des BGH aber dennoch auf keinerlei Bedenken. Der BGH räumt zwar ein, dass eine Ablehnung dann unzulässig gewesen wäre, wenn der Antrag auf Beweiserhebung bezüglich der Tatsache, dass der Angeklagte während des Polygraphentests die tatbezogenen Fragen verneint hat, gerichtet gewesen wäre. In diesem Fall handele es sich jedoch nicht um einen ordnungsgemäßen Beweisantrag, da keine dem Beweis durch Vernehmung des sachverständigen Zeugen zugängliche Tatsachen unter Beweis gestellt wurden. Nach Auffassung des BGH handelt es sich hierbei vielmehr um

---

[200] Kleinknecht/Meyer-Goßner, § 244, Rdnr. 49; vgl. auch KK-Herdegen, § 244, Rdnr. 67; SK/StPO-Schlüchter, § 244, Rdnr 83.
[201] BGH StV 1999, S. 4f.
[202] BGH StV 1999, S. 4f. bzw. in der Originalgründen des BGH, Beschluss vom 14.10.1998, Az. 3 StR 236/98, S. 5.
[203] BGH, Beschluss vom 14.10.1998, Az. 3 StR 236/98, S. 5.

das Ergebnis von Schlussfolgerungen und somit um eine Beurteilung der Glaubwürdigkeit, die grundsätzlich dem Gericht zusteht.[204]

II. Auffassung der Literatur

Allerdings stellt sich auch hier – wie bereits im Rahmen der Anwendung der polygraphischen Untersuchung gemäß § 81a StPO zum Zwecke der Feststellung von Tatsachen – die Frage, ob es sich bei der Glaubwürdigkeit eines Beschuldigten überhaupt um eine Tatsache handelt. Die Verneinung dieser Frage wird jedoch auch vom BGH nicht begründet und dürfte auch schwer zu begründen sein.[205] Diese Auffassung des BGH wird um so fragwürdiger, wenn man sich vor Augen führt, dass die Glaubwürdigkeit eines Zeugen jedenfalls eine entsprechende Beweistatsache darstellt.[206]

Offen bleibt allerdings weiterhin die Frage, ob der „Lügendetektor" oder vielmehr ein mit seiner Hilfe erstelltes Sachverständigengutachten ein geeignetes Beweismittel im Sinne des § 244 Abs. 3 Satz 2 StPO darstellt. Ohne Beweiswert und damit ungeeignet als Beweismittel wäre ein Gutachten beispielsweise dann, wenn es auf Erkenntnissen beruhen würde, die weder mit wissenschaftlich anerkannten Methoden gewonnen noch mit solchen Methoden überprüfbar sind.[207] Damit hängt die Zulässigkeit von der entsprechenden Zuverlässigkeit solcher Gutachten ab, so dass es sich zunächst um eine tatsächliche Frage handelt, deren Beurteilung jedoch den Wissenschaftlern, in diesem Fall vorwiegend den Psychologen obliegt. Überraschend ist jedoch, dass in den bisherigen Verfahren auf die Zuverlässigkeit nicht näher eingegangen und auch keine entsprechende Überprüfung vorgenommen wurde. In den bisherigen Entscheidungen wurde die notwendige Zuverlässigkeit als nicht gegeben angesehen und der Polygraph damit als Beweismittel für unzulässig erachtet. Unbeachtet blieb bei dieser Betrachtung auch, dass die Eignung eines Sachverständigenbeweises, um den es sich bei einer polygraphischen Untersuchung handelt, und damit auch seine prinzipielle Zulässigkeit bereits dann gegeben ist, wenn der Gutachter zwar keine sicheren und eindeutigen Schlüsse zu ziehen vermag, seine Folgerungen aber die unter Beweis gestellte Behauptung als mehr oder weniger wahrscheinlich erscheinen lassen und sie hierdurch unter Berücksichtigung des sonstigen Beweisergebnisses Einfluss auf die Überzeugungsbildung des Gerichts erlangen können.[208]

[204] BGH, Beschluss vom 14.10.1998, Az. 3 StR 236/98, S. 5.
[205] Prittwitz, MDR 1982, S. 890.
[206] Kleinknecht/Meyer-Goßner, § 244, Rdnr. 20.
[207] Vgl. KK-Herdegen, § 244, Rdnr. 77, m.w.N.
[208] HK-Julius, § 244, Rdnr. 39; entsprechend BGH NStZ 1985, S. 98.

Um so überraschender erscheint diese Vorgehensweise, wenn dem Polygraphengutachten – sogar bei einer vom BVerfG unterstellten Zuverlässigkeit von 90% – die Zulässigkeit im Sinne des § 244 Abs. 3 Satz 2 StGB abgesprochen wird.[209] Ob eine solche Zuverlässigkeitsrate tatsächlich gegeben ist, soll hier zunächst dahingestellt bleiben. In jedem Fall verwunderlich ist aber die gerichtliche Ablehnung eines nach eigener Auffassung nach bis zu 90% zuverlässigen Beweismittels mit dem Argument, dass dem Ergebnis einer polygraphischen Untersuchung" – wenn überhaupt – nur eine geringe Aussagekraft für das Erkenntnisverfahren beizumessen" sei.[210]

[209] BVerfG NStZ 1981, 447.
[210] BVerfG NStZ 1981, 447.

4. Kapitel:

Die Urteile des BGH vom 17.12.1998

A. AUSGANGSSITUATION DES VERFAHRENS

Mit den Urteilen vom 17.12.1998 endeten die bisher umfangreichsten und aufwendigsten Verfahren, die sich mit dem Thema „Lügendetektor" befassten.[1] Der 1. Strafsenat des BGH bemühte sich dabei, das Problem des Polygraphen in voller Breite zu behandeln.[2] Nach der Einholung umfangreicher Sachverständigengutachten[3] äußerte sich der 1. Senat bezüglich der Zuverlässigkeit polygraphischer Gutachten derart ablehnend, dass dem Polygraphen auf den ersten Blick nun jegliche weitere Berechtigung im Bereich des strafrechtlichen Verfahrens entzogen worden zu sein scheint.

Ausgangspunkt der beiden Verfahren war jeweils eine landgerichtliche Verurteilung zu einer Gesamtfreiheitsstrafe wegen sexuellen Missbrauchs von Kindern in 13 Fällen hinsichtlich des einen Angeklagten bzw. des sexuellen Missbrauchs eines Kindes in drei Fällen bezüglich des anderen Angeklagten. Beide Angeklagten beantragten in der Hauptverhandlung die Einholung eines psychophysiologischen Sachverständigengutachtens unter der Verwendung eines Polygraphen, um damit den Wahrheitsgehalt ihrer Unschuldsbekundungen verifizieren zu können. Diesen Antrag haben die Landgerichte Mannheim bzw. Kempten/Allgäu als unzulässig im Sinne des § 244 Abs. 3 Satz 1 StGB bzw. wegen Verstoßes gegen die Entschließungsfreiheit des Angeklagten abgelehnt. Die gegen diese Ablehnung gerichteten Revisionen der Angeklagten hat der BGH mit diesen Urteilen verworfen.

Damit bleibt zwar das Ergebnis, nämlich die Ablehnung des Einsatzes des Polygraphengutachtens im Strafverfahren, entsprechend der bisherigen Ent-

---

[1] Der 1. Strafsenat des BGH fällte am 17. Dezember 1998 unter dem Az. 1 StR 156/98 und Az. 1 StR 258/98 zwei Urteile, deren vorangegangene Verfahren zusammengelegt wurden, da die Ausgangssituation, die Verurteilung wegen sexuellen Missbrauchs von Kindern, jeweils identisch war. Gleichfalls rügten beide Angeklagte die Ablehnung der Einholung eines psychophysiologischen Gutachtens. Die beiden Urteile sind auch inhaltlich weitestgehend identisch, so dass keine getrennte Darstellung erforderlich ist. Aufgrund der weitestgehenden Identität der beiden Urteile ist auch nur das unter dem Az. 1 StR 156/98 geführte Urteil in der amtlichen Entscheidungssammlung BGHSt 44, S. 308-328 veröffentlicht worden.

[2] So auch Amelung, JR 1999, S. 383.

[3] Die Gutachten waren von Prof. Dr. phil. Klaus Fiedler, Universität Heidelberg, Prof. Dr. med. Wilfried Jänig, Universität Kiel, Prof. Dr. phil. Max Steller, Freie Universität Berlin, Prof. Dr. rer. nat. Udo Undeutsch, Universität Köln, überwiegend schriftlich, sowie in der Senatssitzung am 9. Dezember 1998 erstattet worden.

scheidungen des BGH und des BVerfG, weiterhin das gleiche, die Begründung unterscheidet sich jedoch wesentlich. Anders als in den vorangegangenen Entscheidungen wird die Unanwendbarkeit im Wesentlichen auf die Unbrauchbarkeit des Gerätes und weniger auf prinzipielle rechtliche Bedenken gestützt.[4]

Inhaltlich sind die Urteile der beiden auch gemeinsam verhandelten Verfahren, von minimalen fallspezifischen Besonderheiten abgesehen, selbst im Wortlaut im Wesentlichen identisch, so dass auf die beiden Urteilsbegründungen nicht gesondert eingegangenen werden muss.

B. RECHTLICHE UNBEDENKLICHKEIT

I. Kein Verstoß gegen die Menschenwürde

In ausdrücklicher Abweichung von seiner Entscheidung aus dem Jahre 1954 sieht der 1. Senat bei polygraphischen Untersuchungen jedenfalls dann keinen Verstoß gegen die Menschenwürde des Beschuldigten i.S.d. Art. 1 Abs. 1 GG, wenn sich der Proband, wie in dem zugrunde liegenden Fall, mit dem Einsatz des Polygraphen einverstanden erklärt hat. Unerheblich sei darüber hinaus auch, ob das Testergebnis nur zu Gunsten oder auch zu Lasten des Betroffenen gewertet werden soll.[5]

Entgegen seiner bisherigen Auffassung geht der BGH davon aus, dass die polygraphische Untersuchung zwar willentlich nicht unmittelbar beeinflusste körperliche Vorgänge misst, jedoch keinen „Einblick in die Seele des Beschuldigten“[6] gewährt. Vielmehr seien die im Rahmen der Untersuchung gewonnenen Körperdaten sehr eingeschränkt und diffus. Damit ließen sie, unter Berufung auf die Sachverständigen *Jänig*, *Fiedler* und *Steller*, keine eindeutigen Zusammenhänge zwischen kognitiven und emotionalen Zuständen und spezifischen Reaktionsmustern im vegetativen Nervensystem erkennen.[7] Ebensowenig ließen sich Rückschlüsse zwischen bestimmten Außenreizen und gemessenen körperlichen Veränderungen ziehen, da die verschiedenen Komponenten des vegetativen Nervensystems zwar miteinander korrelieren, eine spezifische Zuordnung aber nicht möglich und somit eine Verifizierung der jeweiligen Aussage ebenfalls unmöglich sei.[8]

---

[4] Amelung, JR 1999, S. 383.
[5] BGHSt 44, S. 315.
[6] So noch BGHSt 5, S.335.
[7] BGHSt 44, S. 316.
[8] BGHSt 44, S. 316.

Mit dieser Begründung des Nichtvorliegens einer Verletzung der Menschenwürde durch den Polygrapheneinsatz verlagert der BGH das Problem von der rechtlichen Ebene in den Bereich der Brauchbarkeit dieser Methode, so dass prinzipiell auch weiterhin selbst ein nachweislich absolut zuverlässiger Test mit dem Argument der Verletzung der Menschenwürde abgelehnt werden könnte.[9] Wenngleich nur als obiter dictum, so erwähnt der BGH in seiner Begründung dennoch ausdrücklich, dass auch andere Untersuchungsverfahren, die darauf abzielen aus dem Unterbewussten des Untersuchten Informationen zu gewinnen, wie dies etwa bei psychoanalytischen oder psychiatrischen Explorationsmethoden der Fall sei, auf keinerlei rechtliche Bedenken hinsichtlich der Menschenwürde stoßen.[10]

Darüber hinaus bestätigt der BGH in seiner Entscheidung, dass die Messung nicht beeinflussbarer körperlicher Vorgänge nicht unzulässig ist, da auch sonstige vom Willen des Beschuldigten nicht steuerbare Ausdrucksvorgänge, die ohne technische Hilfsmittel wahrzunehmen sind, gerichtlich verwertet werden dürfen.[11] Ebenso wenig würde, der jüngsten diesbezüglichen Entscheidung des BGH zufolge, ein Beschuldigter durch das Anschließen an die Messgeräte zum „Objekt in einem apparativen Vorgang" herabgewürdigt. Durch einen mit dem Einverständnis des Beschuldigten durchgeführten Test bleibt dieser in seiner Stellung als Verfahrenssubjekt unangetastet, zumal brauchbare Testergebnisse ohnehin nur unter seiner manipulationsfreien Mitwirkung erzielt werden können.[12]

Letztlich hat sich der Senat nunmehr auch dem in der Literatur[13] mehrfach angeführten Argument angeschlossen, wonach der von einem Beschuldigten zu seiner Entlastung angestrebte Polygraphentest nicht unter Hinweis auf die allgemeine staatliche Verpflichtung zu Achtung und Schutz der Menschenwürde verwehrt werden darf.[14]

II. Konformität des Polygraphengutachtens mit § 136a StPO

Der BGH sieht in der Durchführung polygraphischer Untersuchungen gleichfalls keinen Verstoß gegen die Bestimmungen des § 136a StPO.

---

[9] So jedenfalls Amelung, JR 1999, S. 383.
[10] BGHSt 44, S. 316 unter Hinweis auf LR[25]-Hanack, § 136a, Rdnr.56.
[11] BGHSt 44, S. 316 unter Verweis auf Wegner, S. 26.
[12] BGHSt 44, S. 317.
[13] Diesbezüglich führt der Senat insbesondere an: Amelung, NStZ 1982, S. 38f.; Berning, MschrKrim 76 (1993), S. 253; Delvo, S. 375; Wegner, S. 189f.; Schwabe, NJW 1979, S. 578f.; Prittwitz, MDR 1982, S. 895; Peters, ZStW 87 (1975), S. 671f.; Maunz/Dürig, GG Art. 2, Rdnr. 36; Eisenberg, Beweisrecht der StPO, Rdnr. 701; SK-Rogall, § 136a, Rdnr. 77.
[14] BGHSt 44, S. 317.

1. Keine Täuschung i.S.d. § 136a StPO

Zunächst setzt das Testverfahren nach Ansicht des BGH keine Täuschung des Untersuchten voraus und stellt daher keinen Verstoß im Sinne des § 136a StPO dar. Das Merkmal der Täuschung sei vielmehr restriktiv auszulegen und erfasse daher geringfügige Irreführungen nicht. Gravierende Täuschungen lägen jedoch, unter Berufung auf die Ausführungen der Sachverständigen, nicht vor.[15]

2. Kein unzulässiger Zwang

Dem Argument, wonach durch die grundsätzliche Zulassung ein unzulässiger Zwang im Sinne des § 136a StPO auf andere Beschuldigte ausgeübt werde, sich einer solchen Untersuchung zu unterziehen, trat der 1. Strafsenat gleichfalls ausdrücklich entgegen und begründete dies unter Verweis auf *Amelung*[16] und *Gundlach*[17] damit, dass dem Beschuldigten auch das Recht sich zu äußern oder zu schweigen zugestanden wird und das Schweigen nicht nachteilig gewertet werden darf.

3. Keine analoge Anwendung des § 136a StPO

Weiterhin sieht der BGH auch keinen Raum für eine analoge Anwendung des § 136a StGB. Die polygraphische Untersuchung wird weder ausdrücklich in dieser Vorschrift genannt noch liegt nach seiner Auffassung eine für eine Analogie erforderliche Vergleichbarkeit vor, die das Verfahren unzulässig macht. Für eine derartige Vergleichbarkeit fehlt es dem Senat zufolge an dem entsprechenden Schweregrad der vom Gesetz verbotenen Vernehmungsmethoden. Eine entsprechend schwerwiegende Beeinträchtigung, wie dies etwa bei der Hypnose oder der Narkoanalyse der Fall ist, liegt hier nicht vor, so dass die Analogievoraussetzungen nicht gegeben sind.[18]

---

[15] BGHSt 44, S. 317f.
[16] Amelung, NStZ 1982, S. 39.
[17] AK-Gundlach, § 136a, Rdnr. 57.
[18] BGHSt 44, S. 318f.

C. UNZULÄSSIGKEIT POLYGRAPHISCHER GUTACHTEN MANGELS AUSREICHENDER BEWEISMITTELQUALITÄT

Der BGH stützt die Ablehnung des polygraphischen Gutachtens in seiner jüngsten diesbezüglichen Entscheidung ausschließlich auf die mangelnde Eignung der polygraphischen Untersuchung als Beweismittel im Sinne des § 244 Abs. 3 Satz 2 Var. 4 StPO. Zwar bleibt es damit weiterhin ein Streit um die rechtliche Zulässigkeit im Sinne dieser Vorschrift; Ausgangspunkt für die Beantwortung dieser Frage ist jedoch nunmehr die tatsächliche Zuverlässigkeit bzw. die entsprechende Validität der Ergebnisse. Damit stellt diese Entscheidung erstmals eine Abkehr von der bisherigen, in erster Linie unter rechtsethischen und moralischen Gesichtspunkten geführten Diskussion dar.[19] In seinen Ausführungen differenziert der Senat jedoch zwischen dem Kontrollfragen- und dem Tatwissenverfahren.

I. Tauglichkeit des Kontrollfragentests als Beweismittel

Dem Kontrollfragenverfahren wurde, auf der Grundlage der eingeholten Sachverständigengutachten, keinerlei Beweiswert zugestanden, da es sich um keine zweifelsfrei als richtig und zuverlässig einzustufende Methode handelt.[20]

1. Nur scheinbare Plausibilität

Nach Auffassung des BGH scheint es zunächst nachvollziehbar, dass der Täter auf die tatbezogenen Fragen stärker reagiere als auf die Kontrollfragen, wohingegen es beim Nichttäter umgekehrt sein soll. Dies sei jedoch nur eine Vermutung, die nicht belegt sei und außerdem außer Acht ließe, dass die Beantwortung der tatbezogenen Fragen auch für den zu Unrecht Beschuldigten bedrohliche Konsequenzen nach sich ziehen könne. Die diesem Verfahren zugrunde liegende Annahme bezüglich des unterschiedlichen Erregungsgrades zwischen Täter und Nichttäter sei nicht zwingend und das Zurückführen einer gemessenen körperlichen Reaktion auf eine bestimmte Ursache sei derzeit ebenfalls nicht möglich.[21]

[19] Vgl. etwa Radbruch, S. 123, der in der Polygraphie sogar einen Rückfall in die Inquisition sah. Gemeinsam mit ihm sieht auch Schmidt, Lehrkommentar zur StPO, Teil 1, Rdnr. 102, „das rechtsstaatliche Ethos" des Strafprozesses in Gefahr.

[20] BGHSt 44, S. 319.

[21] Hierbei bezieht sich der Senat auf das Gutachten von Prof. Jänig, wonach das Ausmaß der Erregung bei jedem Menschen unterschiedlich und darüber hinaus von einer Vielzahl von Faktoren abhängig sei, so dass keine eindeutigen Rückschlüsse gezogen werden könnten.

2. Vorwegnahme von Schuld oder Unschuld

Die unterschiedliche Reaktion zwischen der tatbezogenen Frage und der Kontrollfrage hänge darüber hinaus auch sehr stark von der Formulierung der Kontrollfragen ab, die für den Täter geringere und für den Nichttäter höhere Relevanz haben sollen als die tatbezogenen Fragen. Die Formulierung entsprechender Fragen sei jedoch ohne die Vorwegnahme von Schuld oder Unschuld des zu Untersuchenden nicht möglich. Darüber hinaus ist es prinzipiell auch möglich, dass der Erregungsgrad auf eine tatbezogene Frage bei einem Täter auch gleichwertig oder gar niedriger als bei einem Unschuldigen ist.[22]

3. Mangelnde Standardisierung und Nachvollziehbarkeit

Ein weiteres Problem sieht der BGH in der mangelnden Standardisierbarkeit des Verfahrens. Basis für die Formulierung der Fragen ist das stark persönlichkeitsbezogene Vorgespräch. Die Auswahl und Formulierung der Fragen sei damit speziell auf die Person und den spezifischen Tatvorwurf zugeschnitten und entzöge den Prüfungsablauf einer objektiven Überprüfung. Durch die starke persönliche Prägung des Verfahrens durch den Untersucher sei es methodisch als intuitiv zu bezeichnen und entzöge dem Gericht die strafprozessual notwendige Möglichkeit, darauf aufbauende Schlüsse nachvollziehen zu können.[23]

4. Keine indizielle Wirkung des Testergebnisses

Auch eine indizielle Wirkung könne dem Kontrollfragentest nach Ansicht des Senats nicht zugestanden werden. Da dieses Verfahren weder konzeptionell abgesichert noch seine Funktionsweise belegbar sei, käme eine gewisse indizielle Bedeutung nur dann in Betracht, wenn die Zusammenhänge zwischen psychischem Verhalten und körperlichen Reaktionen wenigstens mit einer hinreichend breiten Datenbasis nachgewiesen werden könnten.

a) Mangelnde Vergleichbarkeit von Analogstudien

Die in der Literatur für Analogstudien angeführten „Trefferquoten“ von 70-90 % [24] erscheinen zwar zunächst verhältnismäßig hoch. Allerdings seien diese

[22] BGHSt 44, S. 321, unter Bezugnahme auf das Gutachten von Prof. Fiedler.
[23] BGHSt 44, S. 322.
[24] Als Quelle wird das von Prof. Undeutsch erstellte Gutachten angegeben, zur Kritik auf die Zusammenstellung bei Eisenberg, Beweisrecht der StPO, Rdnr. 694, Fn. 76 verwiesen.

in unrealistischen Versuchsanordnungen erreicht worden, die hinsichtlich der emotionalen und motivationalen Situation des Untersuchten mit der Realität nicht vergleichbar seien.[25]

b) Mangelnder Aussagewert von Feldstudien

Obwohl der BGH zugesteht, dass die obigen Bedenken bei Feldversuchen nicht bestehen, attestiert er auch solchen Testergebnissen keinerlei Aussagewert. Die sich aus der Untersuchung „echter" Kriminalfälle ergebenden Zahlen seien statistisch verzerrt, da oftmals nur die anhand eines verlässlichen Außenkriteriums überprüfbaren Untersuchungsergebnisse in die Validitätsbeurteilung einflössen. Die Anzahl unentscheidbarer und damit die Validität senkender Konstellationen blieb jedoch außen vor.

Darüber hinaus fehle es für die Beurteilung der Richtigkeit der Testergebnisse auch an einem tauglichen Prüfungsmaßstab. Hierfür würden üblicherweise Außenkriterien in Form von Geständnissen, Gerichtsurteilen oder Entscheidungen von unabhängigen Expertengruppen, die ausschließlich für die jeweilige Untersuchung zusammengestellt werden, herangezogen. Allerdings beweise ein Geständnis alleine ebenso wenig wie eine Verurteilung die Schuld des Betroffenen und damit die Richtigkeit des Testergebnisses, sondern gewährleiste lediglich eine mehr oder weniger große Wahrscheinlichkeit der Wahrheit.[26] Dies gelte um so mehr, als diese Außenkriterien selbst unter dem Einfluss der jeweiligen Testergebnisse zustande gekommen seien.[27] Speziell für die im angloamerikanischen Strafverfahren gewonnene und auf Geständnissen von Beschuldigten basierende Verifizierung bestehe das Problem des sog. „Plea Bargaining", der Absprache zwischen Anklagevertreter und Verteidigung, um im Falle eines Schuldbekenntnisses eine mildere Strafe zu erwarten.[28] Damit entbehren die aus den Feldstudien gewonnenen „Trefferquoten" nach Auffassung des BGH jeglicher Aussagekraft und seien statistisch wertlos.[29]

[25] BGHSt 44, S. 323.
[26] Vgl. BGHSt 44, S. 325, unter Berufung auf BGH NStZ 1999, S. 92 bzw. die Kritik von Eisenberg, Beweisrecht der StPO, Rdnr. 694; Frister, ZStW 106 (1994), S. 309; Rill/Vossel, NStZ 1998, S. 483.
[27] BGHSt 44, S. 326.
[28] Vgl. Dietl/Lorenz, S. 610.
[29] BGHSt 44, S. 326, unter Berufung auf das Gutachten von Prof. Fiedler.

5. Manipulierbarkeit des Testergebnisses

Darüber hinaus teilt der Senat auch die von *Steller* und *Fiedler* in ihren Gutachten geäußerten Bedenken hinsichtlich der Validität des Kontrollfragentests aufgrund der Möglichkeit einer bewussten Manipulation der Ergebnisse durch den Probanden.[30] Hierfür kommen demnach sowohl physische als auch mentale Aktivitäten der Testperson während der Untersuchung in Betracht. Diese Manipulationen seien auch leicht erlernbar und für den Untersucher nicht zu erkennen.

II. Tauglichkeit des Tatwissentests als Beweismittel

Die Durchführung eines Tatwissentests zum Zeitpunkt der Hauptverhandlung führt nach Ansicht des BGH zu keinem verwertbaren Ergebnis und sei daher gleichfalls als Beweismittel im Sinne des § 244 Abs. 3 Satz 2 Var. 4 StPO ungeeignet.[31]

1. Erfordernis der Unkenntnis des Nichttäters über Tatdetails

Voraussetzung für das Funktionieren des Tatwissentests sei die Unkenntnis des Nichttäters über Tatdetails, da ansonsten auch bei dem zu Unrecht Beschuldigten die entsprechenden Reaktionen auftreten können.[32]

2. Kein Tatwissentest im Zeitpunkt der Hauptverhandlung

In dem der Entscheidung zugrunde liegenden Fall erfolgte die Stellung des Antrags auf Durchführung einer polygraphischen Untersuchung erst in der Hauptverhandlung. Zu diesem Zeitpunkt sei jedoch nicht mehr gewährleistet, dass nur der Täter entsprechendes Detailwissen hat, da auch der unschuldig Angeklagte über seinen Verteidiger bzw. unmittelbar aus dem Anklagevorwurf regelmäßig konkrete Kenntnisse erlangt hat. Mithin stelle die Untersuchungsmethode des Tatwissenverfahrens zu diesem Zeitpunkt ein völlig ungeeignetes Beweismittel i.S.d. § 244 Abs. 3 Satz 2 Var. 4 StPO dar.

[30] BGHSt 44, S. 327, m.w.N.

[31] BGHSt 44, S. 327.

[32] Es wird hierfür auf die Gutachten von Prof. Fiedler und Prof. Steller verwiesen.

D. DIE KONSEQUENZEN DIESER URTEILE

I. Abkehr von der Ablehnung aus prinzipiellen Bedenken

Diese Entscheidung stellt eine Zäsur innerhalb der höchstrichterlichen Rechtsprechung zum Thema „Lügendetektor" dar. Wie bereits angedeutet, wurde die Ablehnung des Einsatzes polygraphischer Gutachten bisher immer auf rechtliche Bedenken gestützt, die im Kern von rechtsethischen bzw. rechtspolitischen Gedanken getragen wurden.[33] Diese Bedenken sieht der BGH nun offenbar nicht mehr als gegeben an. Vielmehr knüpft der Senat in dieser Entscheidung an die fehlende tatsächliche Eignung aufgrund mangelnder Zuverlässigkeit an, womit dem Polygraphentest jeglicher Beweiswert abgesprochen wird. Damit ist die gesamte bisherige Diskussion innerhalb der Literatur und der Rechtsprechung über einen möglichen Verstoß des polygraphischen Gutachtens gegen die Menschenwürde, das allgemeine Persönlichkeitsrecht oder § 136a StPO obsolet geworden.

Halten manche dieses Urteil für einen weiteren oder gar endgültigen Schritt in Richtung der Verbannung des Polygraphen aus dem Strafverfahren,[34] so eröffnet es jedoch tatsächlich neue Einsatzmöglichkeiten, die bisher nicht gegeben waren.[35] Um so aktueller wird dementsprechend die Frage der Zuverlässigkeit bzw. der Validität polygraphischer Untersuchungen – insbesondere im Vergleich zu anderen zulässigen Beweis- und Untersuchungsmethoden.

II. Erbringung eines Nachweises über die Validität des Kontrollfragentest

Mit dem Ausräumen der prinzipiellen Bedenken ermöglicht diese Entscheidung nunmehr eine Konzentration auf die eigentlichen technischen bzw. psychologischen Probleme im Rahmen der Anwendung von Polygraphen. Damit stellt diese Entscheidung des BGH, unter Berücksichtigung aller im Rahmen der umfangreichen Gutachten gesammelten Kritik- und Anknüpfungspunkte, einen Aufruf an die forensisch-psychologische Wissenschaft dar, ihre Tätigkeit weiter voranzutreiben.[36] Aufgrund der Komplexität und der Vielzahl relevanter Faktoren ist der Nachweis der Kausalität zwischen der Lüge und der entsprechenden körperliche Reaktion bisher nicht erbracht worden und es ist wohl auch davon auszugehen, dass dieser nicht zu erbringen ist.[37] Daher sollte versucht werden, den

[33] Vgl. etwa auch Fabian/Stadler, Kriminalistik 2000, S. 607f.
[34] Jaworski, Kriminalistik 2000, S. 23.
[35] Amelung, JR 1999, S. 384; Fabian/Stadler, Kriminalistik 2000, S. 607.
[36] Vgl. Hamm, NJW 1999, S. 922.
[37] Vgl. Fiedler, Praxis der Rechtspsychologie 9 (Sonderheft) (1999), S. 8.

Nachweis über die Validität des polygraphischen Gutachtens mit der Hilfe von Feldstudien, die über den Verdacht der „Laborsituation" erhaben sind, zu erbringen.

Gleichzeitig sollte die forensische Psychophysiologie bemüht sein, das Prinzip des Kontrollfragentests dahingehend zu überarbeiten, dass eine entsprechend starke Einflussnahme des Untersuchers auf den Probanden ausgeschlossen und die Fragestellung weitestgehend standardisiert und damit nachvollziehbar wird.

III. Neue Hoffnung für den Tatwissentest

Den Tatwissentest, dem der BGH mit seinem Urteil die Eignung als Beweismittels i.S.d. § 244 Abs. 3 Satz 2 Var. 4 StPO jedenfalls nicht grundsätzlich abgesprochen hat, gilt es so weit zu modifizieren, dass auch noch zu einem späteren Verfahrenszeitpunkt der Nachweis der Täterschaft erbracht werden kann.

Wenngleich sich der BGH in seinem Urteil zur grundsätzlichen Möglichkeit der Anwendung des Tatwissenverfahrens weder ablehnend noch zustimmend geäußert hat, so wird jedenfalls aus den eingeholten Gutachten deutlich, dass die den Kontrollfragentest betreffenden Bedenken auf den Tatwissentest im Wesentlichen nicht zutreffen. Damit spricht nach dieser Entscheidung nichts mehr gegen einen prinzipiellen Einsatz des Tatwissentests in einem früheren Stadium, etwa im Ermittlungsverfahren.

IV. Mittelbare Konsequenzen für den Polygraphentest

Eine weitere – seitens des BGH sicherlich nicht bedachte – Konsequenz dieses jüngsten Urteils ist die Eröffnung der Anwendung polygraphischer Untersuchungen für den arbeitsrechtlichen Bereich. War die Polygraphie bisher als verfassungswidrig angesehen worden, verbot sich damit gleichzeitig auch ihr Einsatz in anderen Bereichen, insbesondere für Einstellungsuntersuchungen oder die Loyalitätsüberprüfung von Beschäftigten durch den Arbeitgeber.

Mit der Abkehr von dieser Auffassung steht es prinzipiell jedem Arbeitgeber offen, entsprechende Untersuchungen durchzuführen. Auch wenn der BGH die Zuverlässigkeit dieses Verfahrens als zu gering ansieht, um darauf basierende Sachverständigengutachten als gerichtliche Beweismittel zuzulassen, so steht es jedoch jedem Arbeitgeber frei selbst zu beurteilen, ob die Zuverlässigkeit der Untersuchung für ihn ausreichend ist, um ihn von der Aufrichtigkeit eines Bewerbers oder der Loyalität eines Beschäftigten zu überzeugen.

Damit ist der bereits in den USA alltäglichen Kommerzialisierung solcher Tests der Weg geebnet, so dass gerade in Anbetracht des großen finanziellen Potentiales des Marktes und der damit verbundenen Verlockung privater Polygraphengutachter in diesem Bereich langfristig mit einem Boom gerechnet werden muss. Um dabei amerikanische Verhältnisse zu verhindern, wird dauerhaft kaum auf eine gesetzliche Regelung verzichtet werden können.

5. Kapitel:

Die polygraphische Untersuchung unter dem Aspekt der Zulässigkeit i.S.d. § 244 Abs. 3 Satz 2 StPO

A. DIE ZUVERLÄSSIGKEIT VON BEWEISMITTELN

I. Unmöglichkeit absoluter Zuverlässigkeit

In der vorstehend dargelegten Entscheidung hat der BGH die Ablehnung der polygraphischen Untersuchung im Ergebnis ausschließlich auf die mangelnde Zuverlässigkeit und damit Ungeeignetheit i.S.d. § 244 Abs. 3 Satz 2 Var. 4 StPO als Beweismittel gestützt.[1] Wie bereits dargestellt, handelt es sich bei der polygraphischen Untersuchung nicht um ein eigenständiges Beweismittel, sondern lediglich um eine methodische Vorgehensweise zur Erstellung eines Sachverständigengutachtens.[2] Die Zuverlässigkeit und beweismittelrechtliche Eignung der polygraphischen Untersuchung bzw. des Polygraphengutachtens richtet sich daher gleichfalls nach den Grundsätzen und Vorschriften über den Sachverständigen, insbesondere denen der §§ 72-85 StPO. Dennoch stellt sich auch für das Sachverständigengutachten die Frage nach den Zulässigkeitsvoraussetzungen i.S.d. § 244 StPO und damit nach der Zuverlässigkeit. Zweifelsohne hat das Polygraphengutachten, sei es mit Hilfe des Kontrollfragen- oder Tatwissenverfahrens erstellt, eine Validität von deutlich unter 100%. Insbesondere fehlt es an der Kausalität zwischen dem „Lügen" und damit verbundenen eindeutigen physiologischen Reaktionen.[3] Damit erscheint die Ablehnung eines nicht absolut zuverlässigen Beweismittels im ersten Anschein völlig plausibel.

Hierbei wird allerdings außer Acht gelassen, dass es kaum ein zu 100% zuverlässiges Beweismittel gibt. Von dem Augenscheinsbeweis abgesehen, sind sämtliche im Strafverfahren zulässigen Beweismittel unmittelbar menschlichen Ursprungs, eine entsprechende Fehleranfälligkeit diesen mithin immanent. Dies gilt für Urkunden gemäß § 249 StPO als verlesbare Schriftstücke[4] ebenso wie für den grundsätzlich nicht unfehlbaren Sachverständigen, den Zeugen[5] und die oftmals sogar noch interessegeleitete Einlassung des Beschuldigten. Gleichzeitig basieren alle Beweismittel auch auf einer subjektiven menschlichen Wahrneh-

---

[1] BGHSt 44, S. 319.
[2] Vgl. die Ausführungen in 3. Kapitel, D. II.
[3] Schneider, S. 134; zuletzt Undeutsch/Klein in der Beantwortung der Frage 1 des Fragenkataloges des BGH im Anhang.
[4] Vgl. Kleinknecht/Meyer-Goßner, § 249, Rdnr. 3.
[5] Vgl. hierzu Bender/Nack, Band 1, Rdnr. 1-161 und die dort dargestellten umfangreichen Wahrnehmungs-, Erinnerungs- und Wiedergabefehler bei Zeugen.

mung, deren Wiedergabe als objektive Realität in erkenntnistheoretischer Perspektive als naiv-realistisch zu bezeichnen ist.[6] Selbst im Bereich naturwissenschaftlicher Untersuchungen gilt eine „absolute Gewissheit oder Sicherheit" als unerreichbar und wird auch bei entsprechenden Gutachten nicht zugrunde gelegt.[7]

Die Ablehnung eines Beweismittels unter dem Aspekt der völligen Ungeeignetheit setzt jedoch unter Betrachtung der konkret-objektiven Einzelumstände voraus, dass ihm keinerlei Beweiseignung zukommt.[8] Völlige Ungeeignetheit liegt nicht schon dann vor, wenn lediglich die Wahrscheinlichkeit oder Plausibilität in Frage steht.[9] Folglich muss dieser Maßstab, der trotz gewisser Zuverlässigkeitsmängel eines Beweismittels die grundsätzliche Eignung nicht in Frage stellt, auch bei der polygraphischen Untersuchung als Grundlage zur Erstellung eines Sachverständigengutachtens angelegt werden. Damit stellt sich letztlich die Frage nach den Zuverlässigkeitsanforderungen an ein nach § 244 Abs. 3 Satz 2 Var. 4 StPO zulässiges Beweismittel.

II. Zuverlässigkeit innerhalb gewisser Wahrscheinlichkeiten

Hinsichtlich der Zuverlässigkeitsanforderung an ein Beweismittel gilt demnach grundsätzlich, dass der strafprozessuale Beweis immer nur innerhalb bestimmter Wahrscheinlichkeiten besteht.[10] Weder die Strafprozessordnung noch der Grundsatz der freien richterlichen Beweiswürdigung geben irgendwelche Anhaltspunkte darüber, ab welcher Wahrscheinlichkeit eine Methode als brauchbar zu erachten ist.[11] Für einen Entlastungsbeweis ist jedenfalls schon die bloße Möglichkeit der Unschuld ausreichend, da nach dem Grundsatz „in dubio pro reo" in einem solchen Fall ein Freispruch zu erfolgen hat.[12]

Soll hingegen das polygraphische Gutachten als Belastungsbeweis herangezogen werden, so stellen sich tatsächlich Bedenken bezüglich der Zuverlässigkeit dieses Beweismittels und einer ausschließlich hierauf basierenden Verurteilung ein. Bei einem Entlastungsbeweis sollte jedoch eine „Trefferwahrscheinlichkeit" von 90%, wie sie das BVerfG in seinem Beschluss aus dem Jahre 1981[13] angenommen hat, ausreichen, um einen Richter in seiner Überzeugung i.S.d.

[6] Greuel/Offe/Fabian/Wetzels et al., S. 9.
[7] Schmitt, S. 471.
[8] SK/StPO-Schlüchter, § 244, Rdnr. 155, m.w.N.
[9] Eisenberg, Beweisrecht der StPO, Rdnr. 217.
[10] Schünemann, Kriminalistik 1990, S. 131.
[11] Berning, MschrKrim 76 (1993), S. 253.
[12] Schünemann, Kriminalistik 1990, S. 131.
[13] BVerfG NJW 1982, S. 375.

§ 261 StPO zu erschüttern, wenngleich das BVerfG in der gleichen Entscheidung eine andere Auffassung vertritt.[14] Die Richtigkeit dieser Argumentation dahin gestellt lassend, soll zunächst einmal die tatsächliche Leistungsfähigkeit der polygraphischen Testverfahren untersucht werden.

B. DIE LEISTUNGSFÄHIGKEIT POLYGRAPHISCHER UNTERSUCHUNGSMETHODEN

I. Bestimmung der Leistungsfähigkeit

Bei der polygraphischen Untersuchung handelt es sich um ein diagnostisches Verfahren und damit um ein Messverfahren, für das die gleichen Maßstäbe gelten wie für andere diagnostische Verfahren in der Psychologie oder der Medizin.[15] Die Beurteilung der Leistungsfähigkeit (und damit der Zuverlässigkeit im weiteren Sinne) diagnostischer Verfahren erfolgt im Wesentlichen anhand zweier Gütekriterien: der Reliabilität und der Validität.[16]

1. Reliabilität polygraphischer Untersuchungen

Bei der Reliabilität handelt es sich um die Zuverlässigkeit des Untersuchungsverfahrens im engeren Sinne. Sie spiegelt den Grad der Reproduzierbarkeit gleicher Ergebnisse durch unterschiedliche Examinatoren wider[17] und ergibt sich aus der Übereinstimmung der Auswertung von polygraphischen Aufzeichnungen durch verschiedene Auswerter (Paralleltest-Reliabilität) bzw. der Übereinstimmung bei der erneuten Durchführung eines Tests zu einem späteren Zeitpunkt (Retest-Reliabilität).[18] Die Reliabilität stellt damit die Grundvoraussetzung für die Validierung von Testergebnissen dar.

Für polygraphische Untersuchungen liegen die anhand verschiedener empirischer Untersuchungen ermittelten Reliabilitätskoeffizienten (r) bei Werten zwi-

[14] So jedenfalls auch Amelung, NStZ 1982, S. 39.
[15] Undeutsch, MschrKrim 62 (1979), S. 231.
[16] Undeutsch, Vernehmung und non-verbale Information, S. 408; entsprechend: Westhoff/Kluck, S. 77, die darüber hinaus Objektivität und Normen als weitere empirische Merkmale anführen.
[17] Saxe/Ben-Shakhar, Psychology, Public Policy, and Law 5 (1999), S. 207.
[18] Westhoff/Kluck, S. 85.

schen r = 0,85[19] und r = 0,98[20] für die Retest-Reliabilität bzw. zwischen r = 0,86[21] und r = 0,97[22] für den Paralleltest-Reliabilitätskoeffizienten, wobei der Reliabilitätskoeffizient von r = 1,00 eine absolute Übereinstimmung bedeuten würde. Diese Werte entsprechen auch den bereits 1947 von *Bitterman/Marcuse* ermittelten Reliabilitätskoeffizienten von r = 0,87 bis r = 0,96 für den Paralleltest.[23] Damit ist die Übereinstimmung bei den einzelnen Beurteilungen sehr hoch. Dies gilt insbesondere, wenn man die Reliabilität polygraphischer Untersuchungen mit der anderer psychodiagnostischer Verfahren vergleicht.[24] Aufgrund dieser Reliabilitätskoeffizienten ist der Erhalt übereinstimmender Messwerte – unabhängig von der Person des Untersuchers – als Voraussetzung für die Validität der Polygraphentests gewährleistet.[25]

2. Validität (Gültigkeit)

Die Validität als weiterer wichtiger Gütemaßstab diagnostischer Verfahren beinhaltet im Rahmen der psychophysiologischen Aussagebeurteilung die Frage, ob eine Zuordnung in die Kategorie „glaubwürdig" oder „unglaubwürdig" (Kontrollfragentest) bzw. „Tatwissen vorhanden" oder „Tatwissen nicht vorhanden" zutreffend gelingt.[26] Bei ihr handelt es sich um die eigentliche „Trefferquote" der Untersuchungen.

Während *Undeutsch*[27] davon ausgeht, dass Zweifel an der Zuverlässigkeit polygraphischer Untersuchungen weitestgehend als gegenstandslos bezeichnet

---

[19] Hunter/Ash, Journal of Police Science and Admin. 3 (1975), S. 373. Dieser Wert ergibt sich aus einer Spanne von r = 0,75 bis r = 0,95, wobei der niedrige Wert von r = 0,75 darauf zurückzuführen ist, dass unentscheidbare Werte in die Beurteilung mit eingeflossen sind.

[20] Driscoll/Honts/Jones, Journal of Police Science and Admin. 15 (1987), S. 49. Vgl. auch die Darstellung bei Undeutsch, MschrKrim 62 (1979), S. 233. Entsprechende Ergebnisse ergeben sich auch aus der durch weitere Untersuchungen von Rovner/Raskin/Kircher, Psychophysiology 16 (1979), S. 197-198 und Dawson, Psychophysiology 17 (1980), S. 8-17 ergänzten Tabelle in: Undeutsch, Vernehmung und non-verbale Information, S. 409.

[21] Barland/Raskin, Psychophysiology 12 (1975), S. 327, bei r = 86 als Mittelwert bei einer Spanne von r = 0,78 bis r = 0,95; auch neuere Untersuchungen wie z.B. Honts, Journal of General Psychology 123 (1996), S. 314 bestätigen mit einer Reliabilitätsrate von r = 0,94 diese Werte.

[22] Podlesny/Raskin, Psychophysiology 15 (1978), S. 351.

[23] Bitterman/Marcuse, American J. of Psychology 60 (1947), S. 410.

[24] Undeutsch, MschrKrim 62 (1979), S. 232.

[25] Vgl. Steller, Psychophysiologische Aussagebeurteilung, S. 9.

[26] Steller, Psychophysiologische Aussagebeurteilung, S. 29.

[27] Undeutsch, ZStW 87 (1975), S. 660.

werden können,[28] versucht *Delvo*[29] diese Behauptung mit der Nichtverwertung bzw. dem Ignorieren der kritischen Literatur zu begründen. Es gibt eine Vielzahl positiver Erfahrungsberichte aus der Praxis der polygraphischen Untersuchung, die auch von *Undeutsch* als Beleg seiner Aussage zitiert werden. In ihnen wird von kaum nennenswerten Fehlentscheidungen gesprochen. Auch *Delvo* führt in seiner Arbeit eine große Zahl entsprechender Erfahrungsberichte von Polygraphen-Sachverständigen an.[30] Gemeinsam ist diesen Ausführungen jedoch, dass es sich bei den meisten um reine „Erfahrungsberichte" ohne wissenschaftliche Fundierung handelt. Diesen Berichten fehlt entweder die Darstellung des Weges, auf dem die entsprechenden Ergebnisse erzielt wurden, sie sind nicht nachvollziehbar oder der erforderliche Bewertungsmaßstab – das sog. Außenkriterium – fehlt.[31]

Aber auch das BVerfG legte bei seiner Entscheidung im Jahre 1981 eine Validitätsrate von 90% zugrunde.[32] Diese kann jedoch, nach den im Rahmen des jüngsten den Polygraphen betreffenden Verfahren vom BGH eingeholten Gutachten, nicht mehr aufrecht erhalten werden. Insbesondere hinsichtlich des Kontrollfragentests haben sich einige Zweifel an der Zuverlässigkeit offenbart.

3. Möglichkeiten der Validierung polygraphischer Verfahren

Nachdem eine eindeutige Zuordnung von „Lüge" und entsprechender physiologischer Reaktion nicht möglich ist, kann eine Überprüfung der Validität nur durch Versuche bzw. Experimente erfolgen. Hierfür bieten sich sowohl experimentelle Analogstudien als auch Feldversuche an, wobei jede dieser Methoden auch mit ihr jeweils immanenten Schwierigkeiten behaftet ist.

a) Analogstudien und der fehlende Realitätsbezug

Die den Labor- oder Analogstudien zugrunde liegende Idee ist die Simulation einzelner Ausschnitte der Realität, um die zu prüfenden Zusammenhänge ohne

[28] Hierbei bezieht sich Undeutsch auf die Zuverlässigkeit der polygraphischen Methoden im weiteren Sinne, die auch die Validität bzw. Gültigkeit beinhaltet, da er in diesen Aufsätzen nicht weiter zwischen der Reliabilität und der Validität differenziert. Auch in seinem Aufsatz in MschrKrim 62 (1979), S. 228ff. unterscheidet Undeutsch zunächst zwischen Reliabilität und Validität, um dann am Ende, nach einer ausführlichen Darstellung der Validität einer Vielzahl von Experimenten, mit ihnen der Nachweis der Zuverlässigkeit erbracht sieht. Daran wird der synonyme Gebrauch von Zuverlässigkeit als Leistungsfähigkeit der Methode insgesamt deutlich.
[29] Delvo, S. 93.
[30] Delvo, S. 93ff. mit entsprechenden Nachweisen.
[31] Delvo, S. 93ff.
[32] BVerfG NJW 1982, S. 375.

Störeinflüsse kontrollieren zu können. Hierdurch lassen sich einzelne Effekte eindeutig interpretieren und auf bestimmte Ursachen zurückführen.[33] Entsprechende Studien zur Validierung polygraphischer Untersuchungsmethoden basieren regelmäßig auf dem sog. „Mock-Crime"-Paradigma. Dabei werden einige Versuchspersonen instruiert, eine Scheinstraftat zu begehen bzw. wird es den Teilnehmern freigestellt, eine fingierte Straftat zu begehen. Anschließend werden alle an dem Versuch beteiligten Personen einem Polygraphentest unterzogen.[34] Der Vorteil dieser experimentellen Validitätsüberprüfung liegt in der Tatsache, dass „Täter" und „Unschuldige" objektiv und eindeutig feststehen und damit ein objektives Außenkriterium als Referenz zur Verfügung steht. Den Untersuchern und Auswertern bleibt dieses Wissen jedoch vorenthalten, so dass diese unvoreingenommen an die Beurteilung herangehen können.[35]

Gleichzeitig sind diese Laborstudien aber mit dem Nachteil behaftet, dass sie wegen ihrer „Lebensferne" nicht direkt zur Einschätzung der diagnostischen Validität der Methoden in realen Situationen herangezogen werden können.[36] Grund dafür sind große Unterschiede der emotionalen Reaktion bei freiwilligen Versuchspersonen und jemandem, der einer tatsächlich begangenen Straftat verdächtigt wird und im Falle seiner Überführung mit Gefängnis, finanziellen Sanktionen oder gesellschaftlicher Ächtung zu rechnen hat.[37] Wenngleich durch solche Studien keine direkte Validitätseinschätzung realer Untersuchungen vorgenommen werden kann, so lassen sich an ihnen systematische Variationen der auf die Validität Einfluss nehmenden Faktoren vornehmen.[38] Durch die Ergebnisse über den Einfluss dieser Variablen (Untersuchungskontext, Untersucher, Proband) auf die Treffsicherheit der psychophysiologischen Untersuchung lassen sich dann wiederum Rückschlüsse auf die externe Validität der Analogstudien ziehen.[39] Insbesondere bei Studien, die mit Hilfe repräsentativer Probanden, realistischer Polygraphenuntersuchungen und der entsprechenden Motivation zur Täuschung durchgeführt wurden, lassen sich nützliche Informationen für die Validität von Praxistests sammeln.[40]

[33] Steller/Dahle, Praxis der Rechtspsychologie 9 (Sonderheft) (1999), S. 162.
[34] Vgl. Steller, Validität und forensische Verwendbarkeit von Methoden der psychophysiologischen Aussagebeurteilung, S. 888.
[35] Undeutsch, Vernehmung und non-verbale Information, S. 408.
[36] Steller, Psychophysiologische Aussagebeurteilung, S. 38.
[37] Vgl. Delvo, S. 105 m.w.N.
[38] Steller, Psychophysiologische Aussagebeurteilung, S. 38.
[39] Steller, Psychophysiologische Aussagebeurteilung, S. 52.
[40] Honts, Journal of General Psychology 123 (1996), S. 310 m.w.N.

b) Feldversuche und das Problem objektiver Außenkriterien

Eine weitere Möglichkeit der Überprüfung der Validität psychophysiologischer Untersuchungen bieten Feldversuche. Ihr Hauptanliegen ist die Überprüfung der zuvor im Labor bereits bestätigten prinzipiellen Zusammenhänge unter Realbedingungen. Ihr wesentlicher Vorteil ist dabei die sog. „ökologische Validität", also die Realitätsnähe.[41]

Das größte Problem und damit auch ein entscheidender Nachteil bei der Beurteilung der Validität von Feldstudien ist die auch vom BGH in seiner letzten Entscheidung aufgeworfene Frage über die Objektivität der als Maßstab notwendigen Außenkriterien.[42] Hierbei stellt weder ein Urteil, die Entscheidung einer unabhängigen Juristengruppe noch ein späteres Geständnis des Beschuldigten eine absolute Gewähr für die tatsächliche Schuld bzw. Täterschaft des beschuldigten Probanden dar.[43] Insbesondere aufgrund der im US-amerikanischen Strafverfahren zulässigen und auch seitens des BGH[44] in seiner Begründung angeführten Möglichkeit des sog. „Plea Bargaining" ist eine gewisse Wahrscheinlichkeit gegeben, dass ein Unschuldiger bei einem für ihn negativen Testergebnis und stark belastender Beweislage, in der Hoffnung auf eine milde Strafe, ein falsches Geständnis ablegt. Allerdings müsste es sich um eine äußerst erdrückende Beweis- bzw. Indiziensituation handeln, da eine Verurteilung nur im Falle der Überzeugung von der Schuld des Angeklagten erfolgen kann, so dass sich der Angeklagte, bei einer auch noch so geringen Hoffnung auf einen Freispruch, nicht auf eine solche Absprache einlassen wird. Ein nachträgliches, nicht widerrufenes Geständnis, dass in den laut *Undeutsch* besten Untersuchungen zugrunde gelegt worden sei, stellt jedoch ein sehr zuverlässiges Kriterium dar.[45] Auch Geständnisse Dritter bieten hinsichtlich der Unschuld des Probanden ein hohes Maß an Sicherheit bezüglich der polygraphisch untersuchten Tat.[46] Wenngleich auch bei solchen Geständnissen als Außenkriterium ein gewisses Risiko hinsichtlich der Richtigkeit bestehen mag, so erscheint jedoch die von *Delvo*[47] gesehene Gefahr unbewusster falscher Geständnisse abwegig.

---

[41] Steller/Dahle, Praxis der Rechtspsychologie 9 (Sonderheft) 1999, S. 163.

[42] Tent, S. 187, 233; Undeutsch, Vernehmung und non-verbale Information, S.408; vgl. hierzu insbesondere auch Frage 24 des Fragenkataloges des BGH im Anhang.

[43] Dies sind nach Undeutsch, Vernehmung und non-verbale Information, S. 412 und Steller, Psychophysiologische Aussagebeurteilung, S. 36f. die wesentlichen als Außenkriterien herangezogenen Maßstäbe.

[44] BGHSt 44, S. 326.

[45] Vgl. die Antwort Undeutschs auf Frage 24 des Fragenkataloges des BGH.

[46] Undeutsch, Vernehmung und non-verbale Information, S. 412; zu dem Problem falscher Geständnisse bereits Tent, S. 187.

[47] Delvo, S. 99.

Bei der Verifizierung der Testergebnisse durch Gerichtsentscheidungen als Außenkriterium stellt sich eine ähnliche Situation dar. Aufgrund der für eine Verurteilung notwendigen Überzeugung von der Schuld des Angeklagten, muss dieser freigesprochen werden, wenn er zwar die ihm zur Last gelegte Tat begangen hat, dies aber nicht mit einer jeden vernünftigen Zweifel ausschließenden Gewissheit erkennbar ist.[48] Auch die teilweise als Kriterium herangezogenen juristischen Expertengruppen orientieren sich bei ihrer Beurteilung an ähnlichen Kriterien.

Die auf einem Geständnis des Beschuldigten beruhenden Urteile gewährleisten gleichfalls ein hohes Maß an Richtigkeit. Im deutschen Strafverfahren kann das Geständnis des Beschuldigten nicht den vollen Schuldnachweis ersetzen. Vielmehr gilt es regelmäßig auch danach weiter zu ermitteln, um sämtliches Beweismaterial zu sichern und den Beschuldigten nach Möglichkeit auch ohne Berücksichtigung seines Geständnisse überführen zu können.[49] Damit besteht zwar die Möglichkeit, dass ein durch den Polygraphen als Täter ausgewiesener und auch tatsächlich „Schuldiger" aufgrund gerichtlicher Zweifel freigesprochen wird. Demgegenüber dürfte jedoch eine Verurteilung des Angeklagten trotz tatsächlicher Unschuld eine seltene Ausnahme sein, so dass zwar keine Freisprüche, um so mehr aber Verurteilungen als zuverlässiges Außenkriterium herangezogen werden können.[50]

II. Validität des Kontrollfragenverfahrens

Da das Kontrollfragen- und das Tatwissenverfahren auf völlig unterschiedlichen Grundannahmen basieren, ist auch bezüglich der Validität der einzelnen Methoden zu differenzieren. Bei dem Kontrollfragenverfahren handelt es sich um die, aufgrund des größeren Anwendungsbereiches, am stärksten verbreitete Methode der polygraphischen Untersuchung.[51] Speziell in den USA findet überwiegend dieses Verfahren Verwendung.[52] Die mit Hilfe von Feldversuchen erstellten Validierungen basieren daher weitestgehend auf US-amerikanischen Praxisfällen und den daraus gewonnenen Daten.[53]

---

[48] Undeutsch, Vernehmung und non-verbale Information, S. 412.

[49] Eisenberg, Beweisrecht der StPO, Rdnr. 727 m.w.N.

[50] Undeutsch, Vernehmung und non-verbale Information, S. 412.

[51] Vgl. Undeutsch, Vernehmung und non-verbale Information, S. 410.

[52] Steller, Validität und forensische Verwendbarkeit von Methoden der psychophysiologischen Aussagebeurteilung, S. 887.

[53] Vgl. die bei Steller, Psychophysiologische Aussagebeurteilung, S. 37 und Undeutsch, Vernehmung und non-verbale Information, S. 413 genannten Untersuchungsergebnisse amerikanischen Ursprungs.

Tabelle 1: Validität des Kontrollfragentest in Feldversuchen

Klassifikation: / Studie:	schuldige Probanden				unschuldige Probanden				Anmerkungen:
	n:	korrekt positiv:	falsch negativ:	unent-scheidbar:	n:	korrekt negativ:	falsch positiv:	unent-scheidbar:	
Horvath/Reid,1971[1]	140	89,3%	10,7%	0%	140	93,6%	6,4%	0%	Erfahrene Untersucher
	60	75,0%	25,0%	0%	60	83,3%	16,7%	0%	Unerfahrene Untersucher
Hunter/ Ash,1973[2]	140	87,2%	11,4%	1,4%	140	85,7%	14,3%	0%	
Slowik/Buckley,1975[3]	105	83,8%	15,2%	1,0%	105	90,5%	6,7%	2,8%	
Wicklander/Hunter,1975[4]	60	90,0%	8,3%	1,7%	60	86,7%	5,0%	8,3%	
	60	98,3%	1,7%	0%	60	86,7%	8,3%	5,0%	
Horvath,1977[5]	140	78,6%	21,4%	0%	140	50,0%	50,0%	0%	Straftaten vs. Personen
	140	75,7%	24,3%	0%	140	52,1%	47,9%	0%	Vermögensdelikte
Kleinmuntz/Szucko,1982[6]	50	76,0%	24,0%	0%	50	62,7%	37,3%	0%	
Honts/Raskin,1988[7]	12	91.7%	0%	8,3%	13	62,0%	15%	23%	
Patrick/Iacono,1991[8]	52	92,3%	1,9%	5,8%	37	29,7%	24,3%	46,0%	
Honts,1996[9]	7	100,0%	0%	0%	6	83,3%	0%	16,7%	
Gesamtdurchschnitt:		**86,5%**	**12,0%**	**1,5%**		**72,2%**	**19,3%**	**8,5%**	Inklusive unentscheidbar
		87,8%	**12,2%**			**78,9%**	**21,1%**		Exklusive unentscheidbar

(Tabelle 1: [1] **Horvath/Reid**, Diagnosis of Truth and Deception, Journal of Criminal Law, Criminology and Police Science 62 (1971), S. 279. [2] **Hunter/Ash**, Polygraph Examiners' Diagnoses, Journal of Police Science and Administration 1 (1973), S. 370-375. [3] **Slowik/Buckley**, Polygraph Accuracy, Journal of Police Science and Administration 3 (1975), S. 305-309. [4] **Wicklander/Hunter**, Polygraph Diagnoses - Auxiliery Information, Journal of Police Science and Administration 3 (1975), S. 406. [5] **Horvath**, Interpretation of Polygraph Records, Journal of Applied Psychology 62 (1977), S. 131. [6] **Kleinmuntz/Szucko**,On the Falibility of Lie Detection, Law and Society Review 17 (1982), S. 95f. [7] **Honts/Raskin**, A Field Study of the Directed Lie Control Question, Journal of Police Science and Administration 16 (1988), S. 56-61. [8] **Patrick/Iacono**, Validity of the Control Question Test, Journal of Applied Psychology 76 (1991), S. 235. [9] **Honts**, Criterion Development and Validity of the CQT in Field Application, Journal of General Psychology 123 (1996), S. 320.)

1. Validierung durch Feldversuche

Bei der Beurteilung der Validität des Kontrollfragentests gilt es ebenfalls zwischen der Untersuchung schuldiger und unschuldiger Probanden zu differenzieren, da diese oftmals zu sehr unterschiedlichen Ergebnissen führt. Die Übersichtstabelle 1 gibt eine umfassende Darstellung der in Felduntersuchungen erzielten Validitätsraten.

a) Kontrollfragentest bei schuldigen Probanden

Hinsichtlich der Validität des Kontrollfragenverfahrens als Schuldnachweis veröffentlichte *Steller* bereits 1987 die Auswertung einzelner Untersuchungen.[54] Grundlage dieser Auswertung waren insgesamt 8 Untersuchungen, deren Ergebnisse in Feldversuchen gewonnen und anhand von Geständnissen als Außenkriterium verifiziert wurden. Aus ihnen ergibt sich für die Klassifikation als „schuldig" bzw. „den Tatvorwurf zu Unrecht verneinend" eine Validitätsrate zwischen 76%[55] und 98,6%.[56] Die Beurteilungen erfolgten bei diesen Untersuchungen blind, d.h. nur anhand der polygraphischen Aufzeichnungen, ohne dass die Untersucher die Exploration selbst durchgeführt hätten.[57]

Lediglich bei der zweiten von *Wicklander/Hunter*[58] durchgeführten Untersuchung hatten die Untersucher zusätzliche Informationen über die Probanden. Diese zusätzlichen Informationen der Auswerter über das Verhalten der Testpersonen während des Testverlaufes und darüber hinaus auch ergänzende Informationen aus den Akten seien nach *Steller* auch Ursache für die sehr hohe Validitätsrate von fast 99%.[59] Was hier schon fast nach einer Entschuldigung für die hohe „Trefferquote" klingt, lässt allerdings außer Acht, dass der polygraphische Sachverständige seine Beurteilung regelmäßig nicht nur mit Hilfe der polygraphischen Aufzeichnungen, sondern gerade auch aus dem Verhalten des Probanden während des Testvorganges trifft.[60] Nachdem die deutsche Strafprozessordnung die Möglichkeit der Akteneinsichtnahme des Gutachters zur Vorbereitung seines Gutachtens ausdrücklich vorsieht,[61] ist nicht nachvollziehbar, warum sich die

[54] Steller, Psychophysiologische Aussagebeurteilung, S. 37.
[55] Kleinmuntz/Szucko, Law and Society Review 17 (1982), S. 85-104; Steller berichtet in seiner Darstellung zwar von einer Validitätsrate von 75%, was jedoch bei einer Zahl von 50 Probanden bereits rechnerisch unmöglich ist.
[56] Wicklander/Hunter, Journal of Police Science and Administration 3 (1975), S. 406.
[57] Steller, Psychophysiologische Aussagebeurteilung, S. 37.
[58] Wicklander/Hunter, Journal of Police Science and Administration 3 (1975), S. 406.
[59] Steller, Psychophysiologische Aussagebeurteilung, S. 37.
[60] Schandry, S. 322; Delvo, S. 41, m.w.N.
[61] Vgl. § 80 Abs. 2 StPO.

Hinzuziehung von Aktenmaterial und der darin enthaltenen Detailinformationen für die Beurteilung der Zuverlässigkeit negativ auswirken soll.

Bei der zweiten in der Tabelle aufgeführten Untersuchung von *Horvath/Reid*, lässt sich die geringe Validitätsrate von lediglich 75% auf die Unerfahrenheit der Examinatoren zurückführen, die weniger als 6 Monate Untersuchungspraxis aufwiesen. Unter sonst gleichen Bedingungen erzielten erfahrene Untersucher eine „Trefferquote" von fast 94%.[62]

Für die gleichfalls verhältnismäßig geringe Validität der beiden Studien von *Horvath*, macht *Steller* – jedenfalls bezüglich der Untersuchungen unschuldiger Probanden – die Tatsache verantwortlich, dass es sich bei den Auswertern noch um Absolventen einer psychophysiologischen Ausbildung handelte, deren Schwerpunkt darüber hinaus weniger in der Auswertung polygraphischer Aufzeichnungen, als vielmehr der Analyse von Verhaltenssymptomen liegt.[63] Da die Beurteilung der schuldigen Probanden gleichfalls von diesen Absolventen durchgeführt wurde, ist auch diesbezüglich von einer negativen Beeinflussung der Testergebnisse auszugehen.

Der niedrige Wert von 76% in der Studie von *Kleinmuntz/Szucko* müsse nach *Steller* dadurch relativiert werden, dass die Auswertung nach lediglich einem Testdurchgang, statt der in der Praxis üblichen drei Testdurchläufe, erfolgte.[64]

Auch in Feldversuchen neueren Datums wurde von ähnlich hohen Validitätsraten berichtet. So hatte beispielsweise *Honts* in einer Studie aus dem Jahr 1996 sogar eine Validitätsrate von 100% erzielt.[65] Um diese Studie mit anderen Untersuchungen vergleichbar zu machen, beruht der dort erzielte Wert nur auf einer sehr kleinen Basis von lediglich 11 Probanden, deren Täterschaft durch Geständnisse als Außenkriterium verifiziert wurde. Allerdings erreichten in diesen Fällen sowohl die Polygraphenexaminatoren in den Ausgangsverfahren als auch die für die Studie von Honts herangezogenen Untersucher diese hundertprozentige Trefferquote. Legt man dabei nicht nur die durch Geständnisse verifizierten Fälle zugrunde, so wurden von den insgesamt 21 Ausgangsfällen schuldiger Probanden lediglich 15 (71,4%) richtig, einer (4,8%) falsch und 5 (23,8%) als unentscheidbar klassifiziert.[66] In zwei weiteren in der Übersicht aufgeführten Studien (*Honts/Raskin* und *Patrick/Iacono*) wurden bei der Korrekt-Positiv-

[62] Horvath/Reid, Journal of Criminal Law, Criminology and Police Science 62 (1971), S. 279.

[63] Steller, Psychophysiologische Aussagebeurteilung, S. 37.

[64] So jedenfalls Steller, Psychophysiologische Aussagebeurteilung, S. 37; hinsichtlich der Wertangabe von 75% bzw. 76% vgl. Fn. 50.

[65] Honts, Journal of General Psychology 123 (1996), S. 320.

[66] Honts, Journal of General Psychology 123 (1996), S. 318.

Klassifikation („schuldig") unabhängig voneinander ebenfalls Validitätsraten von über 90% erzielt.[67]

Vereinzelt wird den Ausgangsentscheidungen der Polygraphengutachter, auf denen derartige Validitätsstudien basieren, sogar noch eine wesentlich höhere Validität nachgesagt.[68] So wird den von *Honts/Raskin* und den von *Honts* für ihre Untersuchungen zugrunde gelegten Ausgangsgutachten hinsichtlich schuldiger Probanden eine Validität von 92% bzw. 94% attestiert.[69] Bei den Ausgangsgutachten von *Horvath* und *Patrick/Iacono* geben *Honts/Amato/Barland u.a.* sogar einen Wert von 100% an. Allerdings liegen in den Veröffentlichungen von *Horvath*[70] und *Patrick/Iacono*[71] keinerlei diesbezügliche Anhaltspunkte vor. Inwieweit die Ausgangsgutachten für die von *Honts* oder zumindest mit seiner Beteiligung durchgeführten Untersuchungen tatsächlich solch hoher Validität entsprechen, geht gleichfalls nicht ohne Weiteres aus den Veröffentlichungen hervor, ist grundsätzlich aber auch nicht auszuschließen.[72]

Ohne diese wissenschaftlich nicht nachvollziehbaren Validitätswerte der Ausgangsgutachten zu berücksichtigen und ohne an einzelnen Prozentwerten festzuhalten, wird deutlich, dass die Validität der Studien in allen Fällen bei mindestens 75%, in einzelnen Fällen sogar deutlich höher lag. Mit einer durchschnittlichen Validitätsrate von über 89% bewegen sich die polygraphischen Untersuchungen nach dem Kontrollfragenverfahren im Bereich des Schuldnachweises deutlich über der bloßen Zufallsrate von 50%.

b) Kontrollfragentest bei unschuldigen Probanden

Den meisten veröffentlichten Feldstudien zur Überprüfung der Validität des Kontrollfragenverfahrens als Unschulds- bzw. Entlastungsbeweis liegen anhand von Geständnissen Dritter verifizierte Ausgangsverfahren zugrunde. Um die einzelnen Untersuchungen untereinander vergleichbar zu gestalten, handelt es sich bei der Klassifizierung in die Kategorien „unschuldig" bzw. „den Tatvorwurf zu Recht verneinend" gleichfalls um sog. „Blindauswertungen" ohne zusätzliche Informationen seitens der Examinatoren.[73] Bei der Betrachtung einer Auswahl der

[67] Honts/Raskin, Journal of Police Science and Administration 16 (1988), S. 60; Patrick/Iacono, Journal of Applied Psychology 76 (1991), S. 235.
[68] Honts/Amato/Barland et al., S. 14.
[69] Honts/Amato/Barland et al., S. 14.
[70] Horvath, Journal of Applied Psychology 62 (1977), S. 127-136.
[71] Patrick/Iacono, Journal of Applied Psychology 76 (1991), S. 229-238.
[72] Vgl. Honts/Raskin, Journal of Police Science and Administration 16 (1988), S. 56-61; Honts, Journal of General Psychology 123 (1996), S. 309-324.
[73] Vgl. Steller, Psychophysiologische Aussagebeurteilung, S. 37.

in den vergangenen 30 Jahren von namhaften Polygraphenexperten durchgeführten Untersuchungen ergeben sich hinsichtlich der Korrekt-Negativ-Klassifikation "Trefferquoten" zwischen 29,7% und 93,6%.

Eine der Ursachen für den besonders niedrigen Anteil richtiger Entscheidungen von nur knapp 30% bei der Studie von *Patrick/Iacono*[74] ist die Tatsache, dass, anders als bei den meisten anderen Untersuchungen nicht nur eindeutige, sondern auch aus Sicht der ursprünglichen Polygraphengutachter unentscheidbare Ausgangsfälle zugrunde gelegt wurden.[75] Mit der Verwendung auch unentscheidbarer Polygraphenaufzeichnungen handelt es sich zwar prinzipiell um eine realitätsnahe Ausgangssituation, jedoch haben solche Gutachten in dem jeweiligen Ausgangsfall nicht zur Entscheidungsbildung beigetragen, so dass sie jedenfalls keinen verfälschenden Einfluss genommen haben. Bei einer bereits dargelegten Retest-Reliabilität sollte folglich auch bei einer zeitlich späteren Examination der Probanden ein entsprechender Anteil als unentscheidbar klassifiziert werden. Damit ist die Klassifikation eines Probanden als unentscheidbar zwar nicht im Sinne von „Täter" bzw. „nicht Täter" korrekt, gibt aber gleichzeitig kein falsches Indiz und bestätigt darüber hinaus die Reliabilität des Verfahrens. Lässt man die unentscheidbaren Fälle bei der Beurteilung der Validität unberücksichtigt, so ergibt sich mit 55% eine knapp über der Zufallsrate liegende Validität.

Den zweitniedrigsten Wert von 50% bzw. knapp über 52% bei der Untersuchung von *Horvath*[76] erklärt *Steller* – wie bereits erwähnt – mit dem Ausbildungsstatus der Auswerter und deren Schwerpunkt auf der Analyse von Verhaltenssymptomen.[77] *Steller* sieht damit in dieser Studie weniger einen Nachweis der Validität dieser Methode, als vielmehr ein Zeugnis für die Interpretationsobjektivität der Aufzeichnung bei selbst wenig vorgebildeten Auswertern. Bei den weiteren Untersuchungen lagen die Kontrollfragentestergebnisse bei einer Validitätsrate von 62 - 93%.

Andererseits werden auch für die Validität der Ausgangsentscheidungen für die Beurteilung „Unschuldiger" von *Honts/Amato/Barland u.a.*[78] Werte von 90 - 100% angeführt. Diese Zahlen sind aber gleichfalls nicht wissenschaftlich nachvollziehbar bzw. fehlen auch hier entsprechende nachvollziehbare Veröffentlichungen.

Betrachtet man die gesamten in Tabelle 1 dargestellten Ergebnisse so wird deutlich, dass die Validitätsrate des Kontrollfragenverfahrens bezüglich korrekt-

[74] Patrick/Iacono, Journal of Applied Psychology 76 (1991), S. 235.
[75] Patrick/Iacono, Journal of Applied Psychology 76 (1991), S. 232.
[76] Horvath, Journal of Applied Psychology 62 (1977), S. 127-136.
[77] Steller, Psychophysiologische Aussagebeurteilung, S. 37.
[78] Honts/Amato/Barland et al., S. 14.

negativer Entscheidungen nicht auf dem Niveau der korrekt-positiven Entscheidungen liegt. Dennoch ist die „Trefferquote" auch bei unschuldigen Probanden jedenfalls deutlich über der bloßen Zufallsrate angesiedelt.

2. Validierung durch Analogstudien

Zum Nachweis der Validität des Kontrollfragenverfahrens wurden ebenfalls zahlreiche, auf Analogstudien basierende Erhebungen durchgeführt, die zwischen der Validität des polygraphischen Nachweises schuldiger bzw. täterschaftlicher und unschuldiger Probanden differenzieren. Die folgende Tabelle soll auch hier eine Übersicht der zwischen 1962 und 1999 veröffentlichten Studien und den darin ermittelten Validitätsraten geben.

a) Kontrollfragentest bei schuldigen Probanden

Wie sich aus Tabelle 2 ergibt, bestätigen auch die Analogstudien im Wesentlichen die bereits in den Feldversuchen erlangten Validitätsraten, wenngleich sie im Durchschnitt etwas niedriger ausgefallen sind. Besonders auffällig erscheint hierbei die Untersuchung von *Honts/Hodes*[79] mit einer Validitätsrate von lediglich 50%. Diese Studie erfolgte jedoch unter dem Aspekt der Überprüfung der Einflussnahme von Artefakterzeugung (Beißen auf die Zunge, Drücken der Fersen gegen den Boden) des Probanden auf das Testergebnis. Dabei wurde der Hälfte der schuldigen Probanden in die genaue Funktionsweise bzw. das Prinzip des Kontrollfragentests eingewiesen und über die Möglichkeiten der physischen Artfakterzeugung aufgeklärt. Anschließend wurden die Probanden diesbezüglich trainiert und angewiesen, solche physischen Gegenmaßnahmen während der Untersuchung anzuwenden. Die dabei getroffenen falsch-negativen Entscheidungen erfolgten alle bei dem instruierten Teil der Probanden, was sich gleichzeitig nachteilig auf die korrekt-positiven Entscheidungen und damit die Validität auswirkte. Bei den unaufgeklärten und nicht trainierten Kandidaten hingegen erfolgte keine falsch-negative Klassifizierung.[80] Bei der weiteren von *Honts/Hodes* durchgeführten Untersuchung ist die geringe Validität von knapp 53% gleichfalls auf die Einweisung der Probanden in die Möglichkeit der Artefakterzeugung und der Anweisung diese während der Untersuchung zu praktizieren, zurückzuführen.[81]

---

[79] Honts/Hodes, Psychophysiology 19 (1982), S. 564f.
[80] Honts/Hodes, Psychophysiology 19 (1982), S. 565.
[81] Vgl. Honts/Hodes, Psychophysiology 19 (1982), S. 564.

Tabelle 2: Validität des Kontrollfragentest in Analogstudien

Klassifikation: / Studie:	schuldige Probanden n:	korrekt positiv:	falsch negativ:	unent-scheidbar:	unschuldige Probanden n:	korrekt negativ:	falsch positiv:	unent-scheidbar:	Anmerkungen:
Heckel et al.,1962[1]	-	-	-	-	60	71,7%	10,0%	18,3%	
Barland/Raskin,1975[2]	36	63,9%	8,3%	27,8%	36	41,7%	16,7%	41,7%	
Podlesny/Raskin,1978[3]	20	75,0%	15,0%	10,0%	20	85,0%	5,0%	10,0%	
Raskin/Hare,1978[4]	24	87,5%	0%	12,5%	24	75,0%	4,2%	20,8%	
Widacki/Horvath,1978[5]	20	90,0%	5,0%	5,0%	-	-	-	-	
Rovner et al.,1979[6]	24	87,5%	0%	12,5%	24	87,5%	8,3%	4,2%	
Dawson,1980[7]	24	95,8%	0%	4,2%	24	66,7%	20,8%	12,5%	
Bradley/Janisse,1981[8]	96	60,4%	13,6%	26,0%	96	58,3%	9,4%	32,3%	
Ginton et al.,1982[9]	2	100,0%	0%	0%	13	84,6%	15,4%	0%	
Honts/Hodes,1982[10]	36	52,8%	2,8%	44,4%	12	41,7%	33,3%	25,0%	
Honts/Hodes,1982[11]	36	50,0%	13,2%	36,8%	19	52,6%	15,8%	31,6%	
Driscoll et al.,1987[12]	20	90,0%	0%	10,0%	20	90,0%	0%	10,0%	
Podlesny/Truslow,1993[13]	72	69,4%	12,5%	18,1%	24	75,0%	4,2%	20,8%	
Honts et al., 1994[14]	20	70,0%	20,0%	10,0%	20	75,0%	10,0%	15,0%	
Horowitz et al.,1997[15]	15	53,3%	20,0%	26,7%	15	66,7%	13,3%	20,0%	
Klein, 1999[16]	34	100,0%	0%	0%	32	96,9%	3,1%	0%	
Gesamtdurchschnitt:		**76,4%**	**7,4%**	**16,2%**		**71,2%**	**11,3%**	**17,5%**	Inklusive unentscheidbar
		91,2%	**8,8%**			**86,3%**	**13,7%**		Exklusive unentscheidbar

(Tabelle 2: [1] **Heckel/Brokaw/Salzberg/Wiggins**, Polygraphic Reactivity Variations, Journal of Criminal Law, Criminology and Police Science 53 (1962), S. 382. [2] **Barland/Raskin**, Techniques in Detection of Deception, Psychophysiology 12 (1975), S. 325. [3] **Podlesny/Raskin**, Effectiveness of Techniques and Physiological Measures in the Detection of Deception, Psychophysiology 15 (1978), S. 351. [4] **Raskin/Hare**, Psychopathy and Detection of Deception in a Prison Population, Psychophysiology 15 (1978), S. 130. [5] **Widacki/Horvath**, Relative Validity and Utility of the Polygraph Technique, Journal of Forensic Science 23 (1978), S.598. [6] **Rovner/Raskin/Kircher**, Effects of Information and Practice on Detection of Deception, Psychophysiology 16 (1979), S. 198. Die genauen Einzelwerte ergeben sich nicht aus dieser Veröffentlichung, sondern sind der Tabelle von Steller, Psychophysiologische Aussagebeurteilung, S. 39 entnommen, dem die entsprechende unveröffentlichte Arbeit von Rovner zur Verfügung stand. [7] **Dawson**, Physiological Detection of Deception, Psychophysiology 17 (1980), S. 11. [8] **Bradley/Janisse**, Accuracy Demonstrations and Detection of Deception, Psychophysiology 18 (1981), S. 310. [9] **Ginton/Daie/Elaad/Ben-Shakhar**, Evaluating the Use of the Polygraph in a Real-Life Situation, Journal of Applied Psychology 67 (1982), S. 134. [10] **Honts/Hodes**, The Effect of Simple Physical Countermeasures on the Detection of Deception, Psychophysiology 19 (1982), S. 564. [11] **Honts/Hodes**, The Effects of multiple Physical Countermeasures on the Detection of Deception, Psychophysiology 19 (1982), S. 565. [12] **Driscoll/Honts/Jones**, Physiological Detection of Deception Technique, Journal of Police Science and Administration 15 (1987), S. 49. [13] **Podlesny/Truslow**, Expanded-Issue Polygraph Technique, Journal of Applied Psychology 78 (1993), S. 792. [14] **Honts/Raskin/Kircher**, Mental and Physical Countermeasures, Journal of Applied Psychology 79 (1994), S. 255. [15] **Horowitz/Kircher et al.**, The Role of Comparison Questions in Physiological Detection of Deception, Psychophysiology 34 (1997), S. 112. [16] **Klein**, Vorabveröffentlichung des Ergebnisses im Rahmen eines Gutachtens von Undeutsch/Klein, Praxis der Rechtspsychologie 9 (Sonderheft), 1999, S. 76.)

Die von *Ginton/Daie/Elaad/Ben-Shakhar* publizierte Untersuchung mit einer „Trefferquote" von 100% stellt demgegenüber den anderen Extremwert dar. In diesem Experiment lag die Zahl der schuldigen Versuchspersonen allerdings nur bei zwei. Darüber hinaus hat es, *Steller* zufolge, bei der Auswertung der polygraphischen Aufzeichnungen Mängel gegeben, so dass die Ergebnisse dieser Untersuchung nur mit Einschränkungen für eine Abschätzung der Validität des Kontrollfragentest zu verwenden seien.[82] Dennoch zeichnet diesen Versuchsaufbau eine besondere „Lebensnähe" hinsichtlich der Motivation der Probanden, durch die Exploration nicht als „lügend" klassifiziert zu werden, aus.[83] Denn bei den Versuchspersonen handelte es sich um israelische Polizisten, denen nach der Durchführung eines Gruppeneignungstests die richtigen Ergebnisse ausgehändigt wurden, um diese selbst auszuwerten. Dabei wurde ihnen die Möglichkeit eingeräumt, die Testresultate zu manipulieren.[84] Die Klassifikation erfolgte hierbei sowohl anhand der polygraphischen Aufzeichnungen als auch aufgrund des Verhaltens der Probanden während der Untersuchung. Ergänzend hierzu waren während der Examination auch Beobachter anwesend, die ihre Beurteilung ausschließlich anhand des Verhaltens der Probanden fällen sollten, dabei jedoch keine der schuldigen Versuchspersonen richtig klassifizierten.[85] Ungeachtet der aufgrund der geringen Zahl von Untersuchungsobjekten nur bedingten Allgemeingültigkeit, lässt diese Feststellung jedenfalls Zweifel an der Richtigkeit des Festhaltens an einer sich ausschließlich an äußerlich wahrnehmbaren Verhaltensweisen der jeweiligen Person orientierenden Glaubwürdigkeitsbeurteilung aufkommen.

Im Rahmen der Studie von *Horowitz/Kircher/Honts/Raskin* wurden neben dem Kontrollfragenverfahren auch Untersuchungen mit dem Relevant-Irrelevant-Verfahren durchgeführt. Hierbei wurde sogar eine „Trefferquote" von 100% erreicht, wobei diese Methode bei unschuldigen Probanden lediglich mit einer Validität von 20% und 73,3% falsch-positiver Klassifikationen aufwarten konnte.[86] Mittels des „klassischen" Kontrollfragenverfahrens wurde jedoch nur die in der Tabelle aufgeführte niedrige Quote von 53,3% korrekt-positiver Entscheidungen erreicht.

Die von *Dawson*[87] veröffentlichten Untersuchungsergebnisse sind das zusammengefasste Resultat einer zweigeteilten Studie. Bei dem ersten Teil handelt es sich um das Ergebnis eines „klassischen" Kontrollfragentests, bei dem der Proband zeitlich unmittelbar auf die jeweilige Frage antwortet. Das zweite Tester-

[82] So jedenfalls Steller, Psychophysiologische Aussagebeurteilung, S. 43.
[83] Steller, Psychophysiologische Aussagebeurteilung, S.43.
[84] Ginton/Daie/Elaad/Ben-Shakhar, Journal of Applied Psychology 67 (1982), S. 133.
[85] Ginton/Daie/Elaad/Ben-Shakhar, Journal of Applied Psychology 67 (1982), S. 134.
[86] Horowitz/Kircher et al., Psychophysiology 34 (1997), S. 112.
[87] Dawson, Psychophysiology 17 (1980), S. 8ff.

gebnis resultiert aus der Auswertung einer polygraphischen Aufzeichnung, bei der der Proband die Antworten erst mit einer Verzögerung von 8 Sekunden auf die Fragestellungen gab. Parallel dazu stand den Auswertern auch ein in üblicher Weise gewonnenes Polygraphenprotokoll zur Verfügung.[88] Neben der Tatsache, dass das kombinierte Verfahren zu deutlich besseren Ergebnissen führte, scheint jedoch ebenso bemerkenswert, dass in einer Übersicht von *Ben-Shakhar/Furedy*[89] nur das schlechtere Ergebnis der einfachen Untersuchung, *Steller*[90] in seiner Arbeit hingegen nur das Testergebnis mit der höheren Validitätsrate anführt. Da es sich bei *Steller* tendenziell eher um einen Verfechter psychophysiologischer Aussagebeurteilung, insbesondere auch des Kontrollfragentests handelt,[91] *Ben-Shakhar/Furedy* dem Kontrollfragenverfahren jedoch sehr kritisch gegenüber stehen,[92] erweckt dies ein wenig den Anschein, als würde es bei der Diskussion um die einzelnen polygraphischen Verfahren teilweise an der gebotenen wissenschaftlichen Objektivität bzw. Neutralität mangeln.

Insgesamt liegen die bei Analogstudien erzielten Ergebnisse mit einer durchschnittlichen Validität von 76,4% zwar unter der in Feldversuchen erreichten Zuverlässigkeit; dennoch liegt auch hier die Validität in jedem Fall deutlich über der Zufallsrate, so dass von keinem bloßen Raten ausgegangen werden kann. Exklusive der Klassifikation „unentscheidbar" liegt die durchschnittliche Validität der Kontrollfragentestergebnisse bei Analogstudien bezüglich schuldiger Probanden sogar bei 91%.

b) Kontrollfragentest bei unschuldigen Probanden

Bei der Klassifikation unschuldiger Probanden bestätigen die Analogstudien gleichfalls die in den Feldversuchen erzielten Ergebnisse hinsichtlich der Validität des Kontrollfragentests. Auf der Grundlage von insgesamt 15 Studien aus einem Zeitraum von 1962 bis 1997 kann damit, selbst bei geringfügigen Abweichungen einzelner Untersuchungen, von einer grundsätzlichen Allgemeingültigkeit ausgegangen werden.

Wenngleich sich die von *Steller*[93] für die Untersuchungen von *Honts/Hodes*[94] zitierten Validitätsraten von 33% bzw. 15,8% jedenfalls nicht in dieser gar so ge-

[88] Dawson, Psychophysiology 17 (1980), S. 8, 11.
[89] Vgl. Ben-Shakhar/Furedy, S. 52.
[90] Vgl. Steller, Psychophysiologische Aussagebeurteilung, S. 39.
[91] Vgl. die Stellungnahmen von Steller zu den Fragen 3 und 9 des Fragenkataloges des BGH im Anhang.
[92] Vgl. Ben-Shakhar/Furedy, S. 144, wo er den Kontrollfragenpolygraphentest gemeinsam mit der Astrologie und Graphologie als Pseudowissenschaft bezeichnet.
[93] Steller, Psychophysiologische Aussagebeurteilung, S. 39.

ringen Höhe aus den Veröffentlichungen nachvollziehen lassen, so liegt die korrekte Klassifikation unschuldiger Probanden mit 41,7 bzw. 52,6% dennoch deutlich unter den in den entsprechenden Untersuchungen erzielten Werten schuldiger Versuchspersonen. Besonders auffällig ist die in der ersten der beiden Untersuchungen mit 1/3 äußerst hohe Rate falsch-positiv klassifizierter unschuldiger Personen.

Die ebenfalls mit 41,7% geringe Validität bei der von *Barland/Raskin*[95] veröffentlichten Studie relativiert sich dadurch, dass ein ebenso hoher Anteil unentscheidbarer Klassifikationen vorliegt. Exklusive der unentscheidbaren Fälle ergibt sich allerdings eine Validitätsrate von 71,4%.

Eine weitere Auffälligkeit bietet die Untersuchung von *Podlesny/Raskin*[96] mit der höchsten Validitätsrate von 85%. Gleichzeitig stellt diese Untersuchung auch eine Ausnahme von der Tendenz dar, wonach auch die Falschklassifikation bei unschuldigen Probanden grundsätzlich häufiger auftritt als bei der entsprechenden Untersuchung schuldiger Versuchspersonen. Den Untersuchungsergebnissen von *Driscoll/Honts/Jones*[97] folgend, gab es zwar bezüglich unschuldiger Versuchspersonen keinerlei Fehlklassifikation; sie stellt jedoch die einzige Studie dar, in der für schuldige und unschuldige Probanden gleiche Validitätsraten erzielt wurden.

Alle weiteren aufgeführten Untersuchungen weisen keinerlei Besonderheiten oder Überraschungen auf. Wenngleich in den Analogstudien sowohl bei schuldigen als auch bei unschuldigen Probanden durchschnittlich eine geringere Validität erzielt wurde als in den Feldversuchen, so bestätigen auch die Analogstudien das bereits dort gewonnene Ergebnis: Bei einer deutlich über der Zufallsrate liegenden Gesamtvalidität bietet das Kontrollfragenverfahren bei schuldigen Probanden eine höhere Validitätsrate. Diese ist dabei gleichzeitig mit einer höheren Fehlklassifikation unschuldiger Personen verbunden.

III. Validität des Tatwissentests

Weniger zahlreich als bei den Kontrollfragentests sind hingegen die Studien zur Validität des Tatwissenverfahrens. Bedingt durch die bereits eingangs erwähnte zeitliche Einschränkung der Anwendbarkeit dieses Verfahrens, gilt dies insbesondere für die Veröffentlichung von Ergebnissen aus Felduntersuchungen.

---

[94] Honts/Hodes, Psychophysiology 19 (1982), S. 564 bzw. S. 565.
[95] Barland/Raskin, Psychophysiology 12 (1975), S. 327.
[96] Podlesny/Raskin, Psychophysiology 15 (1978), S. 351.
[97] Driscoll/Honts/Jones, Journal of Police Science and Administration 15 (1987), S. 49.

Neben den unter wissenschaftlichen Aspekten durchgeführten Felduntersuchungen gibt es auch Erfahrungsberichte über den Einsatz des Tatwissentests in der strafrechtlichen Praxis. Beispielsweise berichtet *Jaworski*[98] von der praktischen Anwendung des Tatwissentests im polizeilichen Ermittlungsverfahren in Polen. Dabei erläutert er einen Fall, in dem drei Beschuldigte getestet und anhand der Testergebnisse aus dem Verdacht entlassen bzw. überführt wurden. Bei den beiden zu Unrecht Verdächtigten und dem tatsächlichen Täter gab es keine Fehlklassifikation.

1. Validierung durch Feldversuche

Zu den wenigen Veröffentlichungen über Feldversuche gehören die beiden in Tabelle 3 genannten, von *Elaad* durchgeführten[99] bzw. unter seiner Mitarbeit entstandenen, Studien.[100] Anders als bei *Lykken,*[101] auf dessen numerischem Auswertungssystem die meisten Untersuchungen basieren[102] und der dabei keinen indifferenten Bereich vorsieht, gibt es bei den Untersuchungen von bzw. mit *Elaad* auch die Klassifikation „unentscheidbar". Dadurch wird zwar die Validitätsrate gemindert, gleichzeitig jedoch auch die Zahl falscher Klassifikationen reduziert.

a) Tatwissentest bei schuldigen Probanden

Die beiden ersten in Tabelle 3 aufgeführten Werte zeigen deutlich die mit etwa 40% geringe Validität des Tatwissentests in Bezug auf schuldige Probanden. In der zweiten Untersuchungsreihe von *Elaad/Ginton/Jungman*[103] konnte diese, bedingt durch die Kombination von Hautleitfähigkeit und Atemfrequenz als Parameter, mit einer Validitätsrate von über 60% deutlich verbessert werden. Allerdings ging diese Verbesserung der „Trefferquote" bei den schuldigen Probanden gleichzeitig zu Lasten der Validität bei den unschuldigen.

---

[98] Jaworski, Kriminalistik 1990, S. 123ff.
[99] Elaad, Journal of Applied Psychology 75 (1990), S. 521ff.
[100] Elaad/Ginton/Jungman, Journal of Applied Psychology 77 (1992), S. 757ff.
[101] Lykken, Journal of Applied Psychology 43 (1959), S. 385ff.
[102] Vgl. z.B. Balloun/Holmes, Journal of Applied Psychology 64 (1979), S. 319; Bradley/Janisse, Psychophysiology 18 (1981), S. 310; Podlesny/Raskin, Psychophysiology 15 (1978), S. 349.
[103] Elaad/Ginton/Jungman, Journal of Applied Psychology 77 (1992), S. 757ff.

Tabelle 3: Validität des Tatwissentests in Feldversuchen

Studie: / Klassifikation:	schuldige Probanden n:	korrekt positiv:	falsch negativ:	unent-scheidbar:	unschuldige Probanden n:	korrekt negativ:	falsch positiv:	unent-scheidbar:	Anmerkungen:
Elaad,1990[1]	48	41,7%	41,7%	16,6%	50	92,0%	2,0%	6,0%	
Elaad et al., 1992[2]	40	40,0%	25,0%	35,0%	40	92,5%	2,5%	5,0%	Parameter: Hautwiderstand
Elaad et al., 1992[3]	40	62,5%	20,0%	17,5%	40	80,0%	5,0%	15,0%	Hautwiderstand + Atmung
Gesamtdurchschnitt:		**48,1%**	**28,9%**	**23,0%**		**88,2%**	**3,2%**	**8,6%**	inklusive unentscheidbar
		62,5%	**37,5%**			**96,5%**	**3,5%**		exklusive unentscheidbar

(Tabelle 3: [1] **Elaad**, Detection of Guilty Knowledge in Real-Life Criminal Investigation, Journal of Applie Psychology, 75 (1990), S. 525. [2] **Elaad/Ginton/Jungman**, Detection Measures in Real-Life Criminal Guilty Knowledge Tests, Journal of Applied Psychology, 77 (1992), S. 763. [3] **Elaad/Ginton/Jungman**, a.a.O.)

b) Tatwissentest bei unschuldigen Probanden

Die Validität des Tatwissenverfahrens in Bezug auf unschuldige Probanden ist demgegenüber, mit durchschnittlich knapp 90%, jedoch außerordentlich hoch. Betrachtet man allein die beiden Studien von *Elaad*[104] und die obere der beiden in Tabelle 3 aufgeführten Untersuchungen von *Elaad/Ginton/Jungman*[105], die sich des Hautwiderstandes bzw. der Hautleitfähigkeit als Parameter bedienten, so liegt die „Trefferquote" sogar deutlich darüber. Lediglich durch die kombinierte Auswertung von Hautwiderstand und Atmungsveränderung wurde – bei entsprechender Erhöhung der Validität bei schuldigen Probanden – diese auf 80% gesenkt. Lässt man die – jedenfalls auch nicht falschen – unentscheidbaren Klassifikationen außen vor und orientiert sich bei der Beurteilung lediglich an der Veränderung der Hautleitfähigkeit, so ergibt sich bei den umseitig dargestellten Studien für unschuldige Probanden eine durchschnittliche Validität von 97,6%.

2. Validierung durch Analogstudien

Aufgrund der eingeschränkten Anwendbarkeit und der daraus resultierenden geringen Verfügbarkeit von Untersuchungsergebnissen aus Realfällen, muss sich die Validierung des Tatwissenverfahrens weitestgehend auf experimentelle bzw. Analogstudien beschränken. Der nachfolgenden Übersichtstabelle 4 liegen die Ergebnisse von 13 Analogstudien zugrunde, die in der Zeit von 1959 bis 1997 veröffentlicht wurden. Die Klassifikation als „schuldig" oder „unschuldig" erfolgt auch hier nach einem numerischen System, in das die Reaktionen auf die einzelnen Fragen Eingang finden. Anders als bei der Auswertung der Kontrollfragentests sehen die Versuchsanordnungen für das Tatwissenverfahren grundsätzlich nicht vor, grenzwertige Fälle als unentscheidbar zu klassifizieren. Bei der von *Lykken*[106] verwendeten Skala von 1 bis 12, die auch Grundlage einer Vielzahl weiterer Untersuchungen ist, erfolgt bei einem Wert von 6 oder weniger eine Klassifizierung als „unschuldig" bei mehr als 6 als „schuldig". Die Möglichkeit der Beurteilung eines Falles als unentscheidbar gibt es hingegen nicht, was in manchen Grenzfällen zu Fehleinschätzungen führen kann.

a) Tatwissentest bei schuldigen Probanden

Die Validitätsraten der einzelnen der Übersichtstabelle 4 zugrunde liegenden Untersuchungen bewegen sich, bezogen auf schuldige Probanden, in einer sehr

[104] Elaad, Journal of Applied Psychology 75 (1990), S. 521ff.
[105] Elaad/Ginton/Jungman, Journal of Applied Psychology 77 (1992), S. 757ff.
[106] Lykken, Journal of Applied Psychology, 43 (1959), S. 386.

großen Bandbreite von knapp 60% bis 100%. Im Bereich dieser Extrema liegen jedoch insgesamt nur vier Studien, während der Großteil mit einer Validitätsrate zwischen 70% und 90% aufwartet und damit dem Durchschnittswert von 84% deutlich näher kommt.

Tabelle 4: Validität des Tatwissentests in Analogstudien

	schuldige Probanden			unschuldige Probanden		
Studie:	**n:**	**korrekt positiv:**	**falsch negativ:**	**n:**	**korrekt negativ:**	**falsch positiv:**
Lykken,1959[1]	50	88,0%	12,0%	48	100,0%	0%
Davidson,1968[2]	12	91,7%	8,3%	36	100,0%	0%
Wald et al.,1978[3]	62	72,6%	27,4%	36	80,6%	19,4%
Podlesny/Raskin,1978[4]	10	90,0%	10,0%	10	100,0%	0%
Balloun/Holmes,1979[5]	18	61,1%	38,9%	16	87,5%	12,5%
Giesen/Rollison,1980[6]	20	95,0%	5,0%	20	100,0%	0%
Bradley/Janisse,1981[7]	96	59,4%	40,6%	96	88,5%	11,5%
Stern et al.,1981[8]	26	96,2%	3,8%	26	88,5%	11,5%
Bradley/Ainsworth,1984[9]	8	100,0%	0%	4	100,0%	0%
Bradley/Warfield,1984[10]	8	100,0%	0%	8	100,0%	0%
Steller et al.,1987[11]	47	85,1%	14,9%	40	100,0%	0%
Ben-Shakhar/Dolev,1996[12]	96	83,3%	16,7%	33	72,7%	26,3%
Honts et al.,1996[13]	10	70,0%	30,0%	10	100,0%	0%
Gesamtergebnis:		**84,0%**	**16,0%**		**93,7%**	**6,3%**

(Tabelle 4: [1] **Lykken**, The GSR in the Detection of Guilt, Journal of Applied Psychology 43 (1959), S. 386. [2] **Davidson**, Validity of the Guilty-Knowledge Technique, Journal of Applied Psychology 52 (1968), S. 63. [3] **Wald/Orne/Cook/Orne**, Effects of Attention, Journal of Applied Psychology 63 (1978), S. 731f. [4] **Podlesny/Raskin**, Effectiveness of Techniques and Physiological Measures in the Detection of Deception, Psychophysiology 15 (1978), S. 351. [5] **Balloun/Holmes**, Effects of Repeated Examinations, Journal of Applied Psychology 64 (1979), S. 320. [6] **Giesen/Rollison**, Effects of Anxiety and Stimulus Context, Journal of Research in Personality 14 (1980), S. 9. [7] **Bradley/Janisse**, Accuracy Demonstrations and Detection of Deception, Psychophysiology 18 (1981), S. 310. [8] **Stern/Breen/Watanabe/Perry**, Effect of Feedback and Guilty Knowledge, Journal of Applied Psychology 66 (1981), S. 680. [9] **Bradley/Ainsworth**, Alcohol and the Psychophysiological Detection of Deception, Psychophysiology 21 (1984), S. 68. [10] **Bradley/Warfield**, Innocence, Information, and the Guilty Knowledge Test in the Detection of Deception, Psychophysiology 21 (1984), S. 687. [11] **Steller/Haenert/Eiselt**, Extraversion and the Detection of Information, Journal of Reasearch in Personality 21 (1987), S. 339. [12] **Ben-Shakhar/Dolev**, Psychophysiological Detection through the Guilty Knowledge Technique, Journal of Applied Psychology 81 (1996), S. 278. [13] **Honts/Devitt/Winbush/Kircher**, Countermeasures and the Conceald Knowledge Test, Psychophysiology 33 (1996), S. 88.)

Die mit 59,4% geringste Validitätsrate erreichte die Studie von *Bradley/Janisse.*[107] In ihr wurden die Probanden sowohl einem Kontrollfragentest als auch einem Tatwissentest unterzogen. Der Tatwissentest bestand hierbei aus 6 Blöcken zu jeweils 5 Fragen. Da die Reaktionen auf die jeweils erste Frage nach

[107] Bradley/Janisse, Psychophysiology 18 (1981), S. 310.

dem hier verwendeten Lykken-Scoring grundsätzlich nicht in die Bewertung einfließen, verblieben lediglich 4 relevante Fragen. Der von den Autoren deshalb als relativ schwach bezeichnete Test ist daher auch für die geringe Validität der Untersuchung bei den schuldigen Probanden ursächlich.[108]

Die Untersuchung mit der bei schuldigen Probanden zweitniedrigsten Validitätsrate von 61,1% wurde von *Balloun/Holmes*[109] veröffentlicht. Die Probanden wurden bei der Durchführung eines Intelligenztests von vermeintlichen Mitprobanden zur Täuschung angestiftet, wobei sich knapp die Hälfte darauf einließ. Diesen Versuchsaufbau beschreiben *Ben-Shakhar/Furedy* sogar als „propably the best approximation to the real-life interrogation situation".[110] Bei dem anschließend durchgeführten 5-Fragen Tatwissentest wurden die in der Tabelle dargestellten Werte erreicht. Bei einem zweiten Testdurchlauf wurden lediglich 17% der schuldigen Versuchspersonen richtig klassifiziert, während bei den unschuldigen Probanden eine Trefferquote von 94% erreicht wurde.[111]

Die Untersuchung von *Lykken*[112] wartet mit einer ungewöhnlichen Methode auf, den Versuchsaufbau realitätsnah zu gestalten. Um bei den Probanden eine gewisse Furcht vor der Entdeckung einer etwaigen Lüge hervorzurufen, wurde ihnen mit einem ungefährlichen, aber dennoch unangenehmen Stromschlag gedroht. Tatsächlich aber wurde der Elektroschock, unabhängig von der Antwort des Probanden, jedesmal verabreicht.[113] An dem hierbei verwendeten numerischen Auswertungssystem orientieren sich auch die meisten nachfolgenden Untersuchungen.

In der Untersuchung von *Ben-Shakhar/Dolev*[114] wurde ein Drittel der schuldigen Probanden in die Möglichkeiten psychischer und physischer Gegenmaßnahmen eingewiesen, ein weiteres Drittel wurde darüber hinaus auch in der Anwendung dieser Gegenmaßnahmen trainiert, während lediglich ein Drittel völlig unvorbereitet in die polygraphischen Untersuchungen ging. Die Werte für die unvorbereiteten Probanden lagen bei einer Validität von 91%, diejenigen der eingewiesenen bzw. der eingewiesenen und trainierten Versuchspersonen bei 78% bzw. 81%. Damit erreichte diese Studie – trotz der von Teilen der Probanden durchgeführten psychischen und physischen Gegenmaßnahmen – eine respektable Durchschnittsvalidität von über 83%. Sie gehört damit zu den wenigen Aus-

[108] Bradley/Janisse, Psychophysiology 18 (1981), S. 312; vgl. auch Steller, Psychophysiologische Aussagebeurteilung, S. 48.
[109] Balloun/Holmes, Journal of Applied Psychology 64 (1979), S. 316ff.
[110] Ben-Sakhar/Furedy, S. 53.
[111] Balloun/Holmes, Journal of Applied Psychology 64 (1979), S. 320.
[112] Lykken, Journal of Applied Psychology 43 (1959), S. 385ff.
[113] Lykken, Journal of Applied Psychology 43 (1959), S. 386.
[114] Ben-Shakhar/Dolev, Journal of Applied Psychology 81 (1996), S. 278.

nahmefällen, in denen für schuldige Probanden im Tatwissenverfahren höhere Validitätsraten erreicht wurden, als bei Unschuldigen.

Lediglich die Untersuchung von *Stern et al.*[115] kommt ebenfalls zu einem entsprechenden Ergebnis. Dabei liegt der mit schuldigen Versuchspersonen erreichte Wert von 96,2% außerordentlich hoch und wird nur von den Untersuchungen von *Bradley/Ainsworth*[116] bzw. *Bradley/Warfield*[117] übertroffen. Diese beiden Studien erzielten mit 100% die höchste Validitätsrate, die jedoch auch bei unschuldigen Probanden erzielt wurde und damit, der allgemeinen Tendenz entsprechend, jedenfalls nicht schlechter ausgefallen ist. Allerdings basieren diese Werte lediglich auf den Untersuchungsergebnissen von jeweils 8 schuldigen Probanden und sind daher etwas weniger repräsentativ. Insgesamt wurden bei der Studie von *Bradley/Ainsworth*[118] 32 eines Scheinverbrechens „schuldige“ Probanden untersucht, von denen jedoch 24 während der „Tatbegehung“ und/oder während des Polygraphentests alkoholisiert waren. Außer bei den sowohl bei der „Tat“ als auch der Untersuchung alkoholisierten Versuchspersonen, bei denen nur eine Validitätsrate von 75% erreicht werden konnte, lag sie bei den übrigen 16 Probanden ebenfalls bei 100%, womit zwar nicht die Repräsentativität dieser Studie erhöht wird, jedoch das Ergebnis glaubwürdiger erscheint.

b) Tatwissentest bei unschuldigen Probanden

Ganz anders stellt sich die Validierung des Tatwissenverfahrens bei den unschuldigen Probanden dar. Hier wurde in 8 der 13 in der Tabelle aufgeführten Untersuchungen eine Validitätsrate von 100% erreicht. In 4 weiteren Studien wurden Werte von 80% bis 90% erreicht, wobei der Schwerpunkt im oberen Bereich dieser Bandbreite liegt.

Die Studie von *Ben-Shakhar/Dolev*[119] hingegen weist, mit einer Validitätsrate von 72,7%, eine deutliche Abweichung nach unten auf. Die Klassifikation erfolgte in dieser Untersuchung anhand der Auswertung einer kombinierten Messung von Atmung und hautgalvanischer Reaktion. Unter Berücksichtigung jeweils nur eines Parameters wurde bei unschuldigen Versuchspersonen eine Validitätsrate von 79% (Hautleitfähigkeit) bzw. 76% (Atmung) nachgewiesen. Allerdings reduzierte sich dabei gleichzeitig auch die Validitätsrate bei den schuldigen Probanden.[120]

---

[115] Stern/Breen/Watanabe/Perry, Journal of Applied Psychology 66 (1981), S. 677, 680.
[116] Bradley/Ainsworth, Psychophysiology 21 (1984), S. 68.
[117] Bradley/Warfield, Psychophysiology 21 (1984), S. 687.
[118] Bradley/Ainsworth, Psychophysiology 21 (1984), S. 68.
[119] Ben-Shakhar/Dolev, Journal of Applied Psychology 81 (1996), S. 278.
[120] Ben-Shakhar/Dolev, Journal of Applied Psychology 81 (1996), S. 278.

Wie bereits bezüglich der schuldigen Probanden erwähnt, konnten die beiden Studien von *Bradley/Ainsworth*[121] auch bei der Untersuchung unschuldiger Probanden mit einer Validitätsrate von 100% aufwarten. Mit einer Zahl von lediglich 4 unschuldigen Probanden ist die zugrunde liegende Basis jedoch noch geringer als bei den schuldigen. Allerdings gab es auch hier 4 weitere unschuldige Probanden, die während der polygraphischen Untersuchung alkoholisiert waren, aber dennoch alle richtig klassifiziert wurden.

In der Studie von *Bradley/Warfield*[122] konnte die Trefferquote von 100% auch nur auf die Untersuchung von 8 Probanden gestützt werden. Zwar nahmen an der Untersuchung noch 24 weitere unschuldige Probanden teil. Diese waren jedoch Zeugen des Scheinverbrechens oder waren über die „Tat" entsprechend informiert, so dass sie gleichfalls über entsprechendes Tatwissen verfügten und, der Intention der Studie folgend, zum Teil fälschlicherweise als „schuldig" klassifiziert wurden. Eine Einbeziehung dieser in ihrer Validität deutlich geringeren Ergebnisse in die Beurteilung der gesamten Methode, würde daher das Ergebnis verfälschen.

Im Übrigen weisen die Studien keinerlei nennenswerte Besonderheiten auf und liegen mit einer durchschnittlichen Validitätsrate von 93,7 % in einem äußerst hohen Bereich.

IV. Zwischenergebnis

Die Vielzahl der dargestellten Untersuchungen, seien es Feld- oder Analogstudien und unabhängig davon, ob sie sich auf das Kontrollfragen- oder auch das Tatwissenverfahren beziehen, sind hinsichtlich der erzielten Validitätsraten nicht ohne Weiteres miteinander vergleichbar. Viel zu unterschiedlich sind die einzelnen Versuchsanordnungen, beginnend bei der einzelnen (Schein-) Straftat, der Motivation der Probanden die Entdeckung der Lüge zu verhindern, den unterschiedlichen und teilweise auch kombinierten Parametern, anhand derer die Auswertung erfolgt, bis hin zu der stark schwankenden Anzahl der den jeweiligen Studien zugrunde liegenden Examinationen. Damit bleibt die psychophysiologische Täterschaftsermittlung zwar immer noch den oftmals verlangten Nachweis des „Lügens" als eindeutige Ursache für eine spezifische physiologische Reaktion schuldig; dennoch wird anhand der empirischen Untersuchungen deutlich, dass die Validitätsraten sämtlicher Untersuchungsmethoden über der Zufallswahrscheinlichkeit anzusiedeln sind. Dies gilt insbesondere für den Kontrollfragentest bei schuldigen Probanden und das Tatwissenverfahren für unschuldige

[121] Bradley/Ainsworth, Psychophysiology 21 (1984), S. 68.
[122] Bradley/Warfield, Psychophysiology 21 (1984), S. 687.

Versuchspersonen. Eine Übersicht über den Anteil zutreffender Klassifikationen beim Kontrollfragen- und beim Tatwissenverfahren unter Berücksichtigung des Status der Probanden soll die nachfolgende Tabelle 5 geben. Zugrunde gelegt wurden hierbei die arithmetischen Mittelwerte der in Feld- und Analogstudien gewonnen Durchschnittswerte, wobei die unentscheidbaren Fälle, soweit vorhanden, unberücksichtigt blieben.

Tabelle 5: Verfahrensspezifische Validitätsrate

Status / Testverfahren	schuldige Probanden	unschuldige Probanden
Kontrollfragenverfahren	89,5% [(87,8%+91,2%) : 2]	82,6% [(78,9%+86,3%) : 2]
Tatwissenverfahren	73,2% [(62,5%+84,0%) : 2]	95,1% [(96,5%+93,7%) : 2]

Aus dieser höheren Validität des Kontrollfragentests bei schuldigen, der des Tatwissentests bei unschuldigen Probanden resultiert, dass entgegen des ersten Eindrucks, im Kontrollfragenverfahren die Klassifikation eines Unschuldigen als „unschuldig", im Tatwissenverfahren die Klassifikation eines Schuldigen als „schuldig" ein äußerst hohes Maß an Zuverlässigkeit gewährleistet.[123] Um dies zu verdeutlichen, wird nachfolgend der Anteil richtiger Klassifikationen nicht in Bezug auf den Status des Probanden, sondern in Bezug auf die Klassifikation positiv (unglaubwürdig) und negativ (glaubwürdig) gesetzt. Die folgende Tabelle 6 gibt damit Aufschluss über die Zuverlässigkeit der Klassifikation positiv bzw. negativ bei den beiden unterschiedlichen Verfahrensarten.

Tabelle 6: Anteil zutreffender Klassifikationen beim Kontollfragentest

Kontrollfragenverfahren	schuldige Probanden	unschuldig Probanden	zutreffende Klassifikation
positiv (unglaubwürdig)	89,5%	18,2%	83,1%
negativ (glaubwürdig)	10,5%	82,6%	88,7%

Für die Klassifikation als „glaubwürdig" bzw. „unschuldig" ergibt sich beim Kontrollfragenverfahren eine Zuverlässigkeit von 88,7% [82,6 : (82,6 + 10,5)].

[123] Steller, Psychophysiologische Aussagebeurteilung, S. 151.

Umgekehrt bedeutet dies, dass die Wahrscheinlichkeit einer fälschlichen Einstufung als glaubwürdig bei knapp 12% liegt. Für den Kontrollfragentest als Schuldnachweis hingegen ergibt sich lediglich eine Wahrscheinlichkeit von 83,1% [89,5 : (89,5 + 18,2)], so dass etwa knapp 1/6 der Beurteilungen eines Beschuldigten als „unglaubwürdig" falsch sind und ihn damit zu Unrecht belasten. Die Klassifikation eines Beschuldigten als „unglaubwürdig" kann daher, wenn überhaupt, nur als Indiz für seine Täterschaft gewertet werden, während durch ein solches Gutachten alleine kein eine Verurteilung tragender Nachweis erbracht werden kann. Ein negativer Befund ist aufgrund seiner hohen Zuverlässigkeit jedoch durchaus geeignet, Zweifel an der Berechtigung des Tatvorwurfes zu begründen.[124]

Tabelle 7: Anteil zutreffender Klassifikationen beim Tatwissentest

Tatwissenverfahren	schuldige Probanden	unschuldige Probanden	zutreffende Klassifikation
positiv (unglaubwürdig)	73,2%	4,9%	93,7%
negativ (glaubwürdig)	26,7%	95,1%	78,1%

Umgekehrt verhält es sich bei dem Tatwissenverfahren. Hier ergibt sich die Wahrscheinlichkeit eines richtigen positiven, d.h. belastenden Befundes von 93,7%; mithin die Gefahr einer irrtümlichen Belastung von nur etwas über 6%. *Steller* geht sogar von einer Zuverlässigkeit der Klassifikation „unglaubwürdig" von 100% aus.[125] Diese Zahl erscheint jedoch zu optimistisch bzw. wäre nur dann zu erreichen, wenn unter Zugrundelegung des von *Lykken* entwickelten numerischen Auswertungssystems, der sog. „cut off", d.h. der Wert ab dessen Erreichen ein Proband als „schuldig" klassifiziert wird, entsprechend nach oben verlagert würde. Bei einer dadurch tatsächlich steigenden Zuverlässigkeit der Klassifikation „schuldig", würde jedoch gleichzeitig die Zuverlässigkeit des Befundes als „unschuldig" sinken und viele tatsächlich schuldige Probanden als „unschuldig" klassifiziert werden.

Aber auch bei einer Zuverlässigkeit von knapp 94% ist das Tatwissenverfahren im Einzelfall durchaus ein sehr verlässlicher Indikator für Tatwissen bzw. die Täterschaft des Beschuldigten. Wenngleich eine allein auf diesen Befund gestützte Verurteilung nicht möglich sein wird, so kann er dennoch als Indiz gewertet und darüber hinaus auch Anlass zu weiteren Ermittlungen geben.[126]

[124] Steller, Psychophysiologische Aussagebeurteilung, S. 151.
[125] Steller, Psychophysiologische Aussagebeurteilung, S. 151.
[126] Steller, Psychophysiologische Aussagebeurteilung, S. 152.

Wird oftmals von deutlich höheren Validitätsraten oder „Trefferquoten" der einzelnen Testverfahren berichtet, so ist bei manchen Studien die von *Fiedler* geäußerte Skepsis sicherlich nicht unangebracht.[127] Dennoch lässt sich abschließend festhalten, dass dem Kontrollfragentest als Entlastungsbeweis, dem Tatwissentest als Belastungsbeweis eine größere und deutlich über der Zufallsrate anzusiedelnde Zuverlässigkeit und damit auch Bedeutung zukommt.[128]

C. FEHLERANFÄLLIGKEIT POLYGRAPHISCHER UNTERSUCHUNGEN

Eine weitere Voraussetzung für die forensische Tauglichkeit einer Untersuchungsmethode ist, neben der Validität, auch ein möglichst breiter Einsatzbereich sowie eine möglichst geringe Fehleranfälligkeit bzw. Beeinflussbarkeit. Diese Frage war auch ein zentraler Punkt der für den BGH als Grundlage seiner aktuellsten Entscheidung erstatteten Gutachten, die daher hier besondere Beachtung finden sollen.

I. Anwendbarkeit bei mentalen Defekten

1. Intelligenzerfordernis

Die Polygraphentechnik basiert auf der Grundlage der Messung physiologischer Reaktionen als Folge psychischer Spannungen, die ihrerseits in ihrer unterschiedlichen Stärke durch äußere Reize hervorgerufen werden. Folglich ist es offensichtlich, dass ein gewisser Grad an Intelligenz erforderlich ist, um die Fragen zu verstehen und darauf entsprechend reagieren zu können. Bei mental schwer retardierten Personen fehlt dieses Mindestmaß an Intelligenz, so dass ein solcher Test nicht erfolgreich durchgeführt werden kann. Ein solcher Defekt wird jedoch von einem kompetenten Untersucher bereits im Rahmen des Vortestinterviews erkannt.[129]

2. Anwendbarkeit bei Psychopathie

Ein weiteres in diesem Zusammenhang auftauchendes Problem ist die Frage der Anwendbarkeit psychophysiologischer Untersuchungen bei Psychopathen

---

[127] Fiedler, Praxis der Rechtspsychologie 9 (Sonderheft) (1999), S. 29.
[128] Schneider, S. 153; Steller, Psychophysiologische Aussagebeurteilung, S. 151.
[129] Reid/Inbau, S. 247.

und die damit verbundene Validitätsbeeinträchtigung.[130] Besteht auch keine allgemein gültige Definition für Psychopathie, so wird der Psychopath - oftmals auch als antisoziale Persönlichkeit oder Soziopath bezeichnet – als eine impulsive, unverantwortliche Person, der die Fähigkeit fehlt, die normalen emotionalen Komponenten zwischenpersonalen Verhaltens, Schuld, Reue, Einfühlungsvermögen und Liebe, zu erleben.[131] Damit wird die Komplexität der Psychopathie deutlich, aus der sich der Facettenreichtum psychopathischer Verhaltensweisen ergibt und folglich keine kategoriale Beschreibung zulässt.[132] Dennoch wird u.a. mit Hilfe von Persönlichkeitsfragebogen versucht, den Grad der Psychose auf einer numerischen Skala einzuordnen. Einer dieser Persönlichkeitstests ist der sog. MMPI (Minnesota Multiphasic Personality Inventory),[133] der auch bei der Bestimmung des Einflusses psychopathischer Probanden auf die Validität polygraphischer Untersuchungen als Maßstab herangezogen wird.[134]

Um eine solche handelt es sich bei der von *Raskin/Hare* durchgeführten Analogstudie auf der Basis des Kontrollfragenverfahrens.[135] Sie kam zu dem Ergebnis, dass Psychopathie bei den Probanden nur bedingten Einfluss auf die Qualität des Befundes hat.[136] Während bei 24 nichtpsychopathischen Probanden 17 richtig und 7 als unentscheidbar klassifiziert wurden, gab es bei den Psychopathen 22 korrekte, einen falschen und einen unentscheidbaren Befund.[137] Lediglich bei der Messung der kardiovaskulären Parameter zeigten Teile der psychopathischen Probanden auf relevante und Kontrollfragen keine unterschiedlichen Reaktionen.[138]

Lykken[139] hingegen geht von einer Hypothese aus, wonach Psychopathen auf kritische Fragen mit weniger Furcht bzw. Schuldbewusstsein reagieren als normale Probanden.[140] In diesem Zusammenhang kritisiert er den Versuchsaufbau bei *Raskin/Hare*,[141] bei dem für den schuldigen Probanden keine furchterregende Situation besteht und der Test somit wenig aussagekräftig sei.[142] Auch wenn sich diese Kritik nur auf das Kontrollfragenverfahren bezieht, so bietet sie

[130] So bereits Tent, S. 231.
[131] Hare, S. 1762.
[132] Eysenck, S. 351.
[133] Graw, S. 1388f.
[134] So etwa Raskin/Hare, Psychophysiology 15 (1978), S. 127; Balloun/Holmes, Journal of Applied Psychology 64 (1979), S. 317.
[135] Raskin/Hare, Psychophysiology 15 (1978), S. 126ff.
[136] Raskin/Hare, Psychophysiology 15 (1978), S. 130.
[137] Raskin/Hare, Psychophysiology 15 (1978), S. 130.
[138] Raskin/Hare, Psychophysiology 15 (1978), S. 131.
[139] Lykken, Psychophysiology 15 (1978), S. 141.
[140] Vgl. auch Hare, S. 1764, 1767.
[141] Raskin/Hare, Psychophysiology 15 (1978), S. 126ff.
[142] Lykken, Psychophysiology 15 (1978), S. 141.

allerdings keinerlei Nachweis für die Richtigkeit dieser These. Eine gewisse Bestätigung findet diese These jedoch in einer Analogstudie mit dem Kontrollfragenverfahren von *Heckel et al.*[143] Hierbei wurden einzelne psychotische und psychoneurotische Probanden von manchen Examinatoren fälschlicherweise als „schuldig" klassifiziert, während die „normalen" Probanden alle richtig eingestuft wurden.[144]

Dennoch haben auch *Patrick/Iacono* bei der Untersuchung von Psychopathen mit dem Kontrollfragentest keine Unterschiede gegenüber „normalen" Probanden feststellen können.[145] In einer Analogstudie mit dem Tatwissentest stellten *Balloun/Holmes* zwischen Probanden mit nach dem MMPI hohen bzw. niedrigen psychopatischen Abweichungen gleichfalls keine nennenswerten Unterschiede ihrer psychophysiologischen Reaktionen fest.[146] Auch *Berning* vertritt in ihrer zusammenfassenden Beurteilung der Anwendbarkeit polygraphischer Untersuchungen bei Psychopathen die Auffassung, dass, trotz des Fehlens diesbezüglich eindeutig interpretierbarer Ergebnisse, Psychopathen ebenso gut entdeckt werden können wie Nicht-Psychopathen.[147]

Zuletzt hatten auch *Steller/Dahle* in ihrem Gutachten für den BGH Psychopathen eine differentielle Reaktion auf Vergleichsreize attestiert. Aufgrund ihres unterschiedlichen Bewertungssystems und der damit verbundenen unterschiedlichen Stärke physiologischer Reaktionen könne die Auswertung im Einzellfall zwar erschwert sein; von einer generellen Untestbarkeit könne jedoch nicht ausgegangen werden.[148] Noch überzeugter geben sich *Undeutsch/Klein* in ihrem in gleicher Sache für den BGH erstatteten Gutachten. Sie sehen danach keinerlei Anhaltspunkte dafür, dass eine psychophysiologische Diagnose psychopathischer Probanden nicht möglich wäre.[149]

3. Notwendigkeit eines gewissen Realitätsbezuges

Einigkeit besteht jedoch im Wesentlichen darüber, dass eine polygraphische Untersuchung bei Probanden, bei denen eigene Vorstellung und Wirklichkeit nicht übereinstimmen, nicht möglich ist.[150] Lediglich *Undeutsch/Klein* halten es

---

[143] Heckel/Brokaw/Salzberg/Wiggins, Journal of Criminal Law, Criminology and Police Science 53 (1962), S. 380ff.
[144] Heckel/Brokaw/Salzberg/Wiggins, Journal of Criminal Law, Criminology and Police Science 53 (1962), S. 382.
[145] Patrick/Iacono, Psychophysiology 23 (1986), S. 453.
[146] Balloun/Holmes, Journal of Applied Psychology 64 (1979), S. 321.
[147] Berning, "Lügendetektion" aus interdisziplinärer Sicht, S. 155.
[148] Steller/Dahle, Praxis der Rechtspsychologie 9 (Sonderheft) (1999), S. 181.
[149] Undeutsch/Klein, Praxis der Rechtspsychologie 9 (Sonderheft) (1999), S.100, m.w.N.
[150] Reid/Inbau, S. 233; Steller/Dahle, Praxis der Rechtspsychologie 9 (Sonderheft) (1999), S. 197.

nicht für erforderlich, dass sich ein tatsächlich schuldiger Proband beim Kontrollfragentest der Falschheit seiner Antwort auf die relevante Frage bewusst ist. Vielmehr gehen sie davon aus, dass die stärkere Reaktion auf die tatbezogenen Fragen bei den Tätern aufgrund der größeren personalen Bedeutsamkeit dieser Fragen im Rahmen der Testsituation gegenüber allen anderen Fragen erfolgt.[151] Damit wird jedoch die Grundidee des Kontrollfragenverfahrens ad absurdum geführt, da auch ein unschuldiger Proband die tatrelevanten Fragen erkennt und die Frage dadurch auch für ihn personale Bedeutsamkeit erlangt.

Allerdings ist auch davon auszugehen, dass die Examinatoren nur in Ausnahmefällen mit psychotischen Probanden konfrontiert werden, da die Krankheit regelmäßig bereits durch früher mit dem Fall betraute Untersuchungsbeamte erkannt wird. Spätestens aber wird sie in der Vortestuntersuchung der Examinatoren zu Tage treten.[152] Dies setzt allerdings, wie *Delvo* zurecht erkennt, voraus, dass die Polygraphen-Examinatoren psychologisch ausreichend geschult sind, derartige Krankheitsbilder überhaupt erkennen zu können.[153]

Ist eine gewisse Qualität der Ausbildung der Untersucher gewährleistet, so stellen psychopathische Probanden, sofern sie nicht schon als solche erkannt werden, keine die Validität polygraphischer Untersuchungen in einem solchen Maße beeinträchtigende Faktoren dar, dass deshalb ein grundsätzlicher Ausschluss derartiger Tests indiziert wäre.

II. Polygrapheneinsatz bei Verdacht sexuellen Missbrauchs

Von der Problemstellung des Einsatzes polygraphischer Untersuchungen bei Psychopathen nicht sehr weit entfernt ist die Anwendung bei Sexualstraftaten, insbesondere sexuellem Kindesmissbrauch. So geht es auch hierbei oftmals um eine verzerrte persönliche Wahrnehmung und Beurteilung des Beschuldigten bezüglich seiner sexuellen Handlungen[154] und dem daraus oftmals resultierenden Fehlen von Unrechts- bzw. Schuldbewusstsein hinsichtlich der von ihm begangenen Taten.[155] Dennoch stellt sich die diesbezügliche Situation ganz anders dar. Einen umfassenden Überblick über die wesentlichen Problembereiche psychophysiologischer Aussagebeurteilung in Zusammenhang mit dem Verdacht des sexuellen Missbrauchs geben *Steller/Dahle* in ihrem Gutachten für den BGH.[156]

---

[151] Undeutsch/Klein, Praxis der Rechtspsychologie 9 (Sonderheft) (1999), S.117.
[152] Delvo, S. 87.
[153] Delvo, S. 87.
[154] Rill/Vossel, NStZ 1998, S. 486.
[155] Boehme, S. 16, m.w.N.; entsprechend auch Steller/Dahle, Psychophysiologische Täterschaftsbeurteilung („Lügendetektion"), S. 319.
[156] Steller/Dahle, Praxis der Rechtspsychologie 9 (Sonderheft) (1999), S. 183-189.

1. Anwendung indirekter Verfahren (TWT) bei Sexualdelikten

So scheitert die Anwendung des Tatwissenverfahrens bei der Verdachtsabklärung bezüglich sexuellen Missbrauchs bereits an der Konstruktion vergleichbarer Tatmerkmale zu den vorgeworfenen relevanten Tatdetails. *Steller/Dahle* zufolge erscheint es kaum möglich, eine ausreichende Anzahl vergleichbarer Varianten vorzugeben, die für den Nichttäter gleichwertige sexualbezogene Belastungsinhalte haben.[157] Bei Vergleichsitems nicht sexualbezogenen Inhalts ist davon auszugehen, dass das relevante Item bei jedermann eine besondere Bedeutung besitzt. Dies gilt um so mehr, als der betroffene Proband unter dem Verdacht sexueller Missbrauchshandlungen steht.[158] Damit wächst die Gefahr falsch-positiver Klassifikationen der sonst bezüglich positiver Klassifikationen sehr zuverlässigen Methode.[159] Eine entsprechende falsche Verdächtigung wiegt hier um so schwerer, als es sich bei sexuellem Missbrauch um ein sozial besonders geächtetes Delikt handelt. Selbst wenn sich die Unschuld im Nachhinein herausstellen sollte, bleibt bei dem Betroffenen regelmäßig ein Makel anhaften.

Weitere Schwierigkeiten ergeben sich aus der Tatsache, dass die Taten regelmäßig im Verborgenen geschehen und deshalb oftmals nur ein diffuser Vorwurf des sexuellen Missbrauchs besteht. Ohne konkrete Anhaltspunkte lassen sich aber weder relevante noch entsprechende Vergleichsfragen bilden. Damit scheint der Tatwissentest für die Verdachtsabklärung bei Sexualstraftaten ungeeignet. Selbst *Undeutsch*, der den Polygrapheneinsatz auch bei Sexualdelikten propagiert, setzt hierfür ausschließlich auf den Kontrollfragentest.[160]

2. Anwendung direkter Verfahren (KFT) bei Sexualdelikten

Anders als bei den meisten Eigentums- und Gewaltdelikten handelt es sich bei den Delikten des sexuellen Missbrauchs, insbesondere des Kindesmissbrauchs, nicht um eine klar abgegrenzte einmalige Handlung, sondern meist um mehrere, in ihrer Handlungsintensität progressiv verlaufende Taten. Darüber hinaus verläuft auch die Grenze zwischen moralisch und strafrechtlich einwandfreiem und strafbewährtem Verhalten weitestgehend fließend.

Hieraus ergibt sich die Schwierigkeit der Konkretisierung des Tatvorwurfes, den es zu verifizieren gilt. Entsprechend schwer, wenn nicht gar unmöglich, ist damit auch die Formulierung präziser relevanter Fragen. Sind sie zu pauschal

[157] Steller/Dahle, Praxis der Rechtspsychologie 9 (Sonderheft) (1999), S. 183.
[158] Steller/Dahle, Praxis der Rechtspsychologie 9 (Sonderheft) (1999), S. 184.
[159] So auch Steller, Psychophysiologische Aussagebeurteilung, S. 152.
[160] Undeutsch, FamRZ 1996, S. 329ff.

gefasst, bekommen sie den Charakter einer Kontrollfrage und machen die Interpretation differentieller Reaktionsstärken unmöglich.[161]

Auch wenn eine ausreichend präzise Formulierung der relevanten Fragen gelingen sollte, ergibt sich *Steller/Dahle* zufolge das nächste Problem bei den dazugehörigen Kontrollfragen. Gilt es doch den Bedeutungsgehalt bzw. das Bedrohungspotential der Kontrollfragen so zu gestalten, dass es für den unschuldigen Probanden höher ist, als bei den relevanten Fragen. Bei dem Tatvorwurf des sexuellen Missbrauchs müssen sich daher auch die Kontrollfragen auf diesen Bereich beziehen. Während der Vortestinterviews, die Voraussetzung für die Formulierung der Kontrollfragen sind, kann es hierbei sehr leicht zu Unsicherheiten über nicht eingestandene tabuisierte bzw. schämenswerte Handlungen kommen oder bei anderen Probanden ein sehr breites Spektrum nicht schämenswerter Handlungen bestehen. Im zweiten Fall könnte dann der Bedeutungsgehalt der Kontrollfragen zu schwach sein, was die Gefahr falsch-positiver Klassifikationen mit sich bringt. Entsprechend wird man geneigt sein, den Bedeutungsgehalt der Kontrollfragen möglichst stark zu gestalten. Da jedoch überwiegend davon ausgegangen wird, dass die Täter speziell im Bereich des sexuellen Kindesmissbrauches oftmals Verleugnungs- bzw. Bagatellisierungsstrategien entwickeln,[162] können die Kontrollfragen selbst bei den Tätern zu höheren physiologischen Reaktionen führen, was wiederum falsch-negative Befunde nach sich ziehen kann.[163]

Lediglich *Undeutsch* bezeichnet die These des Verdrängens begangener Straftaten bei Sexualverbrechern als „Märchen“ und geht davon aus, dass selbst bei einem längeren Zeitraum zwischen Tat und dem Aufkommen des Vorwurfs, vor allem bei den im allgemeinen moralischen Bewusstsein besonders geächteten sexuellen Handlungen an oder mit Kindern, ein völliges Vergessen auszuschließen ist.[164] Er vertritt vielmehr die Auffassung, dass jeder Mensch sehr genau weiß, welche sexuellen Verhaltensweisen in der Gesellschaft, in der er aufgewachsen ist und lebt, missbilligt werden, verboten oder strafbedroht sind und die Erinnerungen an seine Handlungen dadurch nicht beeinträchtigt werden.[165]

[161] Steller/Dahle, Praxis der Rechtspsychologie 9 (Sonderheft) (1999), S. 185; vgl. auch bereits Steller/Dahle, Psychophysiologische Täterschaftsbeurteilung („Lügendetektion“), S. 320.
[162] Hierzu ausführlicher Steller/Dahle, Psychologische Täterschaftsbeurteilung („Lügendetektion“): Unschuldsnachweis bei Verdacht auf sexuellen Mißbrauch?, S. 19f.
[163] Boehme, S. 16; Hirsch, S. 127; Steller/Dahle, Praxis der Rechtspsychologie 9 (Sonderheft) (1999), S. 186; entsprechend auch die Antwort auf Frage 14 des BGH-Fragenkataloges im Anhang; Rill/Vossel, NStZ 1998, S. 486.
[164] Undeutsch/Klein, Praxis der Rechtspsychologie 9 (Sonderheft) (1999), S. 95; entsprechend auch die Antwort auf Frage 14 des BGH-Fragenkataloges im Anhang.
[165] Vgl. die Antwort auf Frage 10 des BGH-Fragenkataloges im Anhang.

Entsprechende empirische Erkenntnisse über die Existenz bzw. den Einfluss dieses Verdrängungsmechanismus auf die Validität des Kontrollfragenverfahrens existieren jedoch nicht.[166] Insgesamt gibt es kaum Studien über die Validität dieses Verfahrens im Zusammenhang mit sexuellen Missbrauchsdelikten. Handelt es sich bei den Analogstudien meist um simulierte Eigentumsdelikte, fehlen bei den Feldstudien oft genauere Angaben über die untersuchten Delikte.[167]

Letztlich bleiben, selbst bei Zugrundelegung der Auffassung *Undeutschs*, die erstgenannten Bedenken weiter bestehen, so dass auch die Anwendung der direkten Verfahren bei der Abklärung des Verdachts des sexuellen Missbrauchs ungeeignet erscheint. Daraus kann jedoch keinesfalls auf die Untauglichkeit der gesamten psychophysiologischen Untersuchungsmethoden geschlossen werden.[168]

III. Der Einfluss psychotroper Substanzen

Da die polygraphischen Untersuchungen auf der Messung physiologischer Reaktionen basieren und die Einnahme psychotroper Substanzen wie beispielsweise Drogen, Alkohol oder Psychopharmaka gleichfalls solche Reaktionen hervorrufen kann, drängt sich zwangsläufig die Frage der Einflussnahme solcher Mittel auf die Testergebnisse auf.

1. Alkohol

Die Alkoholisierung eines Probanden lässt sich problemlos vor der Durchführung der Polygraphentests nachweisen. Damit kann eine Einflussnahme auf die Testergebnisse bereits im Vorfeld ausgeschlossen werden.

2. Drogen und Psychopharmaka

Auch bei der Einnahme von Drogen oder Psychopharmaka treten keine größeren Schwierigkeiten auf. Amphetamine verursachen, *Reid/Inbau* folgend, weder eine Verstärkung noch eine Abschwächung der Reaktionen des Probanden, unabhängig davon, ob es sich um einen schuldigen oder unschuldigen Proban-

---

[166] Undeutsch/Klein, Praxis der Rechtspsychologie 9 (Sonderheft) (1999), S. 96.

[167] Steller/Dahle, Psychologische Täterschaftsbeurteilung („Lügendetektion"): Unschuldsnachweis bei Verdacht auf sexuellen Mißbrauch?, S. 19.

[168] So aber Boehme, der sich mit dem Einsatz des „Lügendetektors" bei Verdacht auf sexuellen Mißbrauch befasst und den für diesen Anwendungsbereich nicht zu Unrecht gezogenen Schluß der Untauglichkeit ohne eine fundierte Auseinandersetzung verallgemeinert.

den handelt.[169] Von anderer Seite wird hingegen davon ausgegangen, dass sich insbesondere die Einnahme von entspannenden Psychopharmaka global reaktionsmindernd auswirkt.[170] Da die Auswertung der Reaktionen auf relevante und irrelevante Fragen jedoch im intrapersonellen Vergleich erfolgt, besteht jedenfalls Einigkeit darüber, dass Psychopharmaka ebenso wie Alkohol, auf das Ergebnis der Untersuchung keinen Einfluss haben.[171] Dies bestätigt sich auch in den von *Bradley/Ainsworth* durchgeführten Analogstudien mit dem Kontrollfragen- und Tatwissenverfahren, wonach sich bei der Validität der Klassifizierung alkoholisierter und nüchterner Probanden keine wesentlichen Unterschiede erkennen lassen.[172] Im ungünstigsten Fall erhöht sich, bedingt durch eine zu geringe Differenz der Reaktionen auf relevante und Kontrollfragen, der Anteil unentscheidbarer Reaktionskurven.[173]

Eine andere Situation stellt sich jedoch offenbar dann dar, wenn der Täter zum Zeitpunkt der Tatbegehung unter dem Einfluss von Drogen oder Alkohol gestanden hat. Ist der Täter dadurch in seiner Wahrnehmung bzw. Speicherung der Tatumstände und Tatdetails beeinträchtigt, so kann dies insbesondere bei dem Tatwissentest zur Verringerung der Validität führen.[174] Auch dies findet in der Studie von *Bradley/Ainsworth* die entsprechende empirische Bestätigung.[175] Allerdings darf nicht vergessen werden, dass sich dieses Problem auch bei der traditionellen aussagepsychologischen Glaubwürdigkeitsbeurteilung stellt.

IV. Beeinflussung durch Hypnose

1. Hypnoide Relaxierung

Eine weitere in Erwägung zu ziehende Einflussmöglichkeit auf das polygraphische Untersuchungsergebnis ist die Hypnose. Durch Fremd- oder Autosuggestion ist es möglich, einen hypnoiden Zustand hervorzurufen, wodurch ein herabgesetztes Aktivationsniveau physiologischer Erregung erreicht werden kann.[176] Mit Hilfe dieser allgemein relaxierend wirkenden Maßnahme ist es allerdings nicht möglich, gezielten Einfluss auf das Ergebnis der psychophysiologischen Untersu-

[169] Reid/Inbau, S. 236.
[170] Steller/Dahle, Praxis der Rechtspsychologie 9 (Sonderheft) (1999), S. 174; vgl. auch die Antworten von Fiedler bzw. Steller/Dahle auf Frage 17 des BGH-Fragenkataloges im Anhang.
[171] So die Antworten von Fiedler bzw. Steller/Dahle auf Frage 17 des BGH-Fragenkataloges im Anhang.
[172] Bradley/Ainsworth, Psychophysiology 21 (1984), S. 68.
[173] Vgl. Undeutsch/Klein, Praxis der Rechtspsychologie 9 (Sonderheft) (1999), S. 100.
[174] Ben-Shakhar/Furedy, S. 75; Steller/Dahle, Praxis der Rechtspsychologie 9 (Sonderheft) (1999), S. 175.
[175] Bradley/Ainsworth, Psychophysiology 21 (1984), S. 68.
[176] Steller/Dahle, Praxis der Rechtspsychologie 9 (Sonderheft) (1999), S. 175.

chung zu nehmen. Vielmehr führt diese, sich gleichermaßen auf relevante und Kontrollfragen (KFT) bzw. relevante und irrelevante Items (TWT) auswirkende Reaktionsabsenkung, allenfalls zu einer Klassifikation als „unentscheidbar".[177]

2. Hypnoide Suggestion

Eine jedenfalls theoretisch größere Gefahr sehen *Steller/Dahle* in der Möglichkeit der hypnotischen Suggestion von Amnesien tatsächlich nicht begangener Tathandlungen oder Schuldgefühlen. Dieser Bereich ist allerdings wenig erforscht und vorhandenen empirischen Untersuchungen zufolge ist dieses Risiko eher gering einzuschätzen.[178] Auch *Delvo* lässt den Umfang der möglichen Beeinflussung des Polygraphentests aufgrund der von ihm gesammelten und sehr widersprüchlichen Erkenntnisse ausdrücklich offen.[179] Darüber hinaus ist diese Gefahr bei anderen psychologischen Begutachtungen oder Glaubwürdigkeitsbeurteilungen ebenfalls gegeben, was solche Untersuchungsmethoden aber nicht unzuverlässig und darauf basierende Sachverständigengutachten nicht im Sinne des § 244 Abs. 3 Satz 2 StPO unzulässig werden lässt.

V. Mentale Beeinflussungsmöglichkeiten des Probanden

1. Unmöglichkeit gezielter Reaktionsunterdrückung

Wie auch der BGH in seiner aktuellsten Entscheidung feststellt, besteht eine weitere Möglichkeit der Beeinflussung der Testergebnisse mit Hilfe mentaler Manipulation durch den Probanden selbst.[180] Eine entsprechende systematische Veränderung ist prinzipiell sowohl durch die Reduzierung physiologischer Reaktionen auf relevante Fragen als auch durch die Erhöhung nach den Vergleichsfragen denkbar. Allerdings ist davon auszugehen, dass eine systematische Reaktionsunterdrückung nicht möglich ist, da eine solche Unterdrückung an geeigneter Stelle eine entsprechende Aufmerksamkeit erfordert, was gerade zu diesem Zeitpunkt zu erhöhten Reaktionen führen dürfte.[181]

---

[177] Steller/Dahle, Praxis der Rechtspsychologie 9 (Sonderheft) (1999), S. 176.
[178] Steller/Dahle, Praxis der Rechtspsychologie 9 (Sonderheft) (1999), S. 176.
[179] Delvo, S. 92.
[180] BGHSt 44, S. 327, unter Berufung auf die Gutachten von Fiedler und Steller; vgl. 4. Kapitel, C. I. 5.
[181] Ben-Shakhar/Furedy, S. 75; entsprechend auch Steller/Dahle, Praxis der Rechtspsychologie 9 (Sonderheft) (1999), S. 176f.

2. Beeinflussung durch Reaktionsverstärkung

Einigkeit besteht jedoch über die Möglichkeit, durch stimulierende kognitive Aktivitäten, wie beispielsweise der Durchführung komplexer Denkoperationen, Rechenaufgaben oder der Vorstellung anregender Sachverhalte, eine Verstärkung der physiologischen Reaktionen herbeizuführen.[182] So ist davon auszugehen, dass durch die verstärkte Aktiviertheit während der Kontrollfragen die Wahrscheinlichkeit einer relativ erhöhten Reaktion auf die kritischen Fragen sinkt.[183]

3. Effektivitätssteigerung durch Biofeedback-Training

Darüber hinaus nehmen sowohl *Fiedler*[184] als auch *Steller/Dahle*[185] in ihren Gutachten an, dass sich die Effektivität dieser Gegenmaßnahmen durch sogenanntes Biofeedback-Training erheblich steigern lässt. Beim Biofeedback handelt es sich um die Verdeutlichung der sonst nicht wahrnehmbaren physiologischen Reaktionen, die auch und gerade durch den Polygraphen aufgezeichnet werden. Aufgrund dieser sofortigen Rückmeldung der aktuellen physiologischen Aktiviertheit erscheint ein instrumentelles Erlernen der willentlichen Steuerung physiologischer Reaktionen möglich. Auch *Undeutsch/Klein*, die im Allgemeinen etwas weniger skeptisch zu sein scheinen, berichten von einer Untersuchung, in der es nach entsprechendem Training durch einen Polygraphensachverständigen, in Abhängigkeit der Stärke des Täuschungsanreizes, zwischen 60% und 100% der Probanden gelang, „unschuldig" klassifiziert zu werden.[186] Entsprechende Ergebnisse bestätigen auch die von *Honts/Raskin/Kircher* für den Kontrollfragentest und die von *Honts/Devitt/Winbush/Kircher* für die indirekten Verfahren durchgeführten Untersuchungen.[187]

4. Bedingte Entlarvungsmöglichkeiten

Dennoch gibt es auch Untersuchungen, in denen eine Täuschung des Kontrollfragentesters durch die Probanden, trotz deren Vorbereitung und Einweisung in mentale Beeinflussungsmöglichkeiten nach der sog. „Stanislavskij-

[182] Fiedler, Praxis der Rechtspsychologie 9 (Sonderheft) (1999), S. 27; Steller/Dahle, Praxis der Rechtspsychologie 9 (Sonderheft) (1999), S. 177.
[183] Fiedler, Praxis der Rechtspsychologie 9 (Sonderheft) (1999), S. 28.
[184] Fiedler, Praxis der Rechtspsychologie 9 (Sonderheft) (1999), S. 27
[185] Steller/Dahle, Praxis der Rechtspsychologie 9 (Sonderheft) (1999), S. 175.
[186] Undeutsch/Klein, Praxis der Rechtspsychologie 9 (Sonderheft) (1999), S. 101.
[187] Honts/Raskin/Kircher, Journal of Applied Psychology 79 (1994), S. 252ff.; Honts/Devitt/Winbush/Kircher, Psychophysiology 33 (1996), S. 84ff.

Methode",[188] nicht gelang.[189] Auch *Lykken* hatte in einer Untersuchung mit dem Tatwissentest alle Probanden richtig klassifiziert, obwohl auch diese in die Täuschungsmöglichkeiten eingewiesen und trainiert wurden.[190] Ergänzend sei in diesem Zusammenhang auch angemerkt, dass sich die mentale Beeinflussung am stärksten auf die kardiovaskulären Parameter auswirkt.[191] Eine entsprechend starke Diskrepanz zu anderen peripher-physiologischen Variablen legt damit den Verdacht solcher Gegenmaßnahmen nahe, womit das Ergebnis mit entsprechender Skepsis zu werten ist.[192] Weiterhin relativieren *Undeutsch/Klein* die Gefahr der Falschklassifikation aufgrund systematischer Beeinflussung durch den Probanden dadurch, dass diese, um erfolgreich zu sein, eine korrekte und fachmännische Anleitung voraussetzt. Ein solches Training durch einen Sachverständigen an einem entsprechenden Gerät sei darüber hinaus auch standeswidrig.[193]

5. Notwendigkeit professioneller Vorbereitung

Insgesamt bleibt dennoch festzuhalten, dass eine erfolgreiche systematische Manipulation des Untersuchungsergebnisses, nach entsprechendem Vorbereitungstraining, grundsätzlich möglich ist und damit die Validität polygraphischer Untersuchungen beeinträchtigt werden kann.

VI. Physische Beeinflussung durch den Probanden

Unstreitig kann ein Proband auch durch physische Gegenmaßnahmen in Form von motorischen Aktivitäten auf seine physiologischen Reaktionen Einfluss nehmen, wobei auch bei der Anwendung physischer Gegenmaßnahmen die Reaktionserhöhung auf die Kontrollfragen gegenüber der Reaktionssenkung bei den relevanten Fragen effektiver ist.[194] In Betracht kommt hierfür die willentliche Veränderung der Atmung, Pressen der Zehen bzw. der Fersen auf den Boden oder das Beißen auf die Zunge.[195]

---

[188] Ein System psychologisch vertiefter Schauspielkunst, benannt nachdem russischen Schauspieler Konstantin Stanislawskij.
[189] Dawson, Psychophysiology 17 (1980), S. 8ff.
[190] Lykken, Journal of Applied Pschology, 44 (1960), S. 261.
[191] Honts/Raskin/Kircher, Journal of Applied Psychology 79 (1994), S. 252.
[192] Undeutsch/Klein, Praxis der Rechtspsychologie 9 (Sonderheft) (1999), S. 101.
[193] Undeutsch/Klein, Praxis der Rechtspsychologie 9 (Sonderheft) (1999), S. 102.
[194] Ben-Shakhar/Furedy, S. 75;
[195] Vgl. Ben-Shakhar/Furedy, S. 71; Fiedler, Praxis der Rechtspsychologie 9 (Sonderheft) (1999), S. 27; Honts/Raskin/Kircher, Journal of Applied Psychology, S. 253.

1. Notwendigkeit professioneller Anleitung

In einer Studie von *Honts/Raskin/Hodes* wurden die Auswirkungen physischer Gegenmaßnahmen, entweder dem Beißen auf die Zunge oder das Drücken der Fersen auf den Boden untersucht. Dabei konnten, trotz ausgiebiger Information der Probanden über das Kontrollfragenverfahren und vorherigen Trainings, keine signifikanten Auswirkungen festgestellt werden.[196] Erst nach zusätzlichem Training und bei gleichzeitiger Anwendung beider Gegenmaßnahmen kam es zu dem von *Fiedler* in seinem Gutachten zitierten Ergebnis, demzufolge „schon nach relativ kurzem Training von nur 30 Minuten in etwa 50% der Fälle der Polygraphentest getäuscht werden konnte."[197] Auch das Tatwissenverfahren lässt sich, wie sich in Analoguntersuchungen zeigte, durch mentale, besser aber noch durch physische Gegenmaßnahmen des Probanden in seiner Validität beeinflussen.[198] Allerdings ist auch den physischen Täuschungsmaßnahmen gemeinsam, dass eine systematische und damit effektive Beeinflussung nur unter professioneller Anleitung und bei entsprechendem Training möglich ist.

2. Bedingte Möglichkeit der Entlarvung

Steller/Dahle berichten in ihrem Gutachten jedoch von der Möglichkeit, motorische Manipulationsversuche unter Verwendung elektromyographischer Aufzeichnungen während der Untersuchung entlarven zu können.[199] Insbesondere in der adäquaten Dosierung der physischen Reizung zur Vermeidung auffällig starker physiologischer Reaktionen sehen sie die Schwierigkeit einer unscheinbaren Manipulation. Durch die gleichzeitige Aufzeichnung elektromyographischer Reaktionen mit anderen physiologischen Parametern sehen sie die Möglichkeit, solche Aktivitäten zu erkennen.[200] Bestätigen auch *Honts/Raskin/Kircher* die grundsätzliche Möglichkeit, solche muskulären Aktivitäten zu durchschauen,[201] so ist die Quote der in ihrer Studie tatsächlich richtig erkannten Täuschungsversuche mit 12% außerordentlich gering.[202]

Festzuhalten bleibt aber grundsätzlich das Bestehen der Möglichkeit der Manipulation durch physische Maßnahmen, wenngleich ihr, sofern sie überhaupt systematisch angewendet werden kann, ein standeswidriges Sachverständigentraining zwingend vorausgehen muss.

---

[196] Honts/Raskin/Hodes, Journal of Applied Psychology, 70 (1985), S. 177.
[197] Fiedler, Praxis der Rechtspsychologie 9 (Sonderheft) (1999), S. 28.
[198] Honts/Devitt/Winbush/Kircher, Psychophysiology 33 (1996), S. 88.
[199] Steller/Dahle, Praxis der Rechtspsychologie 9 (Sonderheft) (1999), S. 173.
[200] Steller/Dahle, Praxis der Rechtspsychologie 9 (Sonderheft) (1999), S. 174.
[201] Honts/Raskin/Kircher, Journal of Applied Psychology 79 (1994), S. 258.
[202] Honts/Raskin/Kircher, Journal of Applied Psychology 79 (1994), S. 256.

VII. Die „Friendly-Polygraph-Examiner"-Hypothese

Im Zusammenhang mit dem Polygraphen und seiner Validität wird häufig auch die von dem forensischen Psychiater *Martin Orne*[203] aufgestellte sog. „Friendly-Polygraph-Examiner"-Hypothese erwähnt.[204] Sie entstand im Rahmen der Diskussion über die Validität psychophysiologischer Aussagebeurteilungen im amerikanischen Strafverfahren.[205] Dabei handelt es sich um die Annahme, dass eine größere Gefahr falsch-negativer Klassifikationen tatsächlich „schuldiger" Probanden besteht, wenn die polygraphische Untersuchung auf Anforderung der Verteidigung durchgeführt wird und eine positive Klassifikation keine negativen Auswirkungen für den Beschuldigten nach sich zieht.[206] Aufgrund der fehlenden Angst des Täters vor der Entlarvung würden die tatbezogenen Fragen bei ihm keine ausreichend starken physiologischen Reaktionen hervorrufen, womit die Vergleichsfragen entsprechend höhere Reaktionen auslösen würden, was den Täter unschuldig erscheinen ließe.[207]

1. Uneinigkeit bei Rechtsprechung und Literatur

Der BGH schenkt diesem Problemkreis jedoch keine gesonderte Beachtung, da er insbesondere das Kontrollfragenverfahren grundsätzlich als nicht nachvollziehbar bezeichnet und das „Friendly-Polygrapher-Syndrome" damit als entscheidungsunerheblich erachtet.[208] Im Übrigen verweist er auf den Beschluss des 3. Strafsenats vom 14. Oktober 1998, in dessen Begründung von der Notwendigkeit des Respekts des Untersuchten vor dem „Entdecktwerden" für das Gelingen des Tests ausgegangen wird.[209]

Diese deutliche Haltung teilen jedoch nicht alle in dem Beschluss zitierten Fundstellen. Während *Rogall*,[210] gestützt auf die Ausführungen von *Delvo*,[211] verlässliche Beweisergebnisse bei mangelnder Furcht des Probanden vor einem negativen Testergebnis in Frage stellt oder gar ausschließt, so beziehen sich die Bedenken *Fristers* in der vom BGH zitierten Begründung lediglich auf die Not-

[203] Vgl. Berning, „Lügendetektion" aus interdisziplinärer Sicht, S. 136; Undeutsch/Klein, Praxis der Rechtspsychologie 9 (Sonderheft) (1999), S. 103.
[204] Etwa bei Steller, Psychophysiologische Aussagebeurteilung, S. 67; Berning, „Lügendetektion" aus interdisziplinärer Sicht, S. 136.
[205] Steller, Psychophysiologische Aussagebeurteilung, S. 67.
[206] Steller/Dahle, Praxis der Rechtspsychologie 9 (Sonderheft) (1999), S. 178.
[207] Entsprechend Undeutsch/Klein, Praxis der Rechtspsychologie 9 (Sonderheft) (1999), S. 103.
[208] BGHSt 44, S. 320.
[209] BGH NJW 1999, S. 663, unter Hinweis auf SK/StPO-Rogall § 136a, Rdnr. 73, Eisenberg, Beweisrecht der StPO, Rdnr. 698, 701, Frister, ZStW 106 (1994), S. 311.
[210] SK/StPO-Rogall, § 136a, Rdnr. 73.
[211] Delvo, S. 25.

wendigkeit der Überzeugung des Probanden von der Leistungsfähigkeit der psychophysiologischen Aussageuntersuchung.[212] *Eisenberg* hingegen, der gleichfalls vom BGH zitiert wurde, hält es für „unwahrscheinlich, dass die Kenntnis der Testperson davon, dass ein möglicherweise belastendes Testergebnis nicht zu ihrem Nachteil verwertet werden kann, dazu führen könnte, dass diese sich gleichfalls völlig entspannt und erfolgreich jede Angst vor einem Misserfolg verdrängt".[213] Geht es bei solchen Untersuchungen oftmals um die einzige und letzte Möglichkeit, erdrückendes Beweismaterial durch aussagekräftige, entlastende Testergebnisse zu entkräften, wird kaum von einer völligen Entspanntheit eines Beschuldigten während der Untersuchung auszugehen sein.[214]

Auch die im Rahmen des aktuellsten „Lügendetektorverfahrens" vor dem BGH erstellten Gutachten lassen Zweifel an der Richtigkeit der „Friendly-Polygrapher"-Hypothese aufkommen. Die von *Fiedler*[215] bei der Beantwortung des Fragenkataloges des BGH erwähnte Verzerrung bei der Zulassung von Ergebnissen in nur eine Richtung (nur entlastende Gutachten werden von der Verteidigung in das Verfahren eingebracht), stellt jedoch keinen Beleg für die Richtigkeit dieser Hypothese dar, sondern setzt sie voraus. Nur wenn sie tatsächlich zutreffen sollte, wäre eine Beeinflussung der Validierung der Testverfahren auf der Basis von Originaluntersuchungen möglich.

Undeutsch/Klein hingegen widerlegen die „Friendly-Polygrapher"-Hypothese durch Untersuchungsergebnisse, wonach das Ergebnis bei von der Verteidigung überwiesenen Fällen häufiger (66%) negativ ausgefallen ist als bei von den Ermittlungsbehörden überwiesenen Fällen (42%).[216] Geht man jedoch davon aus, dass gerade bei schuldigen Probanden die Beweislage häufig erdrückend ist und der Polygraphentest die letzte Möglichkeit des Beschuldigten ist, sich dagegen zu erwehren, so hat ein schuldiger Proband bei der Untersuchung kaum etwas zu verlieren.[217] Dies gilt insbesondere dann, wenn der Proband nicht einmal von der Leistungsfähigkeit der Untersuchungsmethode überzeugt ist. Den Ermittlungsbehörden wird bei der Beantragung der Durchführung polygraphischer Untersuchungen jedoch belastendes Beweismaterial fehlen, was gerade bei Unschuldigen häufiger der Fall sein dürfte. Damit ist die Wahrscheinlichkeit groß, dass bei von der Verteidigung angewiesenen Untersuchungen der Anteil Schuldiger überdurchschnittlich hoch ist, was ebenfalls zu dem von *Undeutsch/Klein* erwähnten

---

[212] Frister, ZStW 106 (1994), S. 311; vgl. hierzu auch den Hinweis von Frister auf Steller, Psychophysiologische Aussagebeurteilung, S. 63.
[213] Eisenberg, Beweisrecht der StPO, Rdnr. 701.
[214] Vgl. Eisenberg, Beweisrecht der StPO, Rdnr. 701.
[215] Fiedler, Antwort auf Frage 8 des BGH-Fragenkataloges im Anhang.
[216] Undeutsch/Klein, Praxis der Rechtspsychologie 9 (Sonderheft) (1999), S. 103.
[217] Entsprechend Berning, „Lügendetektion" aus interdisziplinärer Sicht, S. 140, unter Bezugnahme auf eine persönliche Mitteilung von Barland.

Ergebnis geführt haben kann. Entsprechend stellen auch diese gutachterlichen Ausführungen weder einen Beweis für noch gegen die Richtigkeit dieser Hypothese dar.

In sich plausibler erscheinen jedoch die diesbezüglichen Ausführungen von *Steller/Dahle* in ihrem Gutachten für den BGH.[218] Ihrer Darstellung folgend, kann die Furcht vor Entdeckung zwar ein wesentlicher Faktor bei der Entstehung differentieller Reaktionen auf relevante und Kontrollfragen sein, ohne jedoch zwingende Bedingung zu sein. Geht man davon aus, dass durch die „Friendly-Polygraph-Examiner"-Hypothese tatsächlich eine Reaktionsminderung seitens der Probanden hervorgerufen wird, so ist zu erwarten, dass sich diese nicht allein auf die relevanten, sondern auch auf die Vergleichsfragen auswirkt. Bei der entsprechenden Auswertung der physiologischen Reaktionsdifferenzen zwischen relevanten und Kontrollfragen wäre also nicht mit einer Zunahme falsch-negativer Befunde, sondern allenfalls mit einem höheren Anteil unentscheidbarer Fälle zu rechnen.[219] Darüber hinaus verweisen *Steller/Dahle* in ihren Ausführungen auch auf Feldstudien, in denen die Ergebnisse „vertraulicher Untersuchungen" nicht systematisch anders ausgefallen sind, als bei Tests mit deren Ergebnisverwertung der Proband hat rechnen müssen. Allerdings besteht ihrer Ansicht nach für einen Beschuldigten die prinzipielle Möglichkeit, wiederholt Untersuchungen durchführen zu lassen, bis ein günstiges Ergebnis erzielt wird.[220] Dabei steigt, neben der Wahrscheinlichkeit eines für ihn positiven Zufallsbefundes, durch den damit verbundenen Trainingseffekt – wie bereits ausgeführt – auch die Chance auf einen falsch-negativen Befund.[221]

2. Unerheblichkeit der „Friendly-Polygrapher"-Hypothese

Letztlich kann man jedoch gemeinsam mit dem BGH – wenngleich aus anderen Gründen – die Frage nach der Richtigkeit der „Friendly-Polygrapher"-Hypothese unbeantwortet lassen. Beruhen alle geäußerten Bedenken auf der Praxis des US-amerikanischen Strafverfahrens, so treffen diese auf das deutsche Strafverfahren nicht zu. Würde die Staatsanwaltschaft im Ermittlungsverfahren eine polygraphische Untersuchung – aufgrund der notwendigen Kooperation des Probanden nur mit seiner Zustimmung – durch einen Sachverständigen durchführen lassen, so wäre sie gemäß § 160 Abs. 2 StPO verpflichtet, auch zur Entlastung des Beschuldigten zu ermitteln, so dass auch von der Neutralität und Objektivität des Gutachtens auszugehen ist. Bei der Hinzuziehung eines Polygraphen-

---

[218] Vgl. Steller/Dahle, Praxis der Rechtspsychologie 9 (Sonderheft) (1999), S. 178.
[219] Steller/Dahle, Praxis der Rechtspsychologie 9 (Sonderheft) (1999), S. 178.
[220] Entsprechend auch Berning, „Lügendetektion" aus interdisziplinärer Sicht, S. 137.
[221] Steller/Dahle, Praxis der Rechtspsychologie 9 (Sonderheft) (1999), S. 179.

sachverständigen im Zeitpunkt der Hauptverhandlung steht gemäß § 73 Abs. 1 Satz 1 StPO die Auswahl dem Richter zu, so dass auch hier das „Friendly-Polygrapher-Syndrome" nicht zum Tragen kommen kann. Lediglich bei einem entsprechenden Beweisantrag der Verteidigung gemäß § 245 Abs. 2 StPO lässt sich ein von einem „Friendly Polygrapher" erstelltes Gutachten in das Verfahren einbringen. Diesem „parteilichen" Gutachten steht jedoch die Pflicht des Sachverständigen zur Erstellung eines unparteilichen Gutachtens, als Ausprägung seines Sachverständigeneides gemäß § 79 Abs. 2 StPO, gegenüber. Darüber hinaus verbleibt dem Gericht bei erheblichen Zweifeln an der Unparteilichkeit des Gutachtens die Ablehnung nach § 244 Abs. 3 Satz 2 Var. 3 StPO wegen Unglaubwürdigkeit,[222] mindestens jedoch das Korrektiv der freien Beweiswürdigung gemäß § 261 StPO.[223] Darüber hinaus wäre es auch denkbar, polygraphische Untersuchungen ausschließlich durch gerichtliche Sachverständige, d.h. nur durch von einem Gericht oder der Staatsanwaltschaft beauftragte Gutachter durchführen zu lassen und durch Privatgutachter erstellte Gutachten grundsätzlich nicht zuzulassen. Dadurch ließe sich im deutschen Strafverfahren ein etwa bestehendes „Friendly-Polygrapher-Syndrome" ebenso überwinden, wie sich Mehrfachuntersuchungen bei der Suche nach günstigen Testergebnissen und die damit verbundenen Trainingseffekte verhindern ließen.

VIII. Möglichkeit der Beeinflussung durch den Untersucher

Wie sich bereits in den Ausführungen zum Einsatz der polygraphischen Untersuchung bei sexuellen Missbrauchsdelikten zeigte, hängt insbesondere bei den direkten Testverfahren, wie etwa dem Kontrollfragentest, sehr viel von der Formulierung der Fragen ab. Gerade das Bedrohungspotential der Kontrollfragen hat großen Einfluss auf das Ergebnis der Untersuchung.[224] Aufgrund der Komplexität der jeweils zu untersuchenden Taten, ist auch eine Standardisierung nicht möglich, da die Fragenformulierung vom Ausgang des jeweiligen Vortestinterviews abhängt. Um so wichtiger wird dadurch jedoch eine transparente Darstellung des methodischen Vorgehens, um das Gutachten für den Rezipienten nachvollziehbar, überprüfbar und verständlich zu machen.[225] Trifft diese Forderung grundsätzlich auf alle gerichtlichen Sachverständigengutachten zu,[226] so ist sie bei nicht standardisierten Untersuchungsmethoden von noch größerer Bedeutung.[227] Durch eine einheitliche Ausbildung mit entsprechenden Mindestanforde-

[222] Vgl. KK/-Herdegen, § 244, Rdnr. 78.
[223] Dippel, S. 30.
[224] Etwa Steller/Dahle, Praxis der Rechtspsychologie 9 (Sonderheft) (1999), S. 183f.
[225] BGHSt 45, S. 178f.
[226] Greuel/Offe/Fabian/Wetzels et al., S. 245; Steller/Schmid, Praxis der Rechtspsychologie 9 (1999), S. 43.
[227] Entsprechend Greuel/Offe/Fabian/Wetzels et al., S. 250.

rungen an die Polygraphenuntersucher lässt sich aber auch hier ein zuverlässiger Qualitätsstandard erreichen und sicherstellen.[228]

Damit verbleiben noch die Möglichkeiten der Suggestion von Amnesien bzw. Tatwissen und Schuldgefühlen durch Hypnose. Diese Gefahr besteht jedoch ebenso, wie die einer Amnesie durch eine starke Alkoholisierung zum Zeitpunkt der Tat bei allen Formen der Aussagebeurteilung – gleichgültig ob sie durch Psychologen oder durch den Tatrichter selbst erfolgt. Das Risiko bewusster und vorsätzlicher Manipulationen durch den Gutachter, das prinzipiell bei allen Sachverständigen denkbar ist, dürfte allerdings durch den Sachverständigeneid gemäß § 79 StPO und den damit verbundenen strafrechtlichen Sanktionen der §§ 154f. StGB weitestgehend ausgeschlossen sein.

IX. Zusammenfassung

Abschließend lässt sich feststellen, dass keine der voranstehend angeführten Beeinflussungsmöglichkeiten derart tiefgreifend ist, die absolute Unzuverlässigkeit der polygraphischen Untersuchung zu begründen. Ein minimaler Unsicherheitsfaktor ergibt sich lediglich aus der Möglichkeit eines standeswidrigen und gegebenenfalls auch strafrechtlich zu sanktionierenden Trainings durch psychophysiologische Sachverständige. Ob diese, auch im Bereich anderer psychologischer Untersuchungen bestehende Gefahr[229] ausreicht, die Beweismitteltauglichkeit eines polygraphischen Gutachtens abzulehnen, erscheint fraglich. Dies gilt um so mehr für einen im Ermittlungsverfahren und daher relativ kurzfristig angesetzten Tatwissentest, der eine entsprechende Vorbereitung kaum zulassen wird. Letztlich halten auch Psychologen, deren Schwerpunkt im Bereich der rein psychologischen Aussagebeurteilung liegt und die damit nicht in den Verdacht einer interessenorientierten Argumentation geraten, „die Polygraphie für ein zuverlässiges und valides psychophysiologisches Verfahren zur objektiven Feststellung, ob jemand zu einem gegebenen Fragenkomplex wahrheitsgemäß antwortet oder nicht".[230]

---

[228] Hierzu wurden von der „Europäischen Gesellschaft für Physiologische Forensische Psychologie" einheitliche Mindestvoraussetzungen festgelegt; vgl. auch die Antwort auf Frage 20 des Fragenkataloges von Undeutsch/Klein im Anhang. Selbst Fiedler, der der Polygraphie eher skeptisch gegenüber steht, sieht in der entsprechenden Schulung qualifizierter Examinatoren keine Schwierigkeiten, siehe Antwort auf Frage 20 des BGH-Fragenkataloges im Anhang.

[229] Man denke an die Möglichkeit psychologischen Trainings vor einer aussagepsychologischen Glaubwürdigkeitsbeurteilung eines Zeugen, der psychologischen Schulung eines schuldigen Angeklagten, um bei der Vernehmung glaubwürdiger zu erscheinen (wobei hier ein psychologisch regelmäßig weniger geschulter Richter einfacher zu täuschen sein wird, als ein Psychologe), oder die sogar üblich psychologische Vorbereitung auf die Medizinisch-Psychologische-Untersuchung (MPU).

[230] Greuel/Offe/Fabian/Wetzels et al., S. 241.

6. Kapitel:

Die Zuverlässigkeitsanforderungen nach dem Maßstab der gerichtlichen Praxis

A. DER VERGLEICH MIT ANDEREN BEWEISMITTELN UND GUTACHTERLICHEN UNTERSUCHUNGSMETHODEN

Bevor dem polygraphischen Gutachten, wie in der jüngsten diesbezüglichen BGH-Entscheidung geschehen, jeglicher auch nur indizielle Beweiswert abgesprochen wird, sollte zunächst ein Vergleich mit anderen zulässigen Beweismitteln und deren Zuverlässigkeit gezogen werden. Unabhängig von der beweismittelrechtlichen Einordnung der polygraphischen Untersuchung als eigenständiges Beweismittel oder bloße Untersuchungsmethode des Sachverständigen, müssen sich die geforderten Zuverlässigkeitsvoraussetzungen an denen anderer Beweismittel bzw. anderer gerichtlich anerkannter Untersuchungsmethoden messen lassen.

I. Zuverlässigkeit des Zeugenbeweises

Dass die Zuverlässigkeitsanforderungen an Beweismittel insgesamt nicht zu hoch gestellt werden können, zeigt sich am Beispiel des Zeugenbeweises. Bei ihm handelt es sich um ein bequemes und häufig bevorzugtes Beweismittel,[1] das empirischen Studien zufolge bereits auf der Stufe polizeilicher Ermittlungen höhere Wertschätzung genießt als der Sachbeweis.[2] Dies geschieht, obwohl „es mittlerweile schon zum Gemeingut juristischen Wissens gehört, dass der Prototyp des direkten Beweises, der Zeugenbeweis, ein regelmäßig unzuverlässigerer Beweis als ein Indizienbeweis ist".[3] So werfen *Greuel/Offe/Fabian et al.* die Frage auf, ob Zeugenaussagen als Beweismittel in Gerichtsverfahren überhaupt brauchbar sind.[4] Die Konstruktivität des Gedächtnisses sowie die Verfügbarkeit über kognitive und emotionale Schemata sind für eine Orientierung in einer komplexen Umwelt ausgelegt. Erst durch die Bereitstellung eines passenden Kontextes für Verstehen, Interpretieren und Erinnern ist es möglich, auch bei einer nur fragmentarischen Sinneswahrnehmung handlungsfähig zu bleiben.[5] Damit ist jedoch das genaue Erinnerungsvermögen und folglich auch die Zeugenaussage

---

[1] Eisenberg, JZ 1984, S. 912 m.w.N.
[2] H.-H. Kühne, Strafprozeßrecht, Rdnr. 851; H.-H. Kühne, Strafprozeßlehre, Rdnr. 503.
[3] H.-H. Kühne, Strafprozeßlehre, Rdnr. 427.
[4] Greuel/Offe/Fabian/Wetzels et al., S. 44
[5] Greuel/Offe/Fabian/Wetzels et al., S. 44, m.w.N.

selbst häufig unzuverlässig und fehleranfällig.[6] *Stern* ging bei seinen Beobachtungen sogar ssoweit zu behaupten, dass die fehlerlose Aussage nicht die Regel, sondern die Ausnahme sei[7] und *Peters* geht davon aus, dass „jeder Mensch weiß, dass der Zeugenbeweis der schlechteste Beweis ist".[8]

Wenngleich diese Ansicht auch etwas übertrieben sein mag,[9] so zeigen die Ergebnisse der experimentellen Aussageforschung, dass exakte und fehlerfreie Aussagen weder bei Laborexperimenten, noch bei Wirklichkeitsversuchen zu erhalten sind.[10] Darüber hinaus lassen sich die Zeugenaussagen auch durch - bewusste oder unbewusste – Suggestion leicht beeinflussen.[11] Dies gilt um so mehr bei Aussagen von Opfern in Fällen des sexuellen Kindesmissbrauchs.[12] Daher wird der Beweiswert der Zeugenaussage heute eher skeptisch beurteilt und in Bezug auf seine Zuverlässigkeit dem Indizienbeweis gleichgestellt.[13] Dieser Tatsache hat man beispielsweise im französischen Zivilverfahren dadurch Rechnung getragen, dass Zeugenaussagen als Beweismittel ab einem bestimmten Streitwert nicht mehr zulässig sind.[14]

Dennoch stellt die Zeugenaussage im deutschen Strafverfahren das häufigste Beweismittel dar, an dessen Zulässigkeit im Sinne des § 244 Abs. 3 Satz 2 StPO niemand ernsthafte Zweifel hegt. Entsprechend müssen sich jedoch auch andere Beweismittel bzw. die im Falle des Sachverständigenbeweises zur Gutachtenerstellung herangezogenen Untersuchungsverfahren an dem selben Maßstab orientieren. Relativierend lässt sich lediglich anführen, dass die Basis der psychophysiologischen Polygraphenuntersuchung - nämlich das menschliche Erinnerungsvermögen - bereits mit den auch für Zeugenaussagen zutreffenden Mängeln behaftet ist und die bereits daraus resultierende Unzuverlässigkeit nicht durch eine weitere, sicherlich nicht absolut zuverlässige Untersuchungsmethode auch noch potenziert wird.

[6] Vgl. hierzu insbesondere die Vielzahl der bei Bender/Nack, Band 1, Rdnr. 1-161, dargestellten Wahrnehmungs-, Erinnerungs- und Wiedergabefehler bei Zeugen.
[7] Stern, ZStW 22 (1902), S. 327.
[8] Peters, ZStW 91 (1979), S. 97
[9] Vgl. Greuel/Offe/Fabian/Wetzels et al., S. 1.
[10] Liebel/v.Uslar, S. 73f.; entsprechend auch das Experiment von Trankell, Der Realitätsgehalt von Zeugenaussagen, S. 30ff.
[11] Köhnken, Zeitschr. f. exp. u. angew. Psychol. 32 (1985), S. 283.
[12] Vgl. Köhnken, MschrKrim 80 (1997), S. 290.
[13] Roxin, Strafverfahrensrecht, § 26, Rdnr. 1.
[14] Code Civil, Art. 1341.

II. Aussagepsychologische Glaubwürdigkeitsbegutachtung[15]

So überzeugend der Vergleich der Aussagekraft des polygraphischen Gutachtens gerade gegenüber dem Zeugenbeweis auch ausfällt, so geht er dennoch systematisch fehl.[16] Während es sich bei der Zeugenaussage um ein eigenständiges Beweismittel handelt, die polygraphische Untersuchung aber ein Diagnoseverfahren des Sachverständigen zur Erstellung seines Gutachtens und damit kein von der StPO grundsätzlich vorgesehenes Beweismittel darstellt,[17] bietet sich eher ein Vergleich mit anderen, insbesondere psychologischen Untersuchungsverfahren an.

1. Aussagepsychologische Glaubwürdigkeitsbegutachtung von Zeugenaussagen

Allen voran drängt sich hier der Vergleich zwischen der psychophysiologischen Aussagebeurteilung durch den Polygraphen und der aussagepsychologischen Untersuchung zur Glaubwürdigkeitsbeurteilung von Zeugenaussagen auf. Auch sie ist grundsätzlich nur mit der Einwilligung des Betroffenen zulässig;[18] handelt es sich bei ihr wie auch bei der Polygraphie um eine Untersuchungsmethode zur Ermittlung des Realitätsgehaltes und damit letztlich der Glaubwürdigkeit der jeweiligen Aussage. Folglich stellt sich auch bei der aussagepsychologischen Untersuchung das vorstehend ausführlich dargelegte Problem der grundsätzlich unzuverlässigen Zeugenaussage als deren Ausgangsbasis.

a) Verknüpfung von Bewertungskriterien und Aussagegehalt

Darüber hinaus bestehen auch hinsichtlich der Zuverlässigkeit im Sinne der Validität solcher Glaubwürdigkeitsbeurteilungen erhebliche Bedenken. In seiner jüngsten „Lügendetektor"-Entscheidung hatte der BGH das Fehlen „eindeutiger Zusammenhänge zwischen kognitiven und emotionalen Zuständen und hierfür

---

[15] Wird vereinzelt zwischen der allgemeinen Glaubwürdigkeit und der davon unabhängigen Glaubhaftigkeit der konkreten Aussage differenziert (etwa Eisenberg, Beweisrecht der StPO, Rdnr. 1869), so verwendet der Verfasser den Begriff der Glaubwürdigkeit auch in Bezug auf konkrete Aussagen (entsprechend auch Arntzen, Psychologie der Zeugenaussage, S. 15; Hengesch, ZStW 101 (1989), S. 611ff; BGHSt 3, S. 52). Damit wird der in der heutigen Aussagepsychologie weitgehend einhelligen Auffassung Rechnung getragen, dass die Motivation zu einer wahrheitsgemäßen Aussage nicht durch stabile Persönlichkeitsmerkmale sondern situative Faktoren determiniert wird. Die gleiche Person kann also in Abhängigkeit des Kontextes lügen oder die Wahrheit sagen (Köhnken, Glaubwürdigkeit, S. 82). Relevant ist jedoch letztlich ausschließlich der spezifische Wahrheitsgehalt der zu beurteilenden Aussage (vgl. Kapitel 1, Fn. 13).

[16] Vgl. 3. Kapitel, D II.

[17] Prittwitz, MDR 1982, S. 889.

[18] Schlüchter, Das Strafverfahren, Rdnr. 547; ebenso bereits Panhuysen, S. 78.

spezifischen Reaktionsmustern im vegetativen Nervensystem" kritisiert.[19] Dem auf der Grundannahme dieses Zusammenhangs basierenden polygraphischen Untersuchungsverfahren hat er damit die im Sinne des § 244 Abs. 2 StPO erforderliche Zuverlässigkeit abgesprochen.

Fordert der BGH für die polygraphische Untersuchung offenbar eine kausale Verknüpfung zwischen dem „Lügen" und einer entsprechenden physischen Reaktion, so stellt er an die aussagepsychologische Glaubwürdigkeitsbeurteilung weitaus geringere Anforderungen. Von den verschiedenen in der forensischen Praxis als Gutachter tätigen Psychologen wurde versucht, eine Systematik von Aussagemerkmalen zur Trennung von wahren und falschen Aussagen zu entwickeln.[20] Bei diesen zwischen den einzelnen Gutachtern geringfügig variierenden Kriterien haben sich die Merkmale des Detailreichtums der Aussage, Konstanz (Übereinstimmung einer Aussage in zeitlich getrennter Befragung) sowie Inkontinenz (Ungeordnetheit der Aussage) als gemeinsamer Kernbereich herauskristallisiert.[21] Mag das Vorliegen einzelner dieser Kriterien auch den Verdacht der Wahrhaftigkeit der zu beurteilenden Aussage nahelegen, so handelt es sich dennoch um beliebig festgelegte Kriterien, die nicht nur diesen einen Schluss zulassen. So stellten *Köhnken/Wegener* in einer Studie fest, dass gerade das Merkmal der Inkontinenz – entgegen der überwiegenden Annahme – bei den phantasierten Aussagen verstärkt aufgetreten ist. Auch das Kriterium der Konstanz differenzierte in dieser Untersuchung beim Vergleich zweier Aussagen über den gleichen Inhalt nicht signifikant zwischen der realen Beobachtung und der phantasierten Darstellung.[22] Diese nur bedingte Aussagekraft solcher sogenannter Realkennzeichen wurde auch in einer Studie von *Krahé/Kundrotas* festgestellt.[23] Somit wird deutlich, dass auch oder gerade bei der aussagepsychologischen Glaubwürdigkeitsbeurteilung jeglicher eindeutige oder gar zwingende Zusammenhang zwischen dem Aussageverhalten und dem Wahrheitsgehalt der betreffenden Aussage fehlt.

Dennoch lässt es der BGH hierbei ausreichen, dass einzelne „Indikatoren, mit jeweils für sich genommen nur geringer Validität, d.h. mit durchschnittlich nur wenig über dem Zufallsniveau liegender Bedeutung", für die Beurteilung herangezogen werden.[24] Aus der Gesamtheit dieser Indikatoren lassen sich aus Sicht des

[19] BGHSt 44, S. 316.
[20] Fiedler/Schmid, Praxis der Rechtspsychologie 9 (1999), S. 16.
[21] Vgl. Arntzen, Psychologie der Zeugenaussage, S. 16; Bender/Nack, Band 1, Rdnr. 231ff.; Busse/Volbert, S. 137; Fiedler/Schmid, Praxis der Rechtspsychologie 9 (1999), S. 16f.; Dettenborn/Fröhlich/Szewczyk, S. 312f.; Köhnken/Wegener, Zeitschr. f. exp. u. angew. Psychol. 29 (1982), S. 92; einen hervorragenden Gesamtüberblick gibt auch Eisenberg, Persönliche Beweismittel in der StPO, Rdnr. 928ff.
[22] Köhnken/Wegener, Zeitschr. f. exp. u. angew. Psychol. 29 (1982), S. 108.
[23] Krahé/Kundrotas, Zeitschr. f. exp. u. angew. Psychol. 39 (1992), S. 600 bzw. S. 608.
[24] BGHSt 45, S. 171.

BGH jedoch gutachterliche Schlussfolgerungen mit beträchtlich höherer Aussagekraft ableiten, die dann für die Glaubhaftigkeit der zu beurteilenden Angaben Indizwert erlangen.[25] Der Fehleranteil wird demzufolge durch das Zusammenwirken der verschiedenen Indikatoren insgesamt abgesenkt.

Entsprechend verhält es sich jedoch auch bei der polygraphischen Untersuchung. So zeichnet der Polygraph bzw. „Vielschreiber" mehrere physiologische Parameter auf, die jeweils für sich genommen nur bedingte Aussagekraft haben, in ihrer Gesamtheit jedoch gleichfalls Indizcharakter haben.

b) Nachvollziehbarkeit der Untersuchung

Wurde dem Polygraphentest der Vorwurf eines nicht standardisierten und damit nur schwer nachvollziehbaren Untersuchungsverfahrens gemacht, das folglich auch einem großen Einfluss des Untersuchers ausgesetzt ist,[26] so verhält sich dies auch bei der psychologischen Aussagebeurteilung kaum anders. In der überwiegenden Praxis der aussagepsychologischen Diagnostik findet ein auf die Sachlage und Persönlichkeit abgestimmtes, freies Explorationsgespräch statt, das für die Beurteilung von zentraler Bedeutung ist.[27] Damit handelt es sich aber gleichfalls um eine nicht standardisierte Methode, die sich weitgehend einer Überprüfung durch empirische Gütekriterien entzieht.[28] Selbst von psychologischer Seite wird eingeräumt, dass derartige Glaubwürdigkeitsgutachten oftmals nicht den Mindestanforderungen einer als wissenschaftlich zu bezeichnenden forensischen Begutachtung entsprechen.[29]

c) Leistungsfähigkeit aussagepsychologischer Untersuchungen

Auch bei den Zuverlässigkeitsanforderungen an psychologische Untersuchungsverfahren scheint der BGH mit zweierlei Maß zu messen. So attestiert der BGH der aussagepsychologischen Untersuchung eine „regelmäßig deutlich über dem Zufallsniveau" angesiedelte „Trefferquote"[30] und hält diese auch im Sinne der Zulässigkeit des § 244 Abs. 2 StPO für ausreichend. Diese Feststellung erscheint um so überraschender, als die - in der forensischen Praxis in großem Umfang angewendete - rein psychologische Aussagebegutachtung nicht annähernd so gründlich wissenschaftlich überprüft wurde wie die psychophysiologi-

[25] BGHSt 45, S. 171.
[26] BGHSt 44, S. 321f.
[27] Eisenberg, Persönliche Beweismittel in der StPO, Rdnr. 1391.
[28] Eisenberg, Persönliche Beweismittel in der StPO, Rdnr. 1392.
[29] Kury, S. 129.
[30] BGHSt 45, S. 171.

schen Methoden.[31] In den wenigen vorliegenden Studien treten jedoch zunächst die gleichen Probleme auf wie bei der Validierung der polygraphischen Untersuchungsverfahren. Stellt sich bei den Felduntersuchungen die Frage nach einem objektiven Außenkriterium,[32] so liegt bei den Analogstudien die Schwierigkeit in der Schaffung der erforderlichen Realitätsnähe.[33]

Ungeachtet dieser Probleme konnten die wenigen vorliegenden Studien auch nicht mit der Polygraphie überlegenen Ergebnissen aufwarten. Voraussetzung für die Leistungsfähigkeit einer solchen Untersuchungsmethode ist, wie auch bei der polygraphischen Untersuchung, das Vorliegen einer ausreichenden Reliabilität und Validität des Untersuchungsverfahrens.

In einer Analogstudie von *Sporer* wurde, unter Zugrundelegung von insgesamt 21 einzelnen Glaubwürdigkeits- und Realitätsüberwachungskriterien, bei zwei Untersuchern lediglich eine Inter-Rater-Reliabilität zwischen r = .12 bei dem Kriterium der Klarheit bzw. Lebendigkeit der Aussage und r = .67 bezüglich des Merkmals der Komplikationen erreicht.[34] Sind diese Werte sicherlich keine Gewähr für die Konstanz eines solchen Verfahrens, so wird dieses Ergebnis jedoch dadurch ein wenig relativiert, dass die Bewertung der Glaubwürdigkeit einer Aussage aus der Gesamtheit der Kriterien getroffen wird. Allerdings liegen in dieser Veröffentlichung über die Gesamtreliabilität keine Angaben vor. Bei einer Analoguntersuchung von *Hommers* lag die Reliabilität bei den einzelnen Kriterien zwischen r = .12 und r = .72 und damit in vergleichbarer Höhe.[35] In einer weiteren, auf ähnlichen Kriterien basierenden und mit fünf Untersuchern durchgeführten Studie wurde im Wege der Hochrechnung der Reliabilitätskoeffizienten dreier Kriterien jedoch ein theoretischer Mittelwert von r = .95 erreicht.[36] Inwiefern diese Berechnung der Reliabilität ebenso wie eine Grundlage von nur zwei Untersuchungen repräsentativ ist, um die Reliabilität eines Untersuchungsverfahrens nachzuweisen, soll an dieser Stelle dahingestellt sein. In einer Felduntersuchung von *Krahé/Kundrotas* wurden nur Spitzenwerte von r = .35 und ein Durchschnitt von r = .14 erreicht.[37] Insgesamt dürfte sich die Reliabilität aber höchstens in einem mit der polygraphischen Untersuchung vergleichbaren Rahmen bewegen.[38]

Auch die Validität rein psychologischer Aussagebeurteilungsverfahren liegt nicht höher als die der polygraphischen Untersuchung. So ergibt sich aus der Analogstudie von *Sporer* eine Validitätsrate von 63% bzw. 69% - abhängig von

---

[31] Steller, Psychophysiologische Aussagebeurteilung, S. 166 m.w.N.
[32] Köhnken/Wegener, Zeitschr. f. exp. u. angew. Psychol. 32 (1985), S. 110ff.
[33] Köhnken/Wegener, Zeitschr. f. exp. u. angew. Psychol. 29 (1982), S. 93.
[34] Sporer, S. 75.
[35] Hommers, S. 94.
[36] Köhnken/Wegener, Zeitschr. f. exp. u. angew. Psychol. 29 (1982), S. 104.
[37] Krahé/Kundrotas, Zeitschr. f. exp. u. angew. Psychol. 39 (1992), S. 613.
[38] Vgl. 5. Kapitel, B. I. 1.

den herangezogenen Beurteilungskriterien.[39] Dabei liegt der Anteil der korrekt-wahr klassifizierten Aussagen mit 64% bzw. 74% höher als die der korrekt-unwahren mit 62% bzw. 64%. In einer weiteren Analogstudie wurden, ebenfalls in Abhängigkeit der herangezogenen Kriterien, „Trefferquoten" von 63,6% bis 68,2% bei den korrekt-wahren und 73,9% bis 77,3% bei den korrekt-unwahren Klassifikationen erzielt.[40] In einer Feldstudie von *Krahé/Kundrotas* wurden ein Anteil von 74,2% korrekter Klassifikationen erreicht.[41] Daraus ergibt sich eine durchschnittliche Validitätsrate von knapp 70%, die damit deutlich unterhalb der anhand des Kontrollfragenverfahrens (81,8% korrekt-negativ bzw. 89,5% korrekt-positiv) oder des Tatwissenverfahrens (95,5%korrekt-negativ bzw. 73,3% korrekt-positiv) erzielten Validitätsrate liegt.[42]

Dennoch werden in der Rechtspraxis häufig Sachverständige mit der Begutachtung der Glaubwürdigkeit von Zeugenaussagen betraut,[43] so zweifelhaft bzw. wenig gesichert die „Trefferquoten" solcher Untersuchungen auch sein mögen.[44] Auch der BGH, der sich in seiner Entscheidung aus dem Jahr 1998[45] sehr ausführlich mit der Polygraphie und im darauffolgenden Jahr umfassend mit der aussagepsychologischen Glaubwürdigkeitsbeurteilung auseinander gesetzt hat,[46] scheint in dieser unterschiedlichen Behandlung keinen Widerspruch zu sehen. Nachdem sich die Zuverlässigkeit beider Untersuchungsverfahren in einem ähnlichen Rahmen bewegt, lässt sich dieser Widerspruch offenbar nur durch die – auch verfahrensrechtlich – unterschiedlichen Untersuchungsobjekte erklären. Während es sich bei den aussagepsychologisch untersuchten Personen um Zeugen handelt, geht es bei der Anwendung des Polygraphen regelmäßig um Beschuldigte. Beruht diese unterschiedliche Behandlung jedoch tatsächlich auf der jeweiligen verfahrensrechtlichen Stellung der untersuchten Person, so dürfte der Anwendung polygraphischer Untersuchungen zur Glaubwürdigkeitsbeurteilung von Zeugen nichts im Wege stehen.

2. Glaubwürdigkeitsbegutachtung von Beschuldigten

Einen weiteren interessanten Aspekt bietet die prinzipiell zulässige Möglichkeit der psychologischen Glaubwürdigkeitsbegutachtung von Beschuldigten und

[39] Sporer, S. 76.
[40] Hommers, S. 92.
[41] Krahé/Kundrotas, Zeitschr. f. exp. u. angew. Psychol. 39 (1992), S. 614.
[42] Siehe Tabelle 5.
[43] Busse/Volbert, S. 131.
[44] Fischer, NStZ 1994, S. 4.
[45] BGHSt 44, S. 308ff.
[46] BGHSt 45, S. 166ff.

deren Aussagen bzw. Einlassungen.[47] Ebenso wie es für den Zeugen keine Verpflichtung gibt, sich einer Glaubwürdigkeitsuntersuchung zu unterziehen,[48] kann diese, wie auch eine polygraphische Begutachtung, nur im Einvernehmen mit dem Betroffenen erfolgen.

In der gerichtlichen Praxis finden Glaubwürdigkeitsbegutachtungen hauptsächlich bei Zeugenaussagen kindlicher und jugendlicher Zeugen oder wenn Anhaltspunkte für psychische Auffälligkeiten gegeben sind statt.[49] Der Anteil erwachsener Personen innerhalb der Begutachtungsklientel liegt dabei unter 20%.[50] Begutachtungen von Beschuldigten oder Angeklagten finden in der Rechtspraxis hingegen so gut wie keine Anwendung,[51] obwohl auch der BGH davon ausgeht, dass die Hinzuziehung eines Sachverständigen nicht minder erforderlich sein kann, wenn besondere Eigentümlichkeiten des Tatgeschehens vorliegen[52] oder unaufgeklärte Widersprüche zwischen den Aussagen mehrerer Personen verbleiben.[53] Darüber hinaus fordert beispielsweise *Eisenberg* eine entsprechende Untersuchung auch dann, wenn Anhaltspunkte für ein vollständig oder auch nur teilweise falsches Geständnis vorliegen.[54]

Diese restriktive Praxis des Sachverständigeneinsatzes bei der Glaubwürdigkeitsbeurteilung lässt sich allerdings auch nicht durch die bei Beschuldigten offenbar regelmäßig fehlenden psychischen Auffälligkeiten begründen, deren Beurteilung folglich keine besonderen Schwierigkeiten aufweist und somit als „ureigene Aufgabe“[55] in den wesentlichen Bereich richterlicher Rechtsfindung fällt.[56]

Vielmehr stimmen die von Rechtsprechung und prozessrechtlicher Literatur aufgestellten Kataloge psychischer Auffälligkeiten bzw. Besonderheiten, welche eine besondere Beurteilung gebieten sollen, nicht mit den Ergebnissen der Aussageforschung überein.[57] So muss davon ausgegangen werden, dass der Wahrheitsgehalt von Aussagen geistig abnormer, kranker, jugendlicher und sexuell missbrauchter Menschen gerade nicht besonders schwierig zu ermitteln, sondern sogar das Gegenteil der Fall ist.[58] Tatsächlich sind es gerade die Aussagen geis-

[47] Schlüchter, Das Strafverfahren, Rdnr. 169.
[48] Eisenberg, Beweisrecht der StPO, Rdnr. 1867.
[49] Eisenberg, Beweisrecht der StPO, Rdnr. 1860.
[50] Greuel/Offe/Fabian/Wetzels et al., S. 279; vgl. auch Wolf/Steller, S. 121.
[51] Eisenberg, Beweisrecht der StPO, Rdnr. 1860; Greuel/Offe/Fabian/Wetzels et al., S. 257.
[52] BGHSt 7, S. 85.
[53] BGHSt 8, S. 130f.
[54] Eisenberg, Beweisrecht der StPO, Rdnr. 1860a.
[55] Fischer, NStZ 1994, S. 1.
[56] BGHSt 8, S. 130 (131).
[57] Fischer, NStZ 1994, S. 3.
[58] Bzgl. der Opfer von Sexualdelikten: Arntzen, Psychologie der Zeugenaussage, S. 5; bzgl. geistig Abnormer bzw. Kranker: Hetzer/Pfeiffer, NJW 1964, S. 442;

tig gesunder Erwachsener, die ein hohes Maß schwer erkennbarer Fehlerquellen in sich bergen.[59]

Damit trifft diese besondere Schwierigkeit bei der Glaubwürdigkeitsbeurteilung auch oder gerade auf die Einlassung bzw. Aussage beschuldigter Personen zu. Erschwert wird dies zusätzlich dadurch, dass negative Bekundungen („Ich habe nichts beobachtet", „Ich habe den Mann dort nicht gesehen") einer Aussageanalyse nicht zugänglich sind, weil sie keinen Ansatz für das Vorliegen von Glaubwürdigkeitskriterien bietet.[60] Folglich müsste das eigentliche Hauptbetätigungsfeld forensischer Aussagepsychologen in der Glaubwürdigkeitsbeurteilung von erwachsenen und aus psychologischer Sicht unauffälligen Zeugen und ebensolchen Beschuldigten liegen. Werden in der strafrechtlichen Praxis jedoch kaum erwachsene, psychologisch unauffällige Zeugen untersucht, so kommt dies noch weniger bei Beschuldigten vor, gleichsam ob sie irgendwelche vom Normalfall abweichende und ihre Glaubwürdigkeitsbeurteilung beeinträchtigende Besonderheiten aufweisen oder nicht. Unvertretbar erscheint dies insbesondere bei Verfahren wegen des Verdachts auf sexuellen Missbrauch. Ist hierbei gerade die sexuelle Motivation entscheidendes Tatbestandsmerkmal, so wird jedoch die Diagnostik des Beschuldigten systematisch ausgeklammert und eine vermeintliche sexuelle Motivation des Täters unbewiesen vorausgesetzt.[61]

Dieser weitestgehende Verzicht auf eine rechtlich durchaus zulässige Begutachtung von Beschuldigten legt den Verdacht nahe, dass die bisherige Ablehnung der polygraphischen Untersuchung von Beschuldigten weniger auf der Polygraphie und dem ihr anhaftenden Mythos der „Lügendetektion", noch der mangelnden Zuverlässigkeit, als vielmehr auf der grundsätzlichen Scheu vor einer Glaubwürdigkeitsuntersuchung des Beschuldigten basiert, in der vielleicht der von *Radbruch*[62] befürchtete „Rückfall in den Inquisitionsprozess" liegen mag.

III. Graphologie

Im Rahmen der Graphologie oder Schriftuntersuchung gilt es zwischen der gemäß § 93 StPO zulässigen Schriftvergleichung zur Feststellung der Urheberidentität und der psychodiagnostisch-graphologischen Untersuchung zu differenzieren.[63] Während die eher technische Schriftanalyse zur Abklärung der Urheberschaft außer Betracht bleiben soll, bezieht sich der nachfolgende Vergleich ausschließlich auf die psychodiagnostische Analyse.

[59] Fischer, NStZ 1994, S. 3.
[60] Arntzen, Psychologie der Zeugenaussage, S. 23.
[61] Rösner/Schade, FamRZ 1993, S. 1138.
[62] Radbruch, S. 123.
[63] Eisenberg, Beweisrecht der StPO, Rdnr. 1965f.

1. Psychodiagnostisch-graphologische Gutachten

Ein Vergleich der polygraphischen mit der psychodiagnostisch-graphologischen Untersuchung bietet sich insbesondere an, als es sich hierbei, wie auch bei der polygraphischen Untersuchung, um ein Diagnoseverfahren des Sachverständigen zur Erstellung seines Gutachtens handelt das entsprechend, als ein im Rahmen der StPO zugelassenes Beweismittel, auch den gleichen Anforderungen unterliegen sollte.[64] Mit Hilfe solcher Gutachten sollen seelische Eigenschaften und Zustände des Schreibers erforscht werden können.[65] Dennoch gibt es nur wenige Studien, die sich mit der Validität oder der Nachvollziehbarkeit solcher Untersuchungen auseinander setzen.

Hierzu gehört etwa eine 1978 von *Widacki/Horvath* veröffentlichte Untersuchung.[66] Bestehen bezüglich des großen subjektiven Spielraums des Sachverständigen und der daraus resultierenden geringen Reliabilität durchaus begründete Bedenken,[67] so wurden dabei mit dieser Methode dennoch beachtliche Ergebnisse erzielt.[68] In einer auf die Aufklärung einer fingierten Straftat ausgerichteten Studie mit 80 Probanden wurde eine Validitätsrate von 85% bei einem Anteil von 5% Fehlklassifikationen erreicht, während weitere 10% als unentscheidbar klassifiziert wurden. Damit lag die „Trefferquote“ nur minimal unter dem in der gleichen Studie mit dem Polygraphen erzielten Wert von 90%, aber deutlich über dem durch Daktyloskopie erzielten Wert von 20%, wobei hier mit 80% ein sehr hoher Anteil unentscheidbarer Fälle gegeben war.[69]

Dennoch stößt das psychodiagnostisch-graphologische Gutachten einhellig auf Bedenken hinsichtlich des Beweiswertes, der als „eingeschränkt“[70] bzw. „äußerst zweifelhaft“[71] angesehen wird. *Eisenberg* spricht ihm, selbst bei im Einzelfall zutreffenden Ergebnissen, sogar die Verwertbarkeit als Beweisanzeichen ab.[72] Trotz all dieser Bedenken ändert auch eine Mahnung zur Vorsicht bei der Beweiswürdigung nichts an der strafprozessualen Zulässigkeit von auf dieser Untersuchungsmethode basierenden Gutachten[73] und verdeutlicht die an Untersuchungsverfahren gestellten unterschiedlichen Zuverlässigkeitsanforderungen.

---

[64] Prittwitz, MDR 1982, S. 889.
[65] Jessnitzer/Ulrich, Rdnr. 304; zu den teilweise gar absurden Auswüchsen der Graphologie: Huber, S. 46f.
[66] Widacki/Horvath, Journal of Forensic Science 23 (1978), S.596ff.
[67] Ausführlich: Eisenberg, Beweisrecht der StPO, Rdnr. 1967.
[68] Widacki/Horvath, Journal of Forensic Science 23 (1978), S.596ff.
[69] Widacki/Horvath, Journal of Forensic Science 23 (1978), S.598.
[70] KK-Senge, § 93, Rdnr. 1.
[71] SK/StPO-Rogall, § 93, Rdnr. 2.
[72] Eisenberg, Beweisrecht der StPO, Rdnr. 1967.
[73] KK-Senge, § 93, Rdnr. 1.

2. Graphologen als „Lügendetektoren"

Ungeachtet aller Bedenken wird letztlich dennoch an der grundsätzlichen Zulässigkeit dieser Untersuchungsmethode festgehalten. Daran anknüpfend, jedoch mit einem anderen Ansatzpunkt, versucht beispielsweise auch *Steinke* einen Vergleich zwischen dem „Lügendetektor" und der graphologischen Untersuchung herzustellen.[74] Allerdings stellt dies weniger einen Vergleich der jeweiligen Zuverlässigkeit, sondern vielmehr eine weitere Möglichkeit der Glaubwürdigkeitsbeurteilung von Beschuldigten dar, die sicherlich auch bei Zeugen angewendet werden kann.

So könnte der Beschuldigte zunächst Vernehmungsfragen schriftlich beantworten. Solche Schriftstücke wären problemlos als Beweismittel zulässig und könnten dann von einem Graphologen im Vergleich zur Alltagshandschrift untersucht werden. So wie es Handschriftenexperten derzeit möglich ist, Rückschlüsse auf Gemütsbewegungen zu ziehen oder seelische Eigenschaften und Zustände zu erforschen,[75] wäre es auch denkbar, Rückschlüsse auf die Glaubwürdigkeit der Antworten zu ziehen. Der entsprechende Graphologe wäre dann in gerichtlich verwertbarer Weise als Sachverständiger in einer Hauptverhandlung zu vernehmen, wie dies regelmäßig in Strafprozessen der Fall ist.[76]

IV. Psychiatrische Schuldfähigkeitsgutachten gemäß §§ 20, 21 StGB

Als weiteres Argument für die Zulassung des Polygraphen als Beweismittel lässt sich auch der Vergleich mit dem psychiatrischen Gutachten zur Feststellung der Schuldfähigkeit, dessen Zuverlässigkeit und unangezweifelte verfahrensrechtliche Zulässigkeit anführen.

So berichtet *Seyffert*[77] von einer Studie, basierend auf der mehrfachen Begutachtung von Straftätern hinsichtlich deren Schuldfähigkeit.[78] Danach differierten die Ansichten der einzelnen Gutachter mit 54,3% häufiger als sie übereinstimmten. Daraus ergäbe sich ein Reliabilitätskoeffizient von $r < .5$ der sogar unter der bloßen Zufallsquote liegt. Somit erscheint eine Validierung aufgrund der fehlenden Reproduzierbarkeit eines Ergebnisses unmöglich. Darüber hinaus scheitert die Validierung psychiatrischer Gutachten über die Schuldfähigkeit auch

[74] Steinke, MDR 1987, S. 537.
[75] Jessnitzer/Ulrich, Rdnr. 304.
[76] Steinke, MDR 1987, S. 537.
[77] Seyffert, Nervenarzt 22 (1951), S. 194.
[78] Seyffert spricht hier, dem damaligen § 51 StGB entsprechend, von der Beurteilung der Zurechnungsfähigkeit. Die jeweiligen Anknüpfungspunkte der Zurechnungsfähigkeit entsprechen aber im wesentlichen der Schuldfähigkeit der heutigen §§ 20, 21 StGB.

am Fehlen objektivierbarer Außenkriterien, anhand derer die Richtigkeit einer solchen Entscheidung überhaupt erst verifiziert werden kann, wie dies beim Polygraphentest – jedenfalls deutlich besser - möglich ist.

Gegen diesen klar zu Gunsten des polygraphischen Gutachtens ausfallenden Vergleich lässt sich allerdings ins Feld führen, dass die Frage der Schuldfähigkeit ein Problem der Reaktionsfolge nach der eigentlichen Feststellung der Täterschaft ist, wohingegen die „Lügendetektion" der Täterschaftsermittlung selbst dient.[79] Bei der Feststellung der Schuldfähigkeit geht es um die Ermittlung eines biologischen bzw. pathologischen Umstandes und der daraus resultierenden fehlenden Einsichtsfähigkeit des Täters im Zeitpunkt der Tat.[80] Somit erscheint eine entsprechende dogmatische Differenzierung im ersten Augenblick gerechtfertigt.[81]

Fraglich ist, ob damit auch an die Zuverlässigkeit der jeweiligen Untersuchungsverfahren unterschiedliche Maßstäbe angelegt werden können. Geht es bei der Beurteilung der Schuldfähigkeit nicht um die eigentliche Sachverhaltsaufklärung und die Frage nach dem Tathergang, so handelt es sich dennoch um die Klärung der Schuld- und Straffrage. Hierfür sieht das Gesetz eine strenge Förmlichkeit der Beweiserhebung, das sog. Strengebeweisverfahren vor.[82] Danach dürfen Beweise nur auf die im Gesetz bestimmte Weise mit den im Gesetz vorgesehenen Beweismitteln erhoben werden.[83] Entsprechend unterliegen alle Strengebeweismittel hinsichtlich ihrer Zuverlässigkeit und der damit verbundenen Zulässigkeit dem Maßstab des § 244 Abs. 3 StPO. Genau an dieser Stelle hat jedoch der BGH die Zulässigkeit des Kontrollfragenverfahrens scheitern lassen, indem er diese Untersuchungsmethode aufgrund der nicht zweifelsfreien Richtigkeit und Zuverlässigkeit als i.S.d. § 244 Abs. 3 StPO ungeeignet erachtete.[84]

Mag der unterschiedliche Untersuchungsgegenstand eine geringfügige Differenzierung der Zuverlässigkeitsanforderungen auch rechtfertigen, so kann dies aber nicht dazu führen, der zuverlässigeren Methode jeglichen auch nur indiziellen Beweiswert abzusprechen, während die unzuverlässigere unbeanstandet gerichtsalltägliche Anwendung findet.

[79] Peters, ZStW 87 (1979), S. 668.
[80] SK/StGB-Rudolphi, § 20, Rdnr. 3
[81] So offenbar Peters, ZStW 87 (1979), S. 668, in der Kenntnis der Fehler und Widersprüche psychiatrischer Gutachten.
[82] Roxin, Strafverfahrensrecht, § 24, Rdnr. 2.
[83] Schlüchter, Das Strafverfahren, Rdnr. 475.
[84] BGHSt 44, S. 319.

V. Leistungsfähigkeit und Nachvollziehbarkeit anderer psychologischer Untersuchungsverfahren

Auch im Vergleich zu anderen psychologischen Untersuchungsverfahren ist die Leistungsfähigkeit und Nachvollziehbarkeit der polygraphischen Untersuchung kaum geringer.[85]

1. Die Leistungsfähigkeit projektiver Untersuchungsverfahren

Dies gilt insbesondere für projektive Untersuchungsverfahren zur Persönlichkeitserforschung wie etwa dem Rorschach-Test, Apperzeptionstest (TAT) nach Murray oder dem Picture-Frustration-Test nach Rosenzweig, etc.[86] Diese Tests dienen der Ermittlung der geistig-seelischen Entwicklung, ihrer Struktur und Dynamik,[87] wodurch Rückschlüsse auf das subjektive Verhalten und Verhaltensdispositionen gezogen werden können.[88]

Die Validierung solcher Tests gestaltet sich allerdings sehr schwierig. Während sich bei Feldversuchen die Frage nach den Außenkriterien und das grundsätzliche Problem der Verifizierung projektiver Testergebnisse stellt, so erscheint es auch kaum möglich, einen realitätsnahen Versuchsaufbau für eine repräsentative Analogstudie zu gestalten. Dennoch gibt es entsprechende Studien, deren Ergebnisse exemplarisch anhand dreier Testverfahren dargestellt werden sollen:

a) Rorschach-Test

Dieser Test besteht aus der Interpretation von symmetrischen Zufallsbildern, die zuvor durch schwarze und rote Tintenkleckse, die zwischen einem gefalteten Blatt Papier verstrichen werden, hergestellt wurden.[89] Mit Hilfe dieses von *Hermann Rorschach* zu Beginn des vorigen Jahrhunderts entwickelten Verfahrens, sollen Rückschlüsse auf die Persönlichkeitsstruktur und -dynamik eines Menschen gezogen werden können.[90]

Die Angaben zur Leistungsfähigkeit des Rorschach-Tests bewegen sich hinsichtlich seiner Objektivität bzw. der Interrater-Reliabilität zwischen r =.13 und

---

[85] Vgl. Eisenberg, Beweisrecht der StPO, Rdnr. 694; Volk, § 9, Rdnr. 16.
[86] Liebel/v.Uslar, S. 87.
[87] Liebel/v.Uslar, S. 86.
[88] A. Kühne, Psychologie im Rechtswesen, S. 68.
[89] Rorschach, S. 15; vgl. auch den dort dargestellten gesamten Testaufbau, die einzelnen Voraussetzungen der Tafeln und die genaue Auswertung.
[90] Brickenkamp, S. 936.

r = .98. bei einem durchschnittlichen Koeffizienten von r = .53 (Schwankungen von r = 18 bis r = 96). Für die Retest-Reliabilität werden Werte zwischen r = .26 bis r = .81 genannt.[91] Für die Validität dieses Verfahrens wurden an gleicher Stelle keine Zahlenangaben gemacht, die Ergebnisse aber als „sehr unterschiedlich" bezeichnet, was nicht unbedingt auf beste Resultate schließen lässt.[92] Insgesamt sind die bisher vorliegenden Untersuchungen zur Brauchbarkeit des Rorschach-Tests aber sehr widersprüchlich[93] und zeugen daher von keiner sonderlich hohen Zuverlässigkeit.

b) Thematischer Apperzeptionstest

Bei diesem von *H.A.Murray* entwickelten Test müssen die Probanden anhand einer Reihe vorgegebener, mehrdeutiger Bilder möglichst dramatische Geschichten konstruieren.[94] Durch die der Hauptfigur zugeordneten Rolle sollen dominante Triebe, Gefühle, Gesinnungen, Komplexe und Persönlichkeitskonflikte des Autors erkennbar sein.[95] Konkrete Angaben zu den Gütekriterien sind in der Zusammenfassung verschiedener Testauswertungen von *Brickenkamp* aber nicht zu finden. Vielmehr spricht dieser gar von einem fragwürdigen Bild der Objektivität, stark schwankender und unbefriedigender Ergebnisse bei der Retest-Reliabilität und einer statistisch nicht nachweisbaren Validität dieses Testverfahrens. Konkrete Wertangaben wurden jedoch nicht gemacht.[96]

c) Rosenzweig-P-F-Test

Bei dem sog. Picture-Frustration-Test gilt es, die Frustrationstoleranz festzustellen, die wiederum Aufschluss über die Belastbarkeit des Probanden in sozialen Konfliktsituationen geben soll.[97] Hierzu werden der Testperson verschiedene skizzenhaft dargestellte Alltagssituationen präsentiert, in denen eine Person von einer anderen durch bestimmte Äußerungen frustriert wird. Der Proband soll dann anstelle der frustrierten Person eine Antwort geben.[98]

Liegt die Objektivitätsrate bzw. Interrater-Reliabilität mit einem Koeffizienten von r = .80 bei diesem Test verhältnismäßig hoch, so macht *Brickenkamp* in sei-

[91] Brickenkamp, S. 938.
[92] Brickenkamp, S. 938.
[93] Brickenkamp, S. 936.
[94] Brickenkamp, S. 958.
[95] Brickenkamp, S. 957.
[96] Brickenkamp, S. 959.
[97] Brickenkamp, S. 951.
[98] Brickenkamp, S. 951.

ner Übersicht über die Retest-Reliabilität sowie die Validität keine konkreten Zahlenangaben. Gleichzeitig berichtet er aber auch hier von einer hohen Streubreite der Ergebnisse.[99] Entsprechende Ergebnisse wurden auch bei den anderen von *Brickenkamp* aufgeführten psychologischen Testverfahren erzielt.[100]

2. Transparenzgebot und Nachvollziehbarkeit

Insgesamt ist die Leistungsfähigkeit solcher projektiver Tests damit sehr ernüchternd, insbesondere unterliegen die Ergebnisse in den meisten Fällen sehr starken Schwankungen.[101] Diese resultieren aus der stark erfahrungsabhängigen Auswertung und Interpretation der Reaktionen des Probanden[102] und sind damit auch in hohem Maße den subjektiven Momenten seitens des Untersuchers ausgesetzt.[103]

Der große Anteil subjektiver Elemente erschwert bzw. verhindert die Korrektheit und Objektivität der Darstellung in gerichtlichen Gutachten.[104] Da jedoch das Gericht gemäß § 261 StPO verpflichtet ist, das Sachverständigengutachten eigenständig und auch für andere Prozessbeteiligte nachvollziehbar zu würdigen, besteht für den Sachverständigen seinerseits die Pflicht, Befundtatsachen sowie zugrunde gelegte Techniken und Methoden offenzulegen.[105] Die Dokumentationspflicht und das damit verbundene Transparenzgebot muss es einem anderen Sachverständigen desselben Fachgebietes ermöglichen, das Gutachten nachzuprüfen.[106] Ob ein Sachverständiger bei dem großen Anteil subjektiver Elemente diesem Anspruch gerecht werden kann, erscheint bei solchen Tests jedoch fraglich.

3. Zulässigkeit projektiver Untersuchungsverfahren

Allerdings sind auch diese als wissenschaftliche Verfahren angewandten Tests vereinzelter Kritik ausgesetzt. Diese bezieht sich einerseits auf Zweifel an der Wissenschaftlichkeit dieser Tests aufgrund der subjektiven Interpretation durch den Untersucher andererseits auf einen etwaigen verfassungsrechtlich un-

---

[99] Brickenkamp, S. 952.
[100] Vgl. Brickenkamp, S. 925ff.
[101] Eisenberg, Beweisrecht der StPO, Rdnr. 1865; Brickenkamp, S. 959;
[102] A. Kühne, Psychologie im Rechtswesen, S. 68.
[103] Eisenberg, Kriminologie, § 13, Rdnr. 46.
[104] Entsprechend Eisenberg, Beweisrecht der StPO, Rdnr. 1864.
[105] Greul/Offe/Fabian/Wetzels et al., S. 274.
[106] BGH StV 1989, S. 141.

zulässigen Eingriff in das Willens- und Erinnerungsvermögen des Probanden.[107] Das Bundesverwaltungsgericht hat diese verfassungsrechtlichen Bedenken bei der Durchführung von Charaktertests jedoch nicht geteilt.[108] Es ließ zwar ausdrücklich offen, ob verfassungsrechtliche Bedenken bei der Forderung eines charakterologischen Gutachtens zur Erteilung einer Fahrerlaubnis bestehen.[109] Anlässlich seiner Entscheidung über die Zulässigkeit eines Mikrozensus führte es jedoch aus, dass dem Staat dadurch nicht in unzulässiger Weise Einblick in einzelne Beziehungen gewährt würde.[110] Dementsprechend haben solche projektiven Persönlichkeitstests in vielen Rechtsgebieten eine weite Verbreitung.[111] Aber auch in der strafrechtlichen Praxis finden derartige Untersuchungsverfahren, insbesondere bei der Untersuchung der Frage der Rückfallwahrscheinlichkeit oder Triebhaftigkeit, häufig Verwendung.[112]

Dem Einwand, dass es sich in diesen Fällen nicht um die Klärung der Tat- und Schuldfrage und den damit verbundenen hohen Beweisanforderungen, sondern um Fragen der Strafvollstreckung handelt,[113] lässt sich an dieser Stelle genauso begegnen wie auch bei der Begutachtung der Schuldfähigkeit: Letztlich geht es für den Betroffenen in letzter Konsequenz um die Frage der Freiheit oder ihres Entzuges.

VI. Phallographische Untersuchungen

Neben den bereits erwähnten verfassungsrechtlichen Bedenken der phallographischen Untersuchung[114] lässt sich im Zusammenhang mit der Polygraphie auch ein Vergleich der jeweiligen Zuverlässigkeit solcher Untersuchungen anführen. Allerdings gibt es weder für den Nachweis der Reliabilität noch der Validität dieser Untersuchungsmethode für den Verfasser ersichtliche Studien. Da die Anwendung solcher Gutachten regelmäßig weniger der Wahrheits- bzw. Tatsachenermittlung, sondern regelmäßig der prognostischen Beurteilung von Sittlichkeitstätern dient,[115] lassen sich für eine Feldstudie ebensowenig objektive Außenkriterien finden, wie es bei einer Analoguntersuchung kaum möglich sein wird, einen realitätsnahen Versuchaufbau zu gestalten. Ebenso problematisch dürfte sich auch die Nachvollziehbarkeit der Untersuchung gestalten, was gleich-

---

[107] Eisenberg, Beweisrecht der StPO, Rdnr. 1865.
[108] BVerwG NJW 1964, S. 608.
[109] BVerfGE 20, S. 373f.
[110] BVerfGE 27, S. 8.
[111] OLG München NJW 1979, S. 604, m.w.N.
[112] Hengesch, Über die Zusammenhänge von Fremd- und Selbstbeurteilung bei der Stellung der Prognose zur Rückfälligkeit, S. 146.
[113] So etwa Volk, § 9, Rdnr. 16.
[114] Vgl. 3. Kapitel, A. II. 5.
[115] H.-H. Kühne, Strafprozeßlehre, Rdnr. 537.

falls auch dem Polygraphentest angelastet wurde. Darüber hinaus bestehen auch erhebliche Bedenken hinsichtlich der Manipulationsmöglichkeiten der Untersuchungsperson, z.B. durch das Schließen der Augen während der Filmdarbietung oder der vorbeugenden Onanie zur Herabsenkung der sexuellen Reaktionsbereitschaft.[116] Im Übrigen geht *Steller* davon aus, dass die Messung des sexuellen Stimulus sogar präziser über den auch bei der Polygraphie herangezogenen Parameter der Hautleitfähigkeit erfolgen kann, da diese auf sexuelle Reize wesentlich empfindlicher reagiert.[117]

Dennoch hatten lange Zeit keine so erhebliche Zweifel an der Zuverlässigkeit des Verfahrens bestanden, um dem Ergebnis nicht wenigstens indizielle Bedeutung beizumessen. Insbesondere gab es bisher kein Gericht, das die phallographische Untersuchung aus diesem Grund für unzulässig erachtet hätte. So wollte das OLG Düsseldorf[118] seine Entscheidung nur nicht allein auf das Untersuchungsergebnis stützen, während das LG Hannover die Methode sogar als wertvoll bezeichnete.[119]

Allerdings lässt sich auch hier für den unterschiedlichen Maßstab anführen, dass die Phallographie im Rahmen der Entscheidung über Freiheitsentzug bzw. Unterbringung in einer Anstalt (§§ 63-65 StPO) oder Sicherungsverwahrung (§ 66 StPO) und damit erst im Stadium der Strafvollstreckung Anwendung findet,[120] die polygraphische Untersuchung jedoch zur Klärung der Tat- und Schuldfrage beitragen soll. Gelten für letzteres damit die hohen Anforderungen des Strengebeweisverfahrens, so darf jedoch nicht vergessen werden, dass das Ergebnis in beiden Fällen über die Freiheit des Betroffenen entscheidet und eine gewisse Zuverlässigkeit gewährleistet sein sollte.

Besteht nunmehr die einhellige Auffassung der auf verfassungsrechtlichen Gründen bzw. deren strafprozessualen Ausprägung beruhenden Unzulässigkeit der phallographischen Untersuchung,[121] so geht die einschlägige Literatur mittlerweile auch von erheblichen Bedenken bezüglich der Zuverlässigkeit dieser Methode aus[122] oder erachtet sie aus diesem Grund sogar als unzulässig.[123] Dennoch zeigt sich jedenfalls in seiner jahrelangen Verwendungspraxis, dass die

[116] Eisenberg, Beweisrecht der StPO, Rdnr. 703.
[117] Steller in einem Gespräch mit dem Verfasser am 25.6.2001 in Berlin; vgl. auch Binder, NJW 1972, S. 322.
[118] OLG Düsseldorf NJW 1973, S. 2255.
[119] LG Hannover NJW 1977, S. 1110.
[120] H.-H. Kühne, Strafprozeßlehre, Rdnr. 537.
[121] Eisenberg, Beweisrecht der StPO, Rdnr. 703.
[122] Eisenberg, Beweisrecht der StPO, Rdnr. 703; AK-Gundlach, § 136a, Rdnr. 61.
[123] H.-H. Kühne, Strafprozeßlehre, Rdnr. 537.

gerichtlichen Zuverlässigkeitsanforderungen an psychologische Untersuchungsmethoden sehr stark differieren können.

B. RICHTERLICHE GLAUBWÜRDIGKEITSBEURTEILUNG

I. Glaubwürdigkeitsbeurteilung als Teil der freien Beweiswürdigung

Ungeachtet der Zuverlässigkeit aller voranstehend aufgeführten Untersuchungsmethoden und der darauf basierenden gerichtlichen Gutachten, obliegt es letztlich dem Gericht, diese zu gewichten und damit auch ihren jeweiligen Beweiswert im Rahmen seiner Beweiswürdigungskompetenz aus § 261 StPO festzulegen. Damit hängt es letztlich vom Vertrauen des Richters in die Zuverlässigkeit bzw. Richtigkeit des Gutachtens ab, ob er dessen Inhalt als erwiesen ansieht, ihn als Indiz wertet oder als falsch bzw. nicht erwiesen erachtet. Mag dieser Spielraum mit steigender Zuverlässigkeit des Gutachtens auch abnehmen, so bleibt er dem Gericht dennoch erhalten.

Einen noch größeren Spielraum hat das Gericht bei der Beurteilung der Glaubwürdigkeit von Aussagen – handelt es sich nun um die von Zeugen oder auch beschuldigten Personen. Stellt die Zeugenaussage ein Beweismittel dar, bezüglich dessen Verwendung das Gericht gemäß § 244 Abs. 2 StPO verpflichtet ist, so erwächst dem Gericht nach § 261 StPO die Pflicht, dieses entsprechend zu würdigen.[124] Die richterliche Beweiswürdigung ist dabei Grundlage der Bildung einer richterlichen Überzeugung,[125] die ihrerseits die persönliche und subjektive Gewissheit des Richters von der objektiven Wahrheit der entscheidungserheblichen Tatsachen darstellt.[126] Zur Erlangung dieser Gewissheit ist es für den Richter unabdingbar, auch die Glaubwürdigkeit der Zeugenaussagen zu beurteilen, auf denen die Sachverhaltsfeststellung basiert.[127] Damit macht gerade die Glaubwürdigkeitsbeurteilung von Zeugenaussagen einen wesentlichen Teil der dem Tatrichter obliegenden Aufgabe aus[128] und wird auch gerne als seine ureigene Aufgabe beschrieben.[129]

Ebenso muss auch die Aussage des Angeklagten im Falle ihrer Erheblichkeit, von der regelmäßig auszugehen sein wird, im Urteil grundsätzlich mitgeteilt und

[124] Kleinknecht/Meyer-Goßner, § 261, Rdnr. 6.
[125] Eisenberg, Beweisrecht der StPO, Rdnr. 88.
[126] Eisenberg, Beweisrecht der StPO, Rdnr. 89; Schroeder, Rdnr. 279.
[127] SK/StPO-Schlüchter, § 261, Rdnr. 64c.
[128] Vgl. BGHSt 3, S. 52f.
[129] Z.B. Fischer, NStZ 1994, S. 1.

gewürdigt werden.[130] Auch dies beinhaltet zwangsläufig die Auseinandersetzung mit ihrer Glaubwürdigkeit. Die erforderliche Sachkunde des Richters auf dem Gebiet der Aussagepsychologie wird hierbei jedoch, von wenigen Ausnahmen abgesehen, vorausgesetzt.[131]

II. Die psychologische Ausbildung von Richtern

Um so mehr verwundert jedoch, dass dieser ureigenen Aufgabe des Tatrichters innerhalb der juristischen Ausbildung so wenig bzw. keine Bedeutung beigemessen wird. Hat der BGH die Feststellung der Notwendigkeit und wesentlichen Abhängigkeit der Befähigung zum Richteramt von einem Maß an Menschenkenntnis und von der Fähigkeit, „Aussagen auf ihren Wahrheitsgehalt zu beurteilen"[132] schon in den fünfziger Jahren des vergangenen Jahrhunderts gemacht, so steht dies auch heute noch im Widerspruch zur juristischen Ausbildung, deren Abschluss nach Bestehen des Zweiten Juristischen Staatsexamens ausdrücklich die Befähigung zum Richteramt gibt.[133] Dabei sieht der Studienplan keinerlei psychologische Ausbildung vor und auch die Referendarausbildung geht über eine maximal eintägige Schulung zur Glaubwürdigkeitsbeurteilung von Zeugenaussagen nicht hinaus.[134] Vorgeschriebener Lehrstoff ist dies ebensowenig wie Prüfungsstoff innerhalb der Examina.[135] Damit hängt die diesbezügliche Kompetenz der Gerichte von dem jeweiligen freiwilligen Engagement der Richter bei Fortbildungsveranstaltungen und in Fachseminaren ab. Werden diese auch gut besucht und eignen sich viele Richter derartige Fachkenntnis im „do-it-yourself"-Verfahren an, so bleibt dennoch die Frage bestehen, ob dies ausreicht, um die notwendige Sachkunde zu vermitteln, die das Richteramt erfordert;[136] hängt doch häufig eine Verurteilung ausschließlich von der Glaubwürdigkeit des Beschuldigten und der Be- und Entlastungszeugen ab. Das einzige Anzeichen einer etwas selbstkritischeren Betrachtung bzw. der Erkenntnis gewisser Schwächen im Bereich der psychologischen Aussagebeurteilung ist die Tatsache, dass diese ureigene Aufgabe gleichwohl immer wieder wegen fehlender Sachkunde der Gerichte an Psychologen delegiert werden muss.[137]

---

[130] BGH NStZ 1992, S. 49.
[131] BGHSt 8, S. 131; Peters, Strafprozeß, S. 375; Kleinknecht/Meyer-Goßner, § 261, Rdnr. 4.
[132] BGHSt 3, S. 53.
[133] Vgl. § 1 Abs. 3 Juristenausbildungs- und Prüfungsordnung (BW); § 1 JuristenausbildungsG (NRW); § 41 Abs. 1 JuristenausbildungsG (Hessen).
[134] Vgl. hierzu auch die Ausführungen von Arbab-Zadeh, NJW 1970, S. 1215.
[135] So jedenfalls die Juristenausbildungsvorschriften von BW, Hessen, NRW.
[136] Arbab-Zadeh, NJW 1970, S. 1215.
[137] Vgl. hierzu auch Fischer, NStZ 1994, S. 5

III. Voraussetzungen für die Heranziehung psychologischer Sachverständiger

1. Derzeitige gerichtliche Praxis

Trotz aller vorgenannten Schwierigkeiten werden dem Strafrichter in den häufigsten Fällen ausreichende psychologische Fähigkeiten zugestanden, um die Glaubwürdigkeit von Aussagen beurteilen zu können. Dies gilt insbesondere für Aussagen von Beschuldigten und Einlassungen von Angeklagten, die, wie bereits ausgeführt, in aller Regel nicht von Psychologen begutachtet, sondern ausschließlich gerichtlich gewürdigt werden.[138] Aber auch die Glaubwürdigkeitsbeurteilung von Zeugenaussagen obliegt im Regelfall dem Richter. Lediglich bei der Begutachtung kindlicher und jugendlicher Zeugen, insbesondere in Fällen des Verdachts des sexuellen Missbrauchs oder wenn Anhaltspunkte für psychische Auffälligkeiten gegeben sind, werden Sachverständige damit betraut.[139] Auch bei Kindern und Jugendlichen müssen jedoch weitere Umstände hinzukommen, um eine Glaubwürdigkeitsbegutachtung erforderlich zu machen. So muss es in einem besonderen Maße auf diese Aussage ankommen, wie dies der Fall ist, wenn sie das einzige Beweismittel darstellt oder weder Anhaltspunkte für ihre Richtigkeit noch für die Unrichtigkeit vorliegen.[140] Ein Gutachten wird ebenfalls geboten sein, wenn es sich um die Bezeugung eines affektiven Erlebnisses, wie beispielsweise sexualbezogenen Vorgängen handelt, die Aussagen von Jugendlichen durch gruppendynamische Prozesse suggestiv beeinflusst wurden oder es die Aufklärung lange zurückliegender Taten betrifft.[141] Vereinzelt sieht die höchstrichterliche Rechtsprechung aber auch bei erwachsenen Zeugen die Notwendigkeit der Glaubwürdigkeitsbegutachtung. Denkbar wären hier z.B. sexualbezogenen Sachverhalte, intellektuelle Defiziten oder andere Gründe einer hohen Anfälligkeit für suggestive Einflüsse.[142] Innerhalb der Rechtsprechung und Kommentarliteratur wurden diesbezüglich entsprechende Kataloge herausgearbeitet.[143]

2. Gebotene Handhabung

Die Vielzahl der aufgeführten Fälle vermag jedoch über die sehr zurückhaltende Praxis bei der Beantragung psychologischer Glaubwürdigkeitsbeurteilungen hinwegzutäuschen. Denn gerade die psychologische Glaubwürdigkeitsbeurteilung von Beschuldigten stellt immer noch eine seltene

[138] Vgl. Wüst. S. 28; entsprechend auch Fabian/Greuel/Stadler, StV 1996, S. 347.
[139] Eisenberg, Beweisrecht der StPO, Rdnr. 1860.
[140] Schlothauer, S. 143f.
[141] Schlothauer, S. 144 m.w.N.
[142] Schlothauer, S. 144.
[143] Vgl. SK/StPO-Schlüchter, § 244, Rdnr. 47; vgl. hierzu etwa auch Dippel, S. 29.

teilung von Beschuldigten stellt immer noch eine seltene Ausnahme dar.[144] Auch die bereits angeführten, sich aus der Knappheit der Einlassungen von Angeklagten ergebenden Schwierigkeiten ihrer Verifizierung[145] ließen die Rechtspraxis nicht von ihrem restriktiven Maßstab hinsichtlich der Notwendigkeit der Hinzuziehung psychologischer Sachverständiger abkommen.

Die im Rahmen des Plädoyers für die psychologische Aussagebeurteilung von Beschuldigten dargestellten psychologischen Erkenntnisse über die Schwierigkeiten der Glaubwürdigkeitsbeurteilung bei „normalen" erwachsenen Personen haben gleichfalls kaum Beachtung gefunden, geschweige denn ihre Umsetzung erfahren.[146] Ist dies schon bei Beschuldigten kaum nachvollziehbar, so verwundert es um so mehr bei der Glaubwürdigkeitsbeurteilung von Zeugenaussagen, der die gerichtliche Praxis nicht ganz so ablehnend gegenüber steht. Da es sich bei dem Großteil der Zeugen um „normale" Erwachsene handelt, treten diese Schwierigkeiten gerade bei der Beurteilung ihrer Glaubwürdigkeit auf.[147]

Damit wird deutlich, dass sich die ablehnende Haltung der Gerichte gegenüber der psychologischen Glaubwürdigkeitsbeurteilung nicht nur auf den Bereich von Beschuldigten und deren Aussagen, sondern auch auf die der Zeugen bezieht. Lassen sich schon allein aus praktischen bzw. zeitlichen Gründen nicht alle „normalen" Zeugen und deren Aussagen auf ihre Glaubwürdigkeit überprüfen, so besteht hierfür sicherlich auch keine Notwendigkeit. Dennoch sollten die Kriterien, wonach eine Glaubwürdigkeitsbegutachtung indiziert ist, regelmäßig auch unter psychologischen Gesichtspunkten überarbeitet werden. Gebietet dies doch bereits das Aufklärungsgebot des § 244 Abs. 2 StPO, welches das Gericht verpflichtet, die der Wahrheitserforschung dienenden Beweismittel in Anspruch zu nehmen. Dies gilt selbstverständlich auch für den psychologischen Sachverständigen und seine Glaubwürdigkeitsbeurteilung. Allerdings darf dies schon allein aus prozessökonomischen Gründen nicht dazu führen, die Glaubwürdigkeit jedes Zeugen oder Beschuldigten, der sein diesbezügliches Einverständnis gibt, durch einen Psychologen begutachten zu lassen. Denn bereits jetzt sind die häufigen Verzögerungen bei der Gutachtenerstattung eine der Hauptursachen für die oft beklagte lange Dauer von Gerichtsverfahren.[148]

---

[144] Fabian/Greuel/Stadler, StV 1996, S. 347.
[145] Vgl. ebenfalls 6. Kapitel, A. II. 2.
[146] Vgl. 6. Kapitel, A. II. 2.
[147] Fischer, NStZ 1994, S. 3.
[148] Jessnitzer/Frieling, Rdnr. 245.

3. Richterliche Scheu vor psychologischen Glaubwürdigkeitsbeurteilungen

Ein wesentlicher Grund für die richterliche Zurückhaltung beim Einsatz psychologischer Glaubwürdigkeitsbeurteilungen scheint vielleicht auch die Furcht der Richter zu sein, sämtliche psychologische Kompetenz abgesprochen zu bekommen – sind sie doch von sachverständiger Seite betrachtet lediglich gelehrte Laien.[149] Damit gemeinsam geht auch die Befürchtung einher, dass durch die Glaubwürdigkeitsbegutachtung gleichzeitig die Beweiswürdigung durch Sachverständige oder gar eine „Maschine" erfolgen würde,[150] die gemäß § 261 StPO jedoch Privileg des Gerichts ist. Hierbei wird allerdings verkannt, dass es sich bei dem Glaubhaftigkeitsgutachten, beruht es nun auf einem aussagepsychologischen oder einem polygraphischen Untersuchungsverfahren, lediglich um ein Beweismittel unter vielen handelt.[151] Tatsächlich werden dem Gericht jedoch nur einzelfallbezogene wissenschaftliche Erkenntnisse vermittelt sowie auf Befundtatsachen gestützte wissenschaftliche Schlussfolgerungen zur Verfügung gestellt. Diese gilt es dann durch den Richter zu würdigen und als weiteren Anhaltspunkt seiner Überzeugungsbildung heranzuziehen.[152]

4. Die Stellung des Sachverständigen im Strafprozess

Dieses Missverständnis über die Funktion des Sachverständigen beruht auf dem schon lange währenden Streit um die verfahrensrechtliche Stellung des Sachverständigen im Allgemeinen und des die Glaubwürdigkeit beurteilenden Psychologen im Besonderen.[153] Waren in den ersten Jahrhunderten n. Chr. Sachverständige und Richter personenidentisch: Es waren ohnehin Priester, die fast sämtliche damaligen Wissenschaften beherrschten.[154] Dies wäre auch heute noch die Ideallösung – müsste sie nicht als utopisch angesehen werden.[155] Später wurde der Sachverständige als iudex facti, als gelehrter Zeuge und sein Gutachten auch als Teil des richterlichen Ausspruches bezeichnet.[156] Mittlerweile wird der Sachverständige wie auch der Zeuge als persönliches Beweismittel betrachtet,[157] das – wie jedes andere auch – der richterlichen Beweiswürdigung un-

---

[149] Arbab-Zadeh, NJW 1970, S. 1215; Blau, ZStW 78 (1966), S. 161.
[150] Vgl. etwa Scherer, StraFo 1998, S. 17.
[151] Greuel/Offe/Fabian/Wetzels et al., S. 280; Steller, Psychophysiologische Aussagebeurteilung, S, 157.
[152] Greuel/Offe/Fabian/Wetzels et al., S. 280.
[153] Vgl. hierzu die Darstellung der Rechtsprechung des RG und des BGH bei Panhuysen, S. 39ff; entsprechend die sich mit diesem Thema befassende Dissertation von Wüst.
[154] Arbab-Zadeh, NJW 1970, S. 1214.
[155] Leferenz, Kriminalbiologische Gegenwartsfragen 5 (1962), S. 3.
[156] Arbab-Zadeh, NJW 1970, S. 1217.
[157] HK-Lemke, Vor § 72, Rdnr. 1.

terliegt.[158] Ob man ihn darüber hinaus als Gehilfen bzw. Helfer des Richters[159] oder als seinen Berater[160] bezeichnet, ist jedoch umstritten, ändert aber letztlich nichts an seiner prozessualen Stellung.[161] Trägt die Bezeichnung als Berater der Neutralität und Unabhängigkeit seiner Aufgabe, gegebenenfalls auch der Empfindlichkeit von Sachverständigen Rechnung,[162] so verdeutlicht der Begriff des Gehilfen oder Helfers, dass die Entscheidungskompetenz und Verantwortung für die rechtliche Entscheidung allein und ausschließlich beim Richter liegen.[163]

Damit werden dem Richter mit der Beauftragung eines psychologischen Sachverständigen zur Begutachtung der Glaubwürdigkeit einer Aussage keinesfalls sämtliche eigenen diesbezüglichen Kompetenzen entzogen oder abgesprochen. Vielmehr ist eine grundlegende Sachkunde des Richters weiterhin erforderlich; liegt doch die Aufgabe des Sachverständigen darin, dem Gericht Fachkenntnisse und Maßstäbe zu vermitteln und diese auf das vom Gericht bestimmte Beweisthema anzuwenden.[164] Denn erst durch die Grundkenntnisse und das vermittelte fallspezifische Wissen ist es dem Richter möglich, in einen entsprechenden Dialog mit dem Sachverständigen zu treten, der es ihm ermöglicht, die für ein Urteil erforderliche Überzeugung zu gewinnen.[165]

IV. Die Zuverlässigkeit richterlicher Glaubwürdigkeitsbeurteilungen

Der Anteil der psychologischen Glaubwürdigkeitsbegutachtungen von Zeugen und Beschuldigten durch einen Sachverständigen ist im Gerichtsalltag verschwindend gering. Bei der deutlichen Mehrzahl der zu würdigenden Aussagen wird diese Aufgabe weiterhin von den Tatrichtern wahrgenommen. Unabhängig des in einem größeren Umfang kaum möglichen verstärkten Einsatzes psychologischer Gutachter stellt sich jedoch auch hier die Frage nach der Zuverlässigkeit der richterlichen Begutachtung im Vergleich zu anderen, insbesondere der psychophysiologischen Glaubwürdigkeitsbeurteilung mit Hilfe des Polygraphen.

Es gibt auch auf juristischer Seite Versuche, sich mit der aussagepsychologischen Glaubwürdigkeitsbeurteilung auseinander zu setzen und diese in der Praxis anzuwenden. Einen solchen, sicherlich auch gelungenen Versuch stellt bei-

[158] Kleinknecht/Meyer-Goßner, Vor § 72, Rdnr. 8
[159] BGHSt 9, S. 292 (293); BGH NJW 1959, S. 828; Jessnitzer/Ulrich, Rdnr. 2; Roxin, § 27, Rdnr. 2.
[160] Arbab-Zadeh, NJW 1970, S. 1217; Cabanis, Forensia 1979/80, S. 2; NJW 1978, S. 2330.
[161] Vgl. hierzu auch Dippel, S. 19ff.
[162] Entsprechend Dippel, S. 22.
[163] Dippel, S. 23.
[164] Steller, Psychophysiologische Aussagebeurteilung, S. 157.
[165] Arbab-Zadeh, NJW 1970, S. 1215.

spielsweise das von *Bender/Nack* zur „Tatsachenfeststellung vor Gericht" aus gesammelten Praxiserfahrungen entstandene und für die gerichtliche Praxis verfasste Werk dar. Allerdings lässt sich auch unter Zuhilfenahme solcher Literatur – sofern sie von dem Großteil der Richter überhaupt zu Rate gezogen wird – die psychologische Kompetenz eines Juristen kaum soweit steigern, dass sie der eines Psychologen gleichkäme und an den die gleichen Anforderungen gestellt werden können wie an einen entsprechenden Sachverständigen.[166]

Vielmehr ist davon auszugehen, dass die Gerichte die Glaubwürdigkeit überwiegend intuitiv beurteilen und die entsprechenden Begründungen, unter wissenschaftlichem Aspekt, überwiegend wertlos sind.[167] Dies bedeutet – der Auffassung *Fischers* folgend – keineswegs, dass die „Trefferquote" hierbei, trotz intuitiver Glaubwürdigkeitsbeurteilung, wesentlich niedriger sein muss, als bei wissenschaftlicher Begutachtung.[168] Offen bleibt an dieser Stelle jedoch, was unter der Formulierung „keineswegs wesentlich niedriger" zu verstehen ist; gibt es doch kaum Untersuchungen in Bezug auf die Zuverlässigkeit richterlicher Glaubwürdigkeitsbeurteilungen. Vereinzelt wird sogar davon ausgegangen, dass die subjektive richterliche Überzeugungsbildung das Niveau der Zufallswahrscheinlichkeit von 50% häufig kaum übersteigt.[169] So vermag auch *Wüst*[170] im Rahmen seiner Gegenüberstellung von richterlicher Sachkunde und wissenschaftlichem Beweiswert psychologischer Untersuchungen hinsichtlich der Überlegenheit der Richter nicht zu überzeugen. Ginge man allerdings davon aus, dass die Zuverlässigkeit richterlicher Beurteilungen nicht geringer ist als die psychologischer Sachverständiger, würde man die gesamte Aussagepsychologie Lügen strafen und hinsichtlich der in manchen Gerichtsverfahren dennoch erfolgenden Hinzuziehung psychologischer Sachverständiger in große Erklärungsnot geraten.

C. DIE POLYGRAPHISCHE UNTERSUCHUNG IM ABSCHLIESSENDEN VERGLEICH

Die abschließende Betrachtung der vor Gericht zulässigen Untersuchungsmethoden fällt damit sehr ernüchternd aus. Ist doch eine Vielzahl dieser Verfahren einer Validierung nur schwer zugänglich und somit hinsichtlich ihrer Leistungsfähigkeit kaum überprüfbar, so sind auch die anderen Methoden weit davon entfernt, absolut zuverlässige und richtige Ergebnisse zu liefern. Ebenso fehlt es

166 Bender/Nack, Band 2, S. 228f.
167 Fischer, NStZ 1994, S. 5; entsprechend Eisenberg, Persönliche Beweismittel in der StPO, Rdnr. 966.
168 Fischer, NStZ 1994, S. 5.
169 Scherer, StraFo 1998, S. 17.
170 Wüst, S. 128ff.

bei sämtlichen angeführten Untersuchungsmethoden auch an dem vom BGH für die polygraphische Untersuchung geforderten zwingenden Zusammenhang zwischen Untersuchungskriterium und dem daraus abgeleiteten Ergebnis. Auch kann vereinzelt nicht der Verdacht abgewendet werden, dass es sich um intuitive Entscheidungen handelt, die dann auch nicht anhand festgelegter Kriterien nachvollzogen werden können.

So verhält es sich auch bei der Glaubwürdigkeitsbeurteilung von Zeugen oder Beschuldigten durch den Richter. Ist deren „Trefferquote" nur geringfügig niedriger, als die geschulter psychologischer Gutachter, so drängt sich dennoch zwangsläufig die Frage auf, ob sie für diese, ihnen „ureigene Aufgabe" überhaupt ausreichend geschult sind und die von höchstrichterlicher Seite gestellten Anforderungen an psychologische Untersuchungsmethoden von ihnen auch nur ansatzweise erfüllt werden können.

In diesem Kontext ist auch die polygraphische Untersuchung zu sehen. Auch sie stellt keine absolut zuverlässige Untersuchungsmethode dar, fehlt es ihr gleichfalls an dem zwingenden Zusammenhang zwischen dem „Lügen" als Ursache für eine spezifische physiologische Reaktion.[171] Insbesondere das Kontrollfragenverfahren unterliegt darüber hinaus gewissen subjektiven Einflussfaktoren seitens des Untersuchers. In ihrere gesamten Zuverlässigkeit der damit erzielten Testergebnisse steht die polygraphische Untersuchung anderen Untersuchungsmethoden, wie auch der richterlichen Glaubwürdigkeitsbeurteilung, jedoch in nichts nach.[172] Letztlich stellt die Polygraphie vielmehr den Versuch dar, die zwangsläufig stark subjektiv geprägte Glaubwürdigkeitsbeurteilung auf eine objektivere und damit auch nachvollziehbarere Basis zu bringen.

Darüber hinaus ist durch den Einsatz der polygraphischen Untersuchung auch keinesfalls das richterliche Privileg der Beweiswürdigung gefährdet und der Richter auch nicht an das Ergebnis des Polygraphentests gebunden. So wäre beispielsweise auch eine Untersuchungsmethode mit einer theoretischen Trefferwahrscheinlichkeit von 99,99% als alleinige Grundlage für den forensischen Sachverhaltsnachweis unbrauchbar, da es sich in dem zu beurteilenden Einzelfall gerade um die unwahrscheinlichen 0,01% handeln kann. Entsprechend kann der Richter auch in einem solchen Fall nicht verpflichtet werden, jeden Fall den wahrscheinlicheren 99,9% zuzuordnen, sondern kann auch die gegenteilige Auffassung vertreten.[173] So verhält es sich beispielsweise auch bei der DNA-Analyse, die lediglich eine statistische Aussage enthält und trotz der hohen Trefferwahrscheinlichkeit von 99,986% eine Würdigung dieser, wie auch aller anderen Be-

[171] BGHSt 44, S. 320.
[172] SK/StPO-Rogall, § 136a, Rdnr. 73.
[173] Vgl. Käßer, S. 47; entsprechend auch Hetzer, S. 236.

weisumstände erforderlich macht.[174] Das Gleiche gilt auch bzw. erst recht für den weniger sicheren Polygraphentest. Gerade weil hier die wissenschaftlichen Kriterien nicht zwingend und eindeutig zu beurteilen sind, soll hier eine Diskussion zwischen Richter und Sachverständigem stattfinden, an deren Ende eine durchaus von dem Allgemeinverständnis des Richters und nicht des Sachverständigen geprägte Entscheidung stehen kann.[175] Damit sollte aber auch die offenbar mit dem Mythos „Lügendetektor" verbundene Befürchtung der Richter vor einer zwingenden Bindung an ein rein maschinell erstelltes Testergebnis oder gar Urteil endgültig ausgeräumt sein.

Die Unabhängigkeit des Richters lässt sich auch anhand der Beurteilung der Glaubwürdigkeit von Zeugen verdeutlichen. Sie bleibt auch im Falle der Hinzuziehung eines Sachverständigen die „ureigenste Aufgabe" des Gerichts und obliegt weiterhin ausschließlich seiner Gesamtwürdigung.[176] Stellt die polygraphische Untersuchung doch auch nur die sachverständige Glaubwürdigkeitsbegutachtung des Beschuldigten dar, so kann für sie nichts anderes gelten.

Damit bleibt zwar eine gewisse Fehlbarkeit, insbesondere im Bereich der richterlichen Beweiswürdigung als „letzte Entscheidungsinstanz", die sich jedoch - auch durch ein Verbot der polygraphischen Untersuchung - nicht verhindern lassen wird. Letztendlich kommt es in der Rechtspraxis erfahrungsgemäß nur selten auf einen einzigen, insbesondere Sachverständigenbeweis an.[177] Was jedoch die Untersuchungsverfahren der Sachverständigen und die darauf basierenden Gutachten, auf die sich wiederum die richterliche Beweiswürdigung bezieht, anbetrifft, so sollte hierfür ein einheitlicher Maßstab gelten. Lässt man wirklich nur aufgrund nachgewiesener wissenschaftlicher Erkenntnisse und nur im Sinne einer Kausalität eindeutig interpretierbare Untersuchungsmethoden zu, so wäre die polygraphische Untersuchung gemeinsam mit eigentlich allen psychologischen Untersuchungsverfahren unzulässig. Legt man diesen hohen Maßstab jedoch nicht an, so kann die Polygraphie, insbesondere das Tatwissenverfahren, keine unzulässige Untersuchungsmethode zur Beurteilung der Glaubwürdigkeit von Aussagen sein.

[174] BGHSt 38, S. 320ff.
[175] H.-H. Kühne, Strafprozeßrecht, Rdnr. 874.
[176] Burhoff, Handbuch für die strafrechtliche Hauptverhandlung, Rdnr. 528a.
[177] Schmitt, S. 471.

7. Kapitel:

Zukünftige Einsatzmöglichkeiten des Polygraphen in der strafrechtlichen Praxis

Die polygraphische Untersuchung ist durch das jüngste „Lügendetektor"-Urteil des BGH endgültig von dem Stigma des verfassungsrechtlichen Verstoßes oder einer unzulässigen Vernehmungsmethode befreit. Mit der damit gewonnenen Zulänglichkeit der Untersuchungsmethode wird nunmehr eine Diskussion über ihren zukünftigen Einsatz in der strafrechtlichen Praxis möglich. Zwar ist die Zuverlässigkeit dieses Untersuchungsverfahrens nicht absolut, doch ist das Ergebnis im Kontext der anderen in Gerichtsverfahren zugelassenen psychologischen Untersuchungsmethoden, insbesondere der zur Glaubwürdigkeitsbeurteilung herangezogenen, zu sehen.

In den vorangegangenen Kapiteln wurde deutlich, dass die polygraphische Untersuchung, sei es unter Verwendung des Tatwissen- oder auch des Kontrollfragenverfahrens, anderen aussagepsychologischen Untersuchungsmethoden zumindest nicht unterlegen ist. Daher erscheint es im Ergebnis wenig sinnvoll, der strafrechtlichen Praxis ein solches, letztlich der Wahrheitsfindung dienendes Untersuchungsverfahren weiter vorzuenthalten. Jedenfalls zum jetzigen Zeitpunkt gibt es auch keine zuverlässigere Methode der Glaubwürdigkeitsuntersuchung.

A. EINSATZMÖGLICHKEITEN DES TATWISSENTESTS

Die Zurückstellung ethischer und grundrechtlicher Bedenken bezüglich des gesamten Polygrapheneinsatzes bietet nunmehr, insbesondere für den Tatwissentest, die Möglichkeit seiner verfahrensrechtlichen Verwendung; bezog sich doch die Feststellung seiner Ungeeignetheit als Beweismittel lediglich auf seinen Einsatz erst im Stadium der Hauptverhandlung.[1] Im Umkehrschluss scheint einer Anwendung zu einem früheren Zeitpunkt nichts mehr im Wege zu stehen.

I. Tatwissentest im Ermittlungsverfahren

Wie der BGH zu Recht erkannte, setzt der Tatwissentest voraus, dass lediglich der Täter Detailkenntnisse über die zu untersuchende Tat hat.[2] Da im Zeit-

[1] BGHSt 44, S. 328.
[2] BGHSt 44, S. 327; vgl. hierzu auch 1. Kapitel, B. III. 1.

punkt der Hauptverhandlung auch ein unschuldiger Angeklagter bereits mit den konkreten Anschuldigungen und damit auch den jeweiligen Details konfrontiert wurde, ist der Einsatz des Tatwissentests nur in einem frühen Stadium, etwa dem Ermittlungsverfahren möglich.[3] Entsprechend seiner besonders im Bereich des Schuldnachweises hohen Zuverlässigkeit[4] bietet sich seine Verwendung an, um im Falle mehrerer Verdächtiger die weiteren Ermittlungen auf eine oder wenige Personen zu beschränken.

So ging auch *Lykken*, der sich mit beiden Testverfahren intensiv auseinander gesetzt hat, bereits im Jahre 1975 davon aus, dass der Tatwissen- bzw. „Guilty-Knowledge-Test" das gerade im Rahmen polizeilicher Ermittlungstätigkeit weitaus effektivere und überzeugendere Untersuchungsverfahren ist.[5] Selbst wenn in den USA, in den im Rahmen der polizeilichen Ermittlung durchgeführten Polygraphentests regelmäßig das Kontrollfragenverfahren Verwendung findet,[6] so ist der Tatwissentest im Ermittlungsverfahren in anderen Rechtsordnungen dennoch weit verbreitet und erfolgreich im Einsatz.[7]

1. Unproblematische Handhabung

Da der Testaufbau des Tatwissenverfahrens das Formulieren individueller, auf die jeweilige Situation des Probanden abgestimmter Kontrollfragen nicht erforderlich macht, ist auch ein so intimes und in die Persönlichkeit des Probanden eindringendes Vortestinterview, wie dies beim Kontrollfragentest zwingende Voraussetzung ist, nicht notwendig. Aufgrund dieses geringeren „Eingriffs" und des beim Tatwissentest geringfügigeren Untersuchungsaufwandes, ist der Praxiseinsatz dieses Verfahrens in jeder Hinsicht problemloser. Gerade der im Vergleich zum Kontrollfragenverfahren deutlich weniger komplexe Testaufbau und die damit verbundene Standardisierbarkeit ermöglichen einen einfachen und effektiven Einsatz, der Aufwand und Erfolg in einer sinnvollen Relation erscheinen lässt. So ermöglicht es der Tatwissentest, kurzfristig auch mehrere Verdächtige mit einer verhältnismäßig hohen Zuverlässigkeit auf ihre Tatbeteiligung hin zu untersuchen und damit, neben einer erhöhten Effektivität der weiteren Ermittlungen, vor allem auch zu Unrecht verdächtigte Personen möglichst schnell aus dem Verdacht und den damit einhergehenden negativen Auswirkungen zu entlassen.

---

[3] Schneider, S. 154, m.w.N.

[4] Vgl. dazu 5. Kapitel, B. IV.

[5] Lykken, Psychology Today, März 1975, S. 57f.

[6] Undeutsch, MschrKrim 62 (1979), S. 234; Steller, Validität und forensische Verwendbarkeit von Methoden der psychophysiologischen Aussagebeurteilung.

[7] Vgl. etwa Ben-Shakhar/Furedy, S. 119, für Japan bzw. Jaworski, Kriminalistik 1990, S. 123ff. für den Einsatz in Polen.

2. Einsatz auch bei Verdacht des sexuellen Missbrauchs

Dies gilt insbesondere für die Folgen einer Verdächtigung im Zusammenhang mit Sexualdelikten und ihrer gesellschaftlichen Ächtung, da eine Einschränkung bezüglich solcher Delikte beim Tatwissentest, im Gegensatz zum Kontrollfragenverfahren, nicht erforderlich ist.[8] *Steller* geht zwar davon aus, dass gerade bei derartigen Delikten der Beschuldigte in der Regel die sexuellen Handlungen unmittelbar vorgehalten bekommt und ein Tatwissentest entsprechend nicht möglich sein wird;[9] dies schließt jedoch die grundsätzliche Verwendung dieses Tests bei sexuellen Missbrauchsdelikten nicht aus, zumal dem Beschuldigten bei seiner Vernehmung, im Bewusstsein eines später durchzuführenden Polygraphentests, nicht sämtliche Tatdetails offenbart werden müssen. Dies darf selbstverständlich nicht ausschließen, dass die dem Beschuldigten vorgeworfene Handlung im Sinne einer prozessualen Tat ausreichend konkretisiert wird.[10]

Ein weiterer Vorteil dieser Einsatzmöglichkeit liegt in der Vermeidung nachteiliger Nebenwirkungen der derzeit gängigen Praxis psychologischer Aussagebeurteilungen kindlicher oder jugendlicher Opferzeugen von Sexualdelikten. Diese Straftaten finden regelmäßig im Verborgenen statt, womit sich der Tatnachweis meist auch nur auf die Aussagen der Geschädigten und der Beschuldigten stützen lässt. Durch eine psychophysiologische Untersuchung des Beschuldigten könnte dem tatsächlichen oder auch nur vermeintlichen Opfer die psychisch belastende Untersuchung erspart bleiben.[11]

3. Keine Beschränkung auf entlastende Verwertung

Die Verwertung der mit Hilfe polygraphischer Untersuchungen gewonnenen Gutachten beschränkt sich nicht nur auf für den Beschuldigten günstige Ergebnisse. Zwar rankte sich die Diskussion um den Einsatz polygraphischer Untersuchungen geraume Zeit auch um die Frage, ob die damit erzielten Ergebnisse ausschließlich zugunsten des Betroffenen verwertet werden dürfen, so hat der BGH in seiner jüngsten Entscheidung die vorgebrachten Rechtsbedenken – wenngleich als obiter dictum - unabhängig einer belastenden oder begünstigenden Verwertung zurückgewiesen.[12] Für das Ermittlungsverfahren stellt sich diese Frage jedoch auch nicht in einer mit dem Hauptverfahren vergleichbaren Brisanz. So steht es den Ermittlungsbehörden frei, ihre Ermittlungen – unabhängig von den Testergebnissen – weiter auf die betroffene Person zu konzentrieren, ohne

[8] Vgl. 5. Kapitel, C. II.
[9] Steller, Psychophysiologische Täterschaftsermittlung, S. 101.
[10] Vgl. etwa Schmehl/Vollmer, S. 16; HK-Lemke, § 136, Rdnr. 15; bzw. Art 6 Abs. 3 lit. A EMRK.
[11] Vgl. Steller, Psychophysiologische Aussagebeurteilung, S. 166.
[12] Vgl. Amelung, JR 1999, S. 383.

es in irgendeiner Form verwerten zu müssen. Im Übrigen wäre gegebenenfalls mit *Schünemann* auch an eine Limitierung der Verwertbarkeit solcher Testergebnisse auf das Ermittlungsverfahren zu denken.[13]

4. Keine irreversiblen Auswirkungen etwaiger falscher Ergebnisse

Ein weiterer Vorteil des Polygrapheneinsatzes im Ermittlungsverfahren liegt darin, dass selbst etwaige falsche Untersuchungsergebnisse kaum gravierende und nicht wieder zu korrigierende Auswirkungen auf den Ausgang des Strafverfahrens haben. So können die Ermittlungen bezüglich eines aufgrund eines falschen Testergebnisses aus dem Verdacht Entlassenen, wenngleich mit etwas Verspätung, wieder aufgenommen werden. Ebenso wird sich im Falle eines aufgrund der polygraphischen Untersuchung zu Unrecht Verdächtigten und Verfolgten im weiteren Ermittlungsverfahren, spätestens jedoch innerhalb der Hauptverhandlung, seine Unschuld herausstellen. Eine ausschließlich auf das Polygraphentestergebnis gestützte Verurteilung wird hingegen auszuschließen sein, wobei sich diese Frage allerdings auch noch nicht in Verbindung mit dem Ermittlungsverfahren stellt.

5. Belastendes Testergebnis als Grundlage der Untersuchungshaft

Während grundsätzlich auch die Verwertung belastender Testergebnisse möglich ist, stellt sich in Bezug auf nachteilige Folgen einer möglichen Fehldiagnose im Zusammenhang mit der Begründung eines dringenden Tatverdachtes als Grundlage eines Haftbefehls gemäß § 112 Abs. 1 Satz 1 StPO eine Ausnahmesituation dar. So handelt es sich bei der Untersuchungsinhaftierung um einen erheblichen Eingriff in die durch Art. 2 Abs. 2 Satz 2 bzw. 104 Abs. 1 Satz 1 GG verfassungsrechtlich gewährleisteten Freiheitsrechte. Nicht zuletzt sieht auch § 2 Abs. 1 StrEG Entschädigungsansprüche des zu Unrecht Inhaftierten vor, so dass hierbei von massiven nachteiligen Folgen eines falsch-positiven Testergebnisses auszugehen ist.

Allerdings gilt es bei der Begründung des dringenden Tatverdachtes durch ein Polygraphentestergebnis zu beachten, dass gerade der Tatwissentest als „Schuldnachweis", d.h. in Bezug auf belastende Ergebnisse eine sehr hohe Zuverlässigkeit erreicht.[14] Anders als bei einer Verurteilung, bei der das Gericht die Überzeugung haben, d.h. die Feststellung einer an Sicherheit grenzenden Wahr-

[13] Schünemann, Kriminalistik 1990, S. 150.
[14] Vgl. 5. Kapitel, B. IV.

scheinlichkeit der Täterschaft treffen muss,[15] ist für den Erlass eines Haftbefehls lediglich dringender Tatverdacht, also das Bestehen einer großen Wahrscheinlichkeit, dass der Beschuldigte eine rechtswidrige und schuldhafte Tat begangen hat, erforderlich.[16] Zum Beleg einer großen Wahrscheinlichkeit ist jedoch eine Untersuchung nach dem Tatwissenverfahren sicherlich in der Lage. Darüber hinaus werden im Regelfall auch weitere Anhaltspunkte für den Tatverdacht vorliegen. Letztlich obliegt die Entscheidung über den Erlass des Haftbefehls aber immer noch dem Haftrichter, dem es selbstverständlich unbenommen bleibt, sich sowohl über ein negatives als auch positives Polygraphengutachten hinwegzusetzen.

II. Tatwissentest im Zwischenverfahren

1. Grundsätzliche Anwendbarkeit

Neben den bereits im Zusammenhang mit dem Vorverfahren geschilderten Vorteilen, erscheint der Einsatz des Tatwissentests im Stadium des Zwischenverfahrens noch geeigneter. Während der Untersuchungs- bzw. Haftrichter aufgrund der Belastung durch die Vielzahl der von ihm zu entscheidenden Fälle kaum Zeit hat, sich mit jedem einzelnen ausführlicher zu befassen, wird er oftmals geneigt sein, dem Antrag (von dem Beschuldigten oder jedenfalls mit seiner Zustimmung) auf die Durchführung der polygraphischen Untersuchung ohne eingehende Prüfung der tatsächlichen Notwendigkeit stattzugeben. Damit droht jedoch die Gefahr, dass der Polygraphentest bei den polizeilichen oder staatsanwaltlichen Ermittlungen routinemäßig Anwendung findet, ohne dass andere Beweise ausreichend erschöpfend ermittelt wurden.

Demgegenüber ist das für die Eröffnung der Hauptverhandlung zuständige Gericht gemäß §§ 199 Abs. 1 , 203 StPO verpflichtet zu prüfen, ob der Beschuldigte hinreichend tatverdächtig ist. Im Rahmen dieser Prüfung muss sich das Gericht mit der Frage auseinander setzten, ob die angeführten Beweismittel bei vorläufiger Tatbewertung wahrscheinlich zu einer Verurteilung führen.[17]

Selbst wenn man dem BGH folgen mag, dass einem Polygraphentestergebnis keinerlei Beweiswert beizumessen sei,[18] so bezieht sich dies primär auf den Kontrollfragentest. Darüber hinaus muss an die Zuverlässigkeit eines die Verurteilung in der Hauptverhandlung tragenden Beweismittels ein anderer Maßstab

[15] H.-H. Kühne, Strafprozeßlehre, Rdnr. 565, m.w.N.
[16] Schmehl/Vollmer, S. 37.
[17] Kleinknecht/Meyer-Goßner, § 203, Rdnr. 2.
[18] BGHSt 44, S. 308ff.

angelegt werden, als dies für einen Eröffnungsbeschluss erforderlich ist. Im Falle eines Gutachtens zugunsten des Beschuldigten wäre dieses jedoch ausreichend, den Eröffnungsbeschluss (noch) nicht zu erlassen, so dass zuvor weitere Ermittlungen durchgeführt werden müssen, um eine Verurteilung als wahrscheinlich zu erachten. Als weitere Kontrollmöglichkeit könnte damit ein zu Unrecht Beschuldigter vor einem vorschnell eröffneten Hauptverfahren und den damit einhergehenden negativen Folgen bewahrt werden.

2. Problem der Kenntnis detaillierten Tatwissens

Beim Einsatz des Tatwissentests im Zwischenverfahren erscheint jedoch die Kenntnis des Beschuldigten über die Tatdetails problematisch. Wird doch dem Angeschuldigten gemäß § 201 Abs. 1 StPO im Zwischenverfahren die Anklageschrift mitgeteilt, so dass auch der zu Unrecht Angeschuldigte ab diesem Zeitpunkt Tatdetails erfährt, die sonst nur der Täter hatte. Allerdings muss die Anklageschrift nicht alle für das grundsätzliche Verfahren unrelevanten Tatdetails beinhalten, sondern muss lediglich die prozessuale Tat in persönlicher und sachlicher Hinsicht ausreichend konkretisieren[19] und die gesetzlichen Tatbestandsmerkmale der vorgeworfenen Tat belegen.[20] Damit verbleiben ausreichende Tatdetails, anhand derer ein entsprechender Tatwissentest konstruiert werden kann.

Darüber hinaus besteht eine weitere Informationsquelle in dem Akteneinsichtsrecht des Verteidigers nach dem Abschluss der staatsanwaltschaftlichen Ermittlungen gemäß §§ 169a, 147 StPO. Hierbei ist jedoch gleichfalls nicht davon auszugehen, dass der zu Unrecht Beschuldigte sämtliche Tatdetails erfährt oder sie sogar ausreichend verinnerlicht. Vielmehr wird der Verteidiger gehalten sein, unter dem Aspekt eines später durchzuführenden und seinen Mandanten entlastenden Polygraphentests, gerade nicht alle Detailinformationen aus der Ermittlungsakte umgehend mitzuteilen. Damit bleibt die Anwendung des Tatwissentests auch im Zwischenverfahren grundsätzlich möglich.

III. Tatwissentest in der Hauptverhandlung

1. Keine Untersuchung erst im Zeitpunkt der Hauptverhandlung

Die Durchführung der Untersuchung nach dem Tatwissenverfahren erst im Zeitpunkt der Hauptverhandlung scheidet aufgrund des Erfordernisses der Unkenntnis des Nichttäters von Tatdetails aus, da auch ein zu Unrecht Angeklagter

[19] Kleinknecht/Meyer-Goßner, § 200, Rdnr. 2.
[20] Kleinknecht/Meyer-Goßner, § 200, Rdnr. 8.

diese Kenntnisse, wie bereits vorstehend ausgeführt, spätestens aus der Anklageschrift erlangt haben wird.[21] Darüber hinaus werden in der Hauptverhandlung regelmäßig auch weitere Tatdetails zu Tage treten, die in der Anklageschrift noch nicht enthalten waren. Damit wird auch die Möglichkeit einen Test mit dem zu Unrecht Beschuldigten noch nicht bekannten Tatdetails zu konstruieren beinahe unmöglich. Entsprechend ist der Ablehnung des Tatwissentests durch den BGH in diesem späten Verfahrensstadium als ungeeignetes Beweismittel bzw. Untersuchungsmethode zuzustimmen.

2. Verwertbarkeit der Testergebnisse in der Hauptverhandlung

Denkbar ist jedoch die Einführung der im Ermittlungsverfahren gewonnenen Untersuchungsergebnisse in die Hauptverhandlung. Dies gilt entsprechend der Auffassung des BGH unabhängig davon, ob es sich um ein für den Beschuldigten positives oder auch negatives Ergebnis handelt.[22] Die entsprechende Einführung in die Hauptverhandlung könnte im Wege der Vernehmung des Untersuchers als Sachverständigen bzw. Zeugen erfolgen.[23]

Zwar tritt *Schünemann*, bei gleichzeitiger Befürwortung des Polygraphentesteinsatzes (TWT) im Ermittlungsverfahren, gegen die Verwertbarkeit des dabei gewonnenen Ergebnisses für die Hauptverhandlung ein und begründet dies damit, die Glaubwürdigkeit und damit Richtigkeit der Einlassung des Angeklagten in der Hauptverhandlung durch ein belastendes Testergebnis nicht ausreichend widerlegen zu können;[24] hierbei lässt er jedoch die Möglichkeit eines entlastenden und damit die Einlassung des Angeklagten stützenden Testergebnisses ebenso außer Betracht wie die Tatsache, dass das jeweilige Untersuchungsergebnis als Sachverständigenbeweis – wie auch die Einlassung des Angeklagten – der freien Beweiswürdigung des Tatrichters unterliegt. Bei entsprechender Würdigung ist das Testergebnis bzw. das Sachverständigengutachten durchaus geeignet, die Einlassung zu widerlegen. Muss doch der Tatrichter im Rahmen seiner Beweiswürdigung regelmäßig auch ohne ein Glaubwürdigkeitsgutachten die Einlassung des Angeklagten berücksichtigen und kann sie, entsprechend seiner Überzeugung, auch als unglaubwürdig erachten bzw. sie als widerlegt ansehen.[25] Im Falle des Vorliegens eines polygraphischen Gutachtens oder der Aussage des Untersuchers bezüglich der im Ermittlungsverfahren durchgeführten Untersuchung kann indes nichts anderes gelten.

[21] Vgl. hierzu 1. Kapitel, B. III. 1.
[22] Entsprechend Amelung, JR 1999, S. 383.
[23] Schünemann, Kriminalistik 1990, S. 150.
[24] Schünemann, Kriminalistik 1990, S. 150.
[25] Eisenberg, Beweisrecht der StPO, Rdnr. 886.

3. Verwertbarkeit mittelbarer Beweisergebnisse

In jedem Fall bleiben darüber hinaus auch die durch den Polygrapheneinsatz im Ermittlungsverfahren gewonnenen unmittelbaren Beweisergebnisse, wie etwa ein daraufhin abgelegtes Geständnis oder sonstige Informationen, verwertbar. Selbst bei auf verbotenem Wege gewonnenen Beweismitteln ist umstritten, ob bzw. wie weit ein Beweisverwertungsverbot auch auf die dadurch erlangten Beweismittel gilt.[26] Die h.M. geht davon aus, dass grundsätzlich keine Fernwirkung besteht, d.h. sich das Verwertungsverbot nicht auf die unmittelbaren Informationen und daraus resultierende weitere Beweismittel erstreckt.[27] Bestehen nunmehr die vom BGH gegen das polygraphische Untersuchungsverfahren vorgebrachten Bedenken nur noch in der geringen Zuverlässigkeit und nicht mehr in der Rechts- oder Verfassungswidrigkeit der Untersuchung selbst, so ist jedenfalls das Testergebnis auf rechtmäßige Weise entstanden. Der Verwertung eines daraufhin abgelegten Geständnisses und die durch Indizien bestätigte Rekonstruktion des Tatgeschehens durch den Beschuldigten bei der Tatortbesichtigung steht damit nichts entgegen.[28] Wird von mancher Seite gerade die Möglichkeit, durch ein belastendes Untersuchungsergebnis ein Geständnis des Täters zu erlangen als großer Vorteil dieses Untersuchungsverfahrens angesehen, so ist jedoch die Ausübung eines diesbezüglichen Drucks zu vermeiden, um das Ablegen falscher Geständnisse zu verhindern.[29] Bestehen auch nur geringe Anhaltspunkte dafür, so gilt es, das Geständnis möglichst schnell zu verifizieren. Denn ein als Folge der psychophysischen Untersuchung abgelegtes falsches Geständnis führt, neben den ethischen Problemen, auch dazu, dass der eigentliche Täter nicht weiter ermittelt wird,[30] was gleichfalls nicht im Sinne einer effektiven Strafverfolgung liegen kann.

4. Folgen eines Widerrufs des Einverständnisses

Im Zusammenhang mit der Verwertung der im Ermittlungsverfahren gewonnenen Testergebnisse taucht gleichzeitig die Frage auf, welche Auswirkungen ein nachträglicher Widerruf des im Vorverfahren gegebenen Einverständnisses zur Durchführung einer polygraphischen Untersuchung hat. Konkret fragt sich an dieser Stelle, ob sich dieser Widerruf auch auf die Verwertbarkeit dieser Ergebnisse in der Hauptverhandlung niederschlägt oder ob der Beschuldigte im Nachhinein dieser Verwertung widersprechen kann. Das Ziehen einer Parallele zwischen der

---

[26] Roxin, Strafverfahrensrecht, § 24, Rdnr. 44.
[27] Beulke, Rdnr. 144, 482; Burhoff, Handbuch für das strafrechtliche Ermittlungsverfahren, Rdnr. 228, m.w.N.
[28] Schünemann, Kriminalistik 1990, S. 150.
[29] Fabian/Stadler, Kriminalistik 2000, S. 611.
[30] Fabian/Stadler, Kriminalistik 2000, S. 611.

Freiwilligkeit der polygraphischen Untersuchung und der Freiwilligkeit der Aussage des Beschuldigten bzw. seinem Schweigerecht ermöglicht hier die entsprechende Beantwortung.

Grundsätzlich ist es unzulässig, dem in der Hauptverhandlung schweigenden Angeklagten seine zuvor gemachte Aussage vorzuhalten. Diese kann nur im Falle einer richterlich protokollierten Erklärung des Angeklagten über ein Geständnis (§ 254 Abs. 1 StPO) oder der Aufklärung von Widersprüchen (§ 254 Abs. 2 StPO) verlesen werden.[31] Bei der polygraphischen Untersuchung handelt es sich selbstverständlich nicht um eine richterliche Vernehmung. Allerdings wird davon auszugehen sein, dass der psychophysiologische Untersucher als Quasi-Verhörsperson anzusehen ist. Damit darf er über die Aussage und entsprechend auch über das Untersuchungsergebnis vernommen[32] und das Zeugnis als Beweismittel verwertet werden.[33]

B. EINSATZMÖGLICHKEITEN DES KONTROLLFRAGENTESTS

Vor dem Hintergrund der bisherigen Ausführungen soll, trotz der vom BGH im Ergebnis aufrecht erhaltenen Ablehnung, auf die praktischen Einsatzmöglichkeiten des Kontrollfragenverfahrens eingegangen werden. Ändert dieses Urteil auch nichts an der von höchstrichterlicher Seite erklärten Unzulässigkeit und handelt es sich bei der Kontrollfragentechnik, wie der BGH in seinem Urteil anmerkt, um keine absolut zuverlässige Untersuchungsmethode, so sollte, angesichts vieler anderer gerichtlich durchaus anerkannter Verfahren, diese Haltung noch einmal überdacht werden.

I. Kontrollfragentest in der Hauptverhandlung

Wie aus den verschiedenen Validitätsstudien hervorgeht, liegen die Stärken des Kontrollfragenverfahrens im Bereich des Unschuldsnachweises.[34] Die Tatsache, dass seine Durchführung auch noch zu einem späteren Zeitpunkt, d.h. auch wenn der Proband bereits mit den Einzelheiten des Tatherganges vertraut gemacht wurde, möglich ist, lässt den Einsatz dieses Untersuchungsverfahrens für die Glaubwürdigkeitsbegutachtung auch noch in der Hauptverhandlung zu.

[31] Vgl. Rogall, S. 240.
[32] Kleinknecht/Meyer-Goßner, § 254, Rdnr. 8.
[33] Burhoff, Handbuch für die strafrechtliche Hauptverhandlung, Rdnr. 1057; Eisenberg, Beweisrecht der StPO, Rdnr. 883, 1027.
[34] Vgl. dazu 5. Kapitel, B. IV.

Ein dabei erzieltes negatives bzw. den Probanden als „unschuldig" ausweisendes Kontrollfragentestergebnis, das auch durch den Tatrichter in dieser Weise gewürdigt wurde, ist damit geeignet, jedenfalls so viele Zweifel an der Schuld des Angeklagten aufkommen zu lassen, dass „pro reo" entschieden und dieser freigesprochen werden muss.[35] Im umgekehrten Fall, also einem den Angeklagten belastenden Untersuchungsergebnis, wird dieses, auch wenn es von dem Tatrichter als überzeugendes Resultat gewürdigt wird, allein kaum ausreichen, um eine Verurteilung zu begründen. In Verbindung mit einer Kette weiterer, für sich genommen vielleicht nicht absolut überzeugender Indizien, würde es ein entsprechendes Urteil jedoch sicherlich tragen.

1. Verhältnismäßigkeit des Kontrollfragentesteinsatzes

Dennoch sind bei der Anwendung des Kontrollfragentests gewisse Einschränkungen erforderlich. Aufgrund des zwar nicht verbotenen, jedoch gerade im Rahmen des Vorgespräches sehr tiefen Eindringens des Untersuchers in die Persönlichkeit des Probanden, ist in jedem Fall eine restriktive Handhabung dieses Untersuchungsverfahrens angebracht. Eine pauschale oder routinemäßige Verwendung sollte in jedem Fall verhindert werden. Vielmehr sollte der Einsatz dieses Untersuchungsverfahrens an eine gewisse Schwere des Deliktes gekoppelt werden und darüber hinaus unter dem Aspekt der Verhältnismäßigkeit, insbesondere auf seine Erforderlichkeit überprüft werden.[36] Allerdings verhindert bereits der mit der Durchführung einer solchen Untersuchung verbundene Aufwand, insbesondere das ausführliche Vortestinterview und die Formulierung der Kontroll-, Vergleichs- und relevanten Fragen, eine routinemäßige Verwendung.

2. Kein Kontrollfragentest bei sexuellen Missbrauchsdelikten

Aufgrund der von weiten wissenschaftlichen Kreisen geäußerten Bedenken hinsichtlich des Einsatzes des Kontrollfragentests in Verfahren wegen des Verdachts des sexuellen Missbrauchs, sollte er in diesem Bereich gänzlich ausgeschlossen werden.[37] Weitere Einschränkungen wegen spezifischer Fehleranfälligkeit des Kontrollfragenverfahrens sind jedoch nicht erforderlich. So sind mentale Defekte, sofern sie tatsächlich Einfluss auf das Ergebnis haben können, bereits im Vorfeld der Untersuchung zu diagnostizieren, so dass dann im Einzelfall auf eine polygraphische Untersuchung verzichtet werden kann bzw. muss. Eine hierdurch bedingte Fehldiagnose kann damit weitestgehend ausgeschlossen wer-

[35] HK-Julius, § 261, Rdnr. 1.
[36] Fabian/Stadler, Kriminalistik 2000, S. 611.
[37] Vgl. 5. Kapitel, C. II. 2.

den.[38] Auch durch die Einnahme psychotroper Substanzen ist kein das Ergebnis verfälschender Einfluss zu befürchten, da diese entweder gleichfalls schon im Vorfeld erkennbar sind oder, im ungünstigsten Fall, ein nicht auswertbares Ergebnis nach sich ziehen.[39] Auch die Möglichkeit der Hypnose birgt nach überwiegender Auffassung nur die Gefahr eines nicht auswertbaren Ergebnisses, keinesfalls jedoch eine größere als jene bei anderen richterlichen und psychologischen Glaubwürdigkeitsbeurteilungen.[40]

3. Gutachterauswahl beim Richter

Etwaigen mit dem sogenannten „Friendly-Polygrapher-Syndrome" in Verbindung stehenden Unwägbarkeiten kann, sofern das Gebot der Unparteilichkeit des Gutachters und der Sachverständigeneid bei einem „Parteigutachten" nicht Gewähr genug sein sollten, damit begegnet werden, dass eine Begutachtung ausschließlich durch vom Gericht bestimmte Polygraphengutachter erfolgt.[41] Wird nunmehr ein Gutachter durch das Gericht mit der Untersuchung beauftragt, ist sichergestellt, dass das Gericht auch von einem für den Beschuldigten negativen Testergebnis Kenntnis erlangt, so dass die Voraussetzungen für das in seiner Existenz umstrittene „Friendly-Polygrapher-Syndrome" auf keinen Fall vorliegen.

4. Freiwilligkeit der Untersuchung notwendige Voraussetzung

Neben der rein technischen Notwendigkeit der Mitwirkung des Probanden, setzt die Mitwirkungsfreiheit des Beschuldigten auch in rechtlicher Hinsicht die unbedingte Freiwilligkeit der Durchführung polygraphischer Untersuchungen voraus.[42] Die Verweigerung der Durchführung bzw. Mitwirkung bei einer solchen Untersuchung darf weder im Ermittlungs- noch im Hauptverfahren für den Betroffenen mit nachteiligen Konsequenzen behaftet sein. Diese Situation ist mit dem Recht des Beschuldigten, keine Aussage machen zu müssen, vergleichbar. Entsprechend ist auch eine vorherige Belehrung der beschuldigten Person zwingende Voraussetzung, um diese Freiwilligkeit zu gewährleisten.

[38] 5. Kapitel, C. I.
[39] Vgl. 5. Kapitel, C. III.
[40] 5. Kapitel, C. IV.
[41] 5. Kapitel, C.
[42] Vgl. 3. Kapitel, F. II. 3.

5. Ausbildung und Qualitätssicherung der Untersucher

Um eine gewisse Qualität der Untersuchungen und damit auch der Zuverlässigkeit der Testergebnisse zu gewährleisten, müssen einheitliche Mindestanforderungen an die Untersucher definiert und festgelegt werden. Dieses Ziel, sowohl hinsichtlich eigener Forschung als auch der Ausbildung physiopsychologischer Sachverständiger für den forensischen Bereich, hat auch die 1997 von namhaften Hochschullehrern ins Leben gerufene „Europäische Gesellschaft für Forensische Physiopsychologie".[43] Einige der von dieser festgelegten Mindestvoraussetzungen für Polygraphensachverständige sind ein psychologisches Diplom bzw. ein gleichwertiger akademischer Abschluss, die Qualifikation zum Fachpsychologen der Rechtspsychologie und eine Grundausbildung nach den Richtlinien der „American Polygraph Association".[44] Darüber hinaus haben die europäischen Polygraphenexperten auch das Erfordernis einer ständigen Überwachung der Untersucher zur Qualitätssicherung und regelmäßige Fortbildungen in ihre Grundsätze aufgenommen. Damit sind diese Anforderungen, trotz der Anlehnung an das amerikanische Vorbild, deutlich höher und gewährleisten ein hohes Maß an diagnostischer Genauigkeit.[45]

Ferner gilt es, bei allen durchaus berechtigten Forderungen an die Zuverlässigkeit der Gutachter, nicht die in anderen Bereichen an Sachverständige und deren Gutachten angelegten Maßstäbe aus den Augen zu verlieren. So gibt es für den Gerichtssachverständigen, abgesehen von den Grundsätzen der öffentlichen Bestellung von Sachverständigen nach § 36 GewO, kein allgemeines gesetzliches Anforderungsprofil. Vielmehr haben die Diplompsychologen, als eine der wenigen im forensischen Bereich tätigen Berufsgruppen, mit dem Zertifikat für Rechtspsychologie überhaupt eine auf die Tätigkeit des Gerichtssachverständigen ausgerichtete Ausbildung mit abschließender Prüfung. Darüber hinaus verlangt dieses Zertifikat, das nach den Vorstellungen der „Europäischen Gesellschaft für Forensische Physiopsychologie" eine der Grundvoraussetzungen des Polygraphensachverständigen ist, eine kontrollierte Anwendungspraxis, um es zu erhalten.[46]

Selbstverständlich bieten auch diese hohen, an psychologische Gutachter gestellten Anforderungen, wie die Vergangenheit gezeigt hat, keine absolute Ge-

[43] Undeutsch/Klein, Praxis der Rechtspsychologie 9 (Sonderheft) (1999), S.49f.
[44] Vgl. Undeutsch/Klein in ihrer Antwort auf Frage 20 des BGH-Fragenkataloges im Anhang; zu den Richtlinien und Standards der American Polygraph Association siehe: www.polygraph.org/apa1.htm#code .
[45] Entsprechend Undeutsch/Klein in ihrer Antwort auf Frage 21 des BGH-Fragenkataloges im Anhang.
[46] Greuel/Offe/Fabian/Wetzels et al., S. 261.

währ für die Qualität solcher Gutachten.[47] Dennoch müssen solche mangelhaften Gutachten als Ausnahmen angesehen werden, hätten anderenfalls doch per se alle psychologischen Gutachten als unzulässig erklärt werden müssen. Entsprechend können auch noch so hohe an Polygraphensachverständige gestellte Anforderungen das Auftreten vereinzelter mangelhafter Gutachten nicht verhindern. Insgesamt scheint die Gewährleistung qualitativ hochwertiger und damit auch zuverlässiger und möglichst objektiver Polygraphengutachten mit den Vorgaben der „Europäischen Gesellschaft für Forensische Physiopsychologie" jedoch weitestgehend sichergestellt.

6. Verhinderung US-amerikanischer Verhältnisse

Allerdings sollte bei dieser Nähe und sogar Anlehnung an U.S.-amerikanische Vorbilder darauf geachtet werden, inflationäre Auswüchse des Polygrapheneinsatzes, wie dies dort in manchen Bereichen der Fall ist, zu verhindern. Dies gilt insbesondere für den außerforensischen Bereich als Hauptbetätigungsfeld privater Polygraphen-Untersucher.[48] Denn selbst bei Zugrundelegung des von der „Europäischen Gesellschaft für Physiopsychologie" sehr hoch angesetzten Maßstabes ist zu befürchten, dass dieses offenbar sehr lukrative Geschäft auch außerhalb gerichtlicher Verfahren Anklang finden wird. Wie das Beispiel der USA zeigt, bietet sich gerade im Bereich des Arbeitsrechts der Polygraph zur Überprüfung von Angestellten oder Bewerbern an. Durch den Erlass einer mit dem in manchen US-Bundesstaaten geltenden „Employee Polygraph Protection Act" vergleichbaren gesetzlichen Regelung wäre dies jedoch problemlos möglich.

II. Kontrollfragentest im Ermittlungs- und Zwischenverfahren

Alle die mit dem Kontrollfragenverfahren einhergehenden Vorteile lassen sich prinzipiell auch im Ermittlungs- und im Zwischenverfahren nutzen. Wie gerade die US-amerikanische Praxis zeigt, ist die Verwendung des Kontrollfragentests grundsätzlich auch dort möglich. Insbesondere ermöglicht er es, zu Unrecht Beschuldigte mit einer großen Zuverlässigkeit[49] aus den weiteren Ermittlungen auszuschließen bzw. das Hauptverfahren nicht zu eröffnen. Allerdings ist der Untersuchungsaufwand bei diesem Verfahren, insbesondere wegen des intensiveren Vortestinterviews deutlich umfangreicher und damit gerade bei mehreren Beschuldigten, wenn der Ausschluss einzelner Personen aus den weiteren Ermitt-

[47] Vgl. bezüglich einer aussagepsychologischen Glaubhaftigkeitsbegutachtung BGHSt 45, S. 164ff.
[48] Steller, Psychophysiologische Aussagebeurteilung, S. 164, m.w.N.
[49] Vgl. hierzu 5. Kapitel, B. IV.

lungen besonders hilfreich wäre, etwas aufwendiger. Voraussetzung für die Anwendung des Kontrollfragentests ist jedoch auch im Ermittlungsverfahren das Einhalten der Grundsätze der Verhältnismäßigkeit.

Darüber hinaus wäre aber auch eine Beschränkung des Kontrollfragentesteinsatzes auf das Ermittlungsverfahren oder der von *Schünemann*[50] angeführten Limitierung der Verwertbarkeit entsprechender Untersuchungsergebnisse auf das Vorverfahren denkbar, um mit diesem Testverfahren Praxiserfahrungen im Hinblick auf seine Zuverlässigkeit zu sammeln. Dort, wie auch im Zwischenverfahren, ließen sich die Auswirkungen eines etwaigen falschen Untersuchungsergebnisses durch das Korrektiv der Hauptverhandlung letztlich wieder beheben. Dies darf selbstverständlich nicht zu einem leichtfertigen Einsatz und der unkritischen Würdigung solcher Gutachten führen; bringt doch ein zu Unrecht eröffnetes und mit einem Freispruch endendes Hauptverfahren erhebliche Beeinträchtigungen mit sich.

C. PROZESSUALE HANDHABUNG

I. Polygraphische Untersuchung im Ermittlungsverfahren

Die durch das jüngste „Lügendetektor"-Urteil des BGH geänderte rechtliche Situation eröffnet nunmehr die Möglichkeit der Anwendung des Tatwissenverfahrens, das, wie die vorstehenden Ausführungen zeigen, ausschließlich im Ermittlungsverfahren Anwendung finden kann. Selbst wenn man in naher oder ferner Zukunft auch das Kontrollfragenverfahren für Untersuchungen im Rahmen des Ermittlungsverfahrens zulassen würde, gelte für dieses nichts anderes als für den Tatwissentest. Damit ist bei den erforderlichen prozessualen Regelungen bzw. ihrer Anwendung im Vorverfahren nicht zwischen den beiden Untersuchungsverfahren zu differenzieren. Die folgenden Ausführungen sollen aufzeigen, wie die polygraphische Untersuchung auf prozessualer Ebene in das Ermittlungsverfahren eingebracht werden kann.

1. Antragsrecht von Verteidigung und Strafverfolgungsbehörden

Die Durchführung eines Polygraphentests erscheint grundsätzlich im Wege eines Antrags auf Beweiserhebung möglich. Dieses Antragsrecht steht sowohl dem Beschuldigten gemäß § 136 Abs. 1 Satz 1 StPO, seinem Verteidiger, der Polizei oder der Staatsanwaltschaft als Strafverfolgungsbehörde zu. Ergänzend

---

[50] Schünemann, Kriminalistik 1990, S, 150.

wäre jedoch zu überlegen, das Antragsrecht auf der Strafverfolgungsseite ausschließlich der Staatsanwaltschaft anheim zu stellen, um schon im Vorfeld den voreiligen polizeilichen Einsatz zu verhindern.

2. Belehrung über Freiwilligkeit und Einverständnis des Beschuldigten

Eine weitere zwingende Voraussetzung für die Durchführung der Untersuchung ist das vorherige Einverständnis des Betroffenen, dem wiederum eine entsprechende Belehrung über die Freiwilligkeit der Untersuchung und die Möglichkeit der folgenlosen Verweigerung einer solchen Untersuchung vorausgehen muss. So wie die Aussagefreiheit des Beschuldigten auf das Verbot gestützt ist, aus einer Weigerung entsprechende Schlüsse zu ziehen, verhält es sich auch mit der Verweigerung der Zustimmung des Beschuldigten zur Durchführung eines Polygraphentests. Hierbei ist jedoch zu beachten, dass dieses Verbot tatsächlich nur für das gerichtliche Hauptverfahren gilt. Innerhalb des Ermittlungsverfahrens steht es den Strafverfolgungsbehörden ebenso frei, bei einem schweigenden Beschuldigten die Ermittlungen in seine Richtung zu vertiefen, wie aus der Weigerung des Beschuldigten einen Tatwissentest durchzuführen, ihre eigenen Schlüsse zu ziehen und die Ermittlungen auf diese Person zu konzentrieren.

3. Entscheidungsrecht beim Ermittlungsrichter

Der Antrag samt Einverständniserklärung des Beschuldigten wäre dann dem Ermittlungsrichter zur Entscheidung vorzulegen, so dass eine möglichst objektive Kontrolle hinsichtlich der Verhältnismäßigkeit der Anwendung gewahrt bleibt und nicht bei jedem Verdacht einer unbedeutenden Straftat ein Test durchgeführt wird. Denkbar wäre darüber hinaus auch eine Beschränkung auf Verbrechen oder die Festlegung von Katalogtaten, bei deren Verdacht ein Test vorgenommen werden darf.

Neben der grundsätzlichen Anordnung einer polygraphischen Untersuchung sollte dem Ermittlungsrichter jedoch auch das Auswahlrecht des Gutachters anheim gestellt werden. Wird bei einem Privatgutachter manchmal davon auszugehen sein, dass jedenfalls tendenziell ein der Verteidigung günstiges Gutachten erstelltn wird, so gilt entsprechendes auch für von der Staatsanwaltschaft beauftragte Gutachter. So berichtet etwa *Kury* von seinem Eindruck, wonach auch die Staatsanwaltschaft, eine per gesetzlicher Definition neutrale Behörde, um ihre in mühseliger Arbeit erstellten Anklagen hieb- und stichfest zu machen, bei der Auswahl ihrer Gutachter eine gewisse Selektion trifft und sich die beauftragten Gutachter, aus Interesse an Folgeaufträgen, dieser Selektion entsprechend verhalten.[51] Bezieht sich diese Feststellung im Wesentlichen auf die aussagepsychologische Glaubwürdigkeitsbeurteilung, so hat sie sicherlich auch für den Bereich psychophysiologischer Untersuchungen ihre Gültigkeit. Um solchen, vielleicht auch nur tendenziellen Färbungen der Gutachten schon im Vorfeld zu begegnen, erscheint die Auswahl des Gutachters allein durch den Richter am sinnvollsten.

II. Polygraphentest im Zwischenverfahren

Im Zwischenverfahren hat der Angeschuldigte nach § 201 Abs. 1 StPO die Möglichkeit, einzelne Beweiserhebungen zu beantragen, ebenso wie das für das Hauptverfahren zuständige Gericht die Möglichkeit hat, gemäß § 202 StPO eigene Beweiserhebungen anzuordnen. Ist an dieser Stelle unstreitig die Einholung eines Gutachtens über die Glaubwürdigkeit von Zeugen möglich,[52] so ist dies, nachdem die Durchführung einer solchen Untersuchung nicht mehr für unzulässig erachtet wird, auch bei einem polygraphischen Gutachten zur Verifizierung der Aussagen von Zeugen oder dem Beschuldigten möglich. Ebenso könnte dies auch auf Anregung der Staatsanwaltschaft erfolgen, wobei dabei, wie auch bei der Durchführung einer polygraphischen Untersuchung überhaupt, das ausdrückliche Einverständnis des Betroffenen vorliegen muss. Für das Procedere und den deliktspezifischen Anwendungsbereich gelten auch im Zwischenverfahren die bereits zum Ermittlungsverfahren gemachten Ausführungen. Insbesondere sollte auch hier das Auswahlrecht hinsichtlich des Gutachters ausschließlich beim Gericht liegen.

III. Polygraphentest in der Hauptverhandlung

Bei der Einführung der polygraphischen Untersuchung in die Hauptverhandlung gilt es, zwischen der Verwertung der im Ermittlungsverfahren gewonnenen Testergebnisse und der erst in diesem Stadium durchzuführenden Untersuchungen zu differenzieren. Während ersteres, jedenfalls bezüglich der im Wege des Tatwissenverfahrens gewonnenen Testergebnisse, aus rechtlicher Sicht nunmehr unbedenklich erscheint, so gelten für das Einbringen dieser Ergebnisse in die Hauptverhandlung die für den Sachverständigen-, Zeugen- und Urkundenbeweis einschlägigen Vorschriften der StPO.

Für die Untersuchung im Zeitpunkt der Hauptverhandlung kommt aus rein praktischen und technischen Gründen lediglich das Kontrollfragenverfahren in

[51] Kury, S. 133.
[52] Vgl. Burhoff, Handbuch für das strafrechtliche Ermittlungsverfahren, Rdnr. 419a.

Betracht. Diesem stehen jedoch noch die vom BGH geäußerten Bedenken entgegen. Mögen diese Zweifel an der Zuverlässigkeit nicht unberechtigt sein, so ist die Ablehnung dieser Methode im Hinblick auf die Zulässigkeit anderer psychologischer Untersuchungsverfahren oder auch bezüglich der Qualität richterlicher Glaubwürdigkeitsbeurteilungen inkonsequent. Einem entsprechenden Überdenken dieser Haltung vorgreifend, sollen auch die für den Einsatz des Kontrollfragentests in der Hauptverhandlung erforderlichen strafprozessualen Regelungen skizziert werden.

1. Antragsrecht aller Verfahrensbeteiligter

Wie auch bei anderen Beweismitteln steht allen Verfahrensbeteiligten, dem Angeklagten, der Verteidigung und der Staatsanwaltschaft, das Recht zu, einen entsprechenden Beweismittelantrag zu stellen. Auch dem Gericht selbst ist es im Rahmen des Amtsermittlungsgrundsatzes von sich aus möglich, ein auf eine polygraphische Untersuchung gestütztes Sachverständigengutachten ohne einen vorherigen Antrag in Auftrag zu geben.[53] Letztlich obliegt die endgültige Entscheidung bezüglich der Untersuchung in der Hauptverhandlung in jedem Fall ausschließlich dem Gericht.

2. Ausschluss privater Gutachten

Im Rahmen dieser Entscheidungskompetenz steht dem Gericht auch die Auswahl des Gutachters zu.[54] Damit wird gewährleistet, dass das Gericht in jedem Fall Kenntnis von dem Untersuchungsergebnis erlangt und so die Folgen eines etwaigen „Friendly-Polygrapher-Syndrome" und der dadurch bedingten Ergebnisverfälschungen verhindert werden.

Daneben wird jedoch auch ausgeschlossen, dass ein Beschuldigter sich von einer Vielzahl von Polygraphengutachtern untersuchen lässt, bis am Ende ein für ihn günstiges Ergebnis erzielt wird und er dieses Testergebnis dann als gerichtliches Beweismittel zu seiner Entlastung in das Verfahren einbringt.

Durch die damit bereits im Vorfeld bestehende Klarheit über die gerichtliche Unverwertbarkeit solcher privater Gutachten im Strafverfahren werden gleichzeitig auch das Eintreten gewisser Trainingseffekte seitens des Probanden und daraus folgende Testverfälschungen verhindert.[55] So stellt sich die Durchführung

[53] KK-Herdegen, § 244, Rdnr. 20.
[54] Vgl. 7. Kapitel, A. I. 3.
[55] 5. Kapitel, C. V. 5. bzw. VI. 1.

einer von vornherein gerichtlich unzulässigen polygraphischen Untersuchung, unter dem Verdacht des Trainings für ein später gerichtlich angeordnetes Untersuchungsverfahren, für *Undeutsch* als standeswidrig dar und widerspricht damit dem gutachterlichen Berufsethos.[56]

3. Verwertung nach freien Beweiswürdigungsgrundsätzen

Das im Wege des Sachverständigenbeweises in das Verfahren eingebrachte Polygraphentestergebnis unterliegt nun dem Grundsatz der freien Beweiswürdigung i.S.d. § 261 StPO. Das Testergebnis ist damit nicht als unumstößlich hinzunehmen, sondern bedarf, gerade im Bereich sachlich nicht absolut zwingender Ergebnisse, wie etwa auch bei einer Glaubwürdigkeitsbegutachtung der herkömmlichen aussagepsychologischen Art, der Überprüfung durch den Richter.[57] Hierbei wird sich der Richter im Wesentlichen auf seine eigenen psychologischen Erfahrungen besinnen und das Gutachten mit seiner eigenen „Glaubwürdigkeitsbeurteilung" des Beschuldigten abgleichen. Das Gutachten stellt damit eine wichtige Verbreiterung der der Ermittlung der Glaubwürdigkeit des Beschuldigten zugrundliegenden Basis dar.

D. POLYGRAPHISCHE UNTERSUCHUNG VON ZEUGEN

I. Grundsätzliche Anwendbarkeit

Ein weiteres bisher sehr wenig beachtetes Anwendungsgebiet des Polygraphen stellt die Glaubwürdigkeitsbeurteilung von Zeugenaussagen dar.[58] Allerdings gilt es bei der Beurteilung der Wahrhaftigkeit von Zeugenaussagen zu beachten, dass Falschaussagen nicht nur auf bewusstem Lügen, sondern oftmals auch auf psychologischen Verdrängungs- und Schutzmechanismen bei der Wahrnehmung, ebenso wie auch bei der Erinnerung, beruhen.[59] Lassen sich Wahrnehmungs- und Erinnerungsfehler mit der polygraphischen Untersuchung nicht aufdecken, so könnten damit jedoch bewusste Falschaussagen erkannt werden.

Damit verbleibt, selbst wenn man davon ausgeht, dass die vorsätzliche Falschaussage nicht unbedingt der Regelfall sein dürfte, ein weites Betätigungs-

---

[56] Undeutsch/Klein, Praxis der Rechtspsychologie 9 (Sonderheft) (1999), S. 102.
[57] Entsprechend H.-H. Kühne, Strafprozeßlehre, Rdnr. 517.1; 517.2.
[58] So bereits Less, DRZ 5 (1950), S. 322; entsprechend auch Wegner, S. 193.
[59] H.-H. Kühne, Strafprozeßlehre, Rdnr. 503.4.

feld. Dies gilt um so mehr, als die Glaubwürdigkeitsbeurteilung von Zeugen nicht nur in Strafverfahren, sondern auch in zivilrechtlichen Streitigkeiten genutzt werden könnte. Voraussetzung ist jedoch auch hierbei die Freiwilligkeit bzw. Einwilligung in die Untersuchung. Mag dies in rechtlicher Sicht auch umstritten sein,[60] so ist jedoch die zwangsweise Untersuchung eines Zeugen wie auch eines Beschuldigten nicht möglich, da eine entsprechende Mitwirkung des Probanden erforderlich ist.[61] Hat der BGH sogar eine Duldungspflicht des Zeugen zur Durchführung einer aussagepsychologischen Glaubwürdigkeitsbeurteilung bejaht,[62] so erscheint auch die Durchführung einer freiwilligen polygraphischen Untersuchung a majore ad minus unbedenklich.

Aufgrund der geringeren Brisanz der Durchführung polygraphischer Glaubwürdigkeitsbeurteilungen bei Zeugen, insbesondere auch wegen der bei ihnen in der strafrechtlichen Praxis häufiger angewendeten aussagepsychologischen Glaubwürdigkeitsbeurteilung, ließen sich auf diese Weise weitere Erfahrungen im Umgang mit der Polygraphie sammeln. Darüber hinaus stellt *Schwabe* sogar die Frage, ob einem Beschuldigten zum Nachweis seiner Unschuld diese Möglichkeit der Verifizierung einer entlastenden Zeugenaussage überhaupt verwehrt werden darf.[63]

Der Polygrapheneinsatz bei der Glaubwürdigkeitsbeurteilung von Zeugen kann darüber hinaus, wie vereinzelt bereits geschehen,[64] auch in der zivilrechtlichen Praxis verstärkte Anwendung finden. Verwundert es doch insgesamt, dass auch aussagepsychologische Glaubwürdigkeitsbeurteilungen von Zeugenaussagen im Zivilprozess eher eine Ausnahme darstellen, obwohl auch dort oftmals diametral widersprüchliche Aussagen zu würdigen sind.[65] Umgekehrt könnten jedoch auch die im Zivilprozess gesammelten Erfahrungen für die psychophysiologischen Glaubwürdigkeitsbeurteilungen von Beschuldigten genutzt werden.

II. Technische und prozessuale Umsetzung

Auch die praktische Anwendung psychophysiologischer Untersuchungen birgt keinerlei größere Schwierigkeiten. Die Glaubwürdigkeitsuntersuchung eines Zeugen könnte sowohl mit Hilfe des Tatwissenverfahren als auch durch einen Kon-

[60] Für die Möglichkeit einer zwangsweisen Untersuchung etwa Less, DRZ 5 (1950), S. 322; etwas differenzierter Wegner, S. 192f.; Schneider, S. 27; unter Berufung auf die Einschränkung des § 81c StPO ablehnend Schlüchter, Rdnr. 203.1; entsprechend Panhysen, S. 81.
[61] Vgl. 3. Kapitel, F. II. 3.; Schwabe, NJW 1979, S. 581; im Ergebnis auch Wegner, S. 193.
[62] BGHSt 23, 1f.
[63] Schwabe, NJW 1979, S. 581.
[64] OLG Bamberg NJW 1995, S. 1684f.
[65] Fabian/Greuel/Stadler, StV 1996, S. 348.

trollfragentest erfolgen. Während ersterer in gleicher Weise wie bei Beschuldigten zur Überprüfung vorhandenen Tatwissens verwendet werden kann, bedarf es beim Kontrollfragenverfahren einer gewissen Modifizierung. Die relevanten Fragen stellen darauf ab, ob der Proband bei den spezifischen tatbezogenen Bekundungen die Wahrheit gesagt hat; die Kontrollfragen beziehen sich darauf, ob der Proband überhaupt bzw. bei bestimmten Gelegenheiten oder gegenüber bestimmten Personen unwahre Angaben gemacht hat.[66]

Die prozessuale Anwendung erscheint ebenso unproblematisch. Da es sich bei der polygraphischen Untersuchung gleichfalls um die psychologische Glaubwürdigkeitsbeurteilung einer Aussage handelt, gelten auch hier die strafprozessualen Vorschriften für Sachverständige wie bei einer klassischen aussagepsychologischen Glaubwürdigkeitsbeurteilung.

[66] Steller, Psychophysiologische Aussagebeurteilung, S. 168.

Resumée

Auch nach der aktuellsten den Polygraphen betreffenden Entscheidung des BGH verbleibt der Eindruck, dass in diesem Zusammenhang mit zweierlei Maß gemessen wird. Während die verfassungsrechtlichen Bedenken ebenso aufgegeben wurden wie die Subsumierung der polygraphischen Untersuchung unter die verbotenen Vernehmungsmethoden, stellt man nunmehr an die Zuverlässigkeit des „Lügendetektors" Anforderungen, die von kaum einem anderen Beweismittel erreicht werden.

Hierbei übersieht der BGH, dass es sich bei der polygraphischen Untersuchung nicht um ein eigenständiges Beweismittel, sondern lediglich um ein psychologisches Untersuchungsverfahren handelt. Unberücksichtigt bleibt an dieser Stelle, dass die entsprechende Beurteilung bezüglich der Glaubwürdigkeit nicht von dem Polygraphen selbst getroffen wird. Vielmehr unterstützt der Polygraph als Untersuchungsgerät nur den Psychologen bei seiner Beurteilung, wobei die abschließende Auswertung ausschließlich ihm obliegt. Wie eine Vielzahl anderer Sachverständiger sich zur Erstellung ihrer Gutachten – rechtlich unbeanstandet – auch technischer Hilfsmittel bedient, so nutzt der Physiopsychologe hierzu den Polygraphen. Bisher hatten sich die Gerichte jedoch noch nie in einer solchen Intensität mit den von Sachverständigen angewandten Untersuchungsmethoden befasst, obwohl es gerade auf dem psychologischen Gebiet eine Reihe in ihrer Zuverlässigkeit mindestens ebenso umstrittene Verfahren gibt, während die darauf basierenden Gutachten durchaus gerichtliche Verwertung finden.

Diese Vorgehensweise scheint offenbar von der Angst der Richter getragen zu sein, sich der Beurteilung der Glaubwürdigkeit als einer der ureigensten richterlichen Aufgaben zu berauben und damit womöglich auch Zweifel an der eigenen diesbezüglichen Kompetenz einzuräumen. Ergänzend kommt die durch das „Mysterium des Lügendetektors" hervorgerufene Furcht hinzu, sich von dem Urteil einer „Maschine" abhängig zu machen. Die Hinzuziehung eines speziell hierfür ausgebildeten Psychologen als Sachverständigen bzw. Berater oder Gehilfen, an dessen Urteil der Richter letztlich auch nicht gebunden ist, stellt vielmehr einen von der Vernunft gebotenen Schritt eines Rechtsspezialisten dar, der sich eines anderen Spezialisten für ihm weniger vertraute Gebiete bedient. Mag dieser Schritt bei der Beurteilung der Glaubwürdigkeit kindlicher und jugendlicher Zeugen allgemeine Anerkennung gefunden haben, so ist kaum bestreitbar, dass der Psychologe auch bei der Glaubwürdigkeitsbeurteilung Erwachsener geeigneter ist als ein Richter, dessen Aufgabenbereich sich zwar auf ein sehr weites Feld erstreckt, dessen Ausbildung aber das Gebiet der Psychologie kaum oder meist gar nicht umfasst. Vor der Glaubwürdigkeitsbeurteilung erwachsener Beschuldigter oder Zeugen scheint die juristische Praxis, unabhängig von einer (traditionellen) aussagepsychologischen oder psychophysiologischen Verfahrensweise, allerdings zurückzuschrecken.

Ungeachtet dieser Ressentiments hat der BGH den Tatwissentest jedenfalls nicht ausdrücklich als unzulässig erachtet. Der Einsatz des Tatwissentests erscheint gerade im Ermittlungsverfahren als sinnvolle Ergänzung traditioneller Ermittlungsmethoden. Selbst wenn vereinzelt gewisse ethische Bedenken geäußert werden sollten, so sind diese nicht rechtsverbindlich festgelegt und stellen somit eine Gradwanderung, etwa vergleichbar mit der Abgrenzung zwischen Täuschung und kriminalistischer List in Bezug auf § 136a StPO, dar. Will man sich dauerhaft auch im Ermittlungsverfahren dem Einsatz des Polygraphen entziehen, so wäre eine klare Formulierung des Gesetzgebers bzw. eine Aufnahme des Verbots des Einsatzes des „Lügendetektors" in die zwar grundsätzlich nicht abschließende Aufzählung der verbotenen Vernehmungsmethoden in § 136 StPO notwendig. Solange es jedoch derartige Regelungen nicht gibt, steht dem Einsatz des Tatwissentests seit dem 17.12.1998 nichts mehr entgegen. Mit dem Praxiseinsatz dieses Verfahrens wird der „Lügendetektor" vielleicht auch langsam „entmythologisiert", so dass in einigen Jahren vielleicht auch das Kontrollfragenverfahren zunächst im Stadium des Ermittlungsverfahrens zugelassen und, bei einem dort erfolgreichen Einsatz, ihm später auch der Einzug in die Hauptverhandlung gewährt werden wird. In jedem Fall sollte aber der Einzug U.S.-amerikanischer Verhältnisse und der inflationäre privatgutachterliche Einsatz verhindert werden und die Durchführung polygraphischer Untersuchungen ausschließlich auf den forensischen Bereich beschränkt bleiben.

Anhang

Um die auch in der forensischen Psychologie herrschende kontroverse Diskussion anschaulich darzustellen und die teilweise konträren Auffassungen gegenüberzustellen, sollen im Anhang die Antworten bzw. Stellungnahmen der drei Gutachter Prof. Dr. phil. Klaus Fiedler, Universität Heidelberg, Prof. Dr. phil. Max Steller, Freie Universität Berlin und Prof. Dr. rer. Nat. Udo Undeutsch, Universität Köln, in einer synoptischen Darstellung unmittelbar der entsprechenden Frage des BGH-Fragenkataloges zugeordnet werden. Die ursprünglich zum Teil in anderer Reihenfolge aufgeführten Stellungnahmen erschienen in *Praxis der Rechtspsychologie 9 (Sonderheft) 1999*, im Anschluß an die jeweiligen ausführlichen Gutachten. Das vierte Gutachten von Prof. Dr. med. Wilfried Jänig, wurde lediglich ein mündlicher Form erstattet, so daß von seiner Seite keine schriftliche Beantwortung des Fragenkataloges existiert.

Frage des BGH	Antworten der Gutachter
(1) Setzt die Anwendung polygraphischer Geräte voraus, daß "Lügen" bestimmte physiologische Reaktionen haben und daß es ein konsistentes physiologisches Erregungsmuster für „Lügen" gibt, und wenn ja, sind diese Voraussetzungen nach wissenschaftlichen Erkenntnissen gegeben?	<u>Prof. Fiedler:</u> Der Kontrollfragentest (nicht die Polygraphie als solche) beruht auf der Annahme, daß physiologische Reaktionen beim Lügen stärker ausgeprägt sind, als bei anderen belastenden Kontrollfragen. Indem die belastenden Kontrollfragen wiederum durch forcierte Lügen repräsentiert werden, setzt die Anwendung des Tests in zirkulärer Weise seine eigene Gültigkeit voraus. <u>Prof. Steller:</u> Die Existenz eines konsistenten physiologischen Erregungsmusters für „Lügen" ist keine Voraussetzung für psychophysiologische Aussagebeurteilungen. Diese Voraussetzung wurde zu keinem Zeitpunkt in Wissenschaft und Praxis gemacht. Voraussetzung der psychophysiologischen Aussagebeurteilung ist ausschließlich ein Zusammenhang zwischen dem Ausmaß der subjektiven Bedeutsamkeit eines Umweltreizes (z.B. einer Frage oder Wortvorgabe) und der Stärke der durch diesen Reiz ausgelösten physiologischen (unspezifischen) Aktivierung. <u>Prof. Undeutsch:</u> Es ist bis jetzt auf keinem Gebiet menschlicher Äußerungen (Körperausdruck oder Sprache) ein Symptom oder ein Syndrom bekannt, das eindeutig und zuverlässig auf „Lügen" hinweisen würde. Alle in der Volksweisheit und in der Literatur angeführten „Lügenmerkmale" sind lediglich unspezifische Ausdruckserscheinungen für Unbehagen, Scham, Angst, Erregung oder Aktiviertheit und dergleichen. Alle diese Symptome können vielerlei unterschiedliche Ursachen haben. Für die physiopsychologische Verdachtsabklärung geht es überhaupt nicht um „Lügendetektion", sondern allein um die Feststellung der unterschiedlichen personalen Bedeutsamkeit für die einzelnen dargebotenen „Reize".

(2) Setzt die Anwendung polygraphischer Geräte voraus, daß sich aus den mit ihnen gemessenen physiologischen Vorgängen Schlüsse auf eine „Lüge" ziehen lassen, und wenn ja, ist diese Voraussetzung nach wissenschaftlichen Erkenntnissen erfüllt?	Prof. Fiedler: Derartige Schlüsse werden in der Tat vorausgesetzt und vollzogen, obwohl sie wissenschaftlich nicht statthaft sind. Erhöhte physiologisch gemessene Erregung ist keinesfalls ein eindeutiger Indikator für Lügen, sondern kann auf verschiedenste Weise hervorgerufen werden. Prof. Steller: Der forensische Anwendungsbereich psychophysiologischer Aussagebeurteilung besteht in der Regel in der Identifizierung von Lüge und Wahrheit bei Verneinung eines Tatvorwurfes. Insofern beinhaltet die Interpretation der unterschiedlichen Stärke von physiologischen Reaktionen nach Vergleichsreizen naturgemäß Schlußfolgerungen im Hinblick auf Lüge und Wahrheit. Das Ausmaß, mit dem die Voraussetzungen für eindeutige Interpretationen nach wissenschaftlichen Erkenntnissen erfüllt sind, unterscheidet sich im Hinblick auf die indirekten und direkten Verfahren der psychophysiologischen Aussagebeurteilung. Die indirekten Verfahren (Tatwissentest) sind dabei voraussetzungsärmer als die direkten Verfahren (Kontrollfragentechnik. Prof. Undeutsch: Bei der physiopsychologischen Verdachtsabklärung wird primär erfaßt, welche der gestellten Fragen eine stärkere Aktiviertheit des Organismus auslöst. Es kommt dabei nicht darauf an, ob die Fragen wahrheitswidrig, wahrheitsgemäß oder gar nicht beantwortet werden.
(3) Trifft die beiden verwendeten Testverfahren (Kontrollfragentest (KFT) Tatwissentest (TWT)) zugrundeliegende Annahme zu, die gemessenen körperlichen Reaktionen würden bei schuldiger und unschuldigen Untersuchten unterschiedlich ausfallen, und bejahendenfalls warum?	Prof. Fiedler: Grundsätzlich können KFT und TWT nicht zwischen Schuld und Unschuld, sondern allenfalls zwischen Lüge / Wahrheit (KFT) oder Wissen / kein Wissen (TWT) trennen. Das bescheidenere Ziel des TWT, mit seinen engeren Einsatzmöglichkeiten, ist psychometrisch eher realistisch. Im Falle des KFT ist der Anspruch, zwischen Lüge und Wahrheit sauber zu trennen, klar zurückzuweisen. Prof. Steller: Es wurde bereits in der Antwort auf Frage 2 darauf hingewiesen, daß die theoretischen Annahmen, die den indirekten Verfahren der psychophysiologischen Aussagebeurteilung (Tatwissentechnik) zugrunde liegen, weniger Voraussetzungen beinhalten als die Grundannahmen der direkten Verfahren (Kontrollfragentechnik). Die wesentliche Problematik der direkten Verfahren ist darin zu sehen, daß im Einzelfall nicht objektiv festzustellen ist, ob der Proband im Sinne der Testlogik eingestimmt war und entsprechend dieser Testlogik physiologisch reagiert hat. Empirische Befunde weisen dennoch auf eine relativ hohe Trefferquote auch der direkten Verfahren hin. Aus theoretischen Erwägungen ergibt sich, daß die direkten Verfahren in unterschiedlichen Deliktbereichen in unterschiedlichem Ausmaße fehleranfällig sein können. Prof. Undeutsch: Für die Vergleichsfragen-Methode besagt die Theorie, daß die Täter stärkere Reaktionen bei den tatbezogenen Fragen zeigen und die Unschuldigen stärkere Reaktionen bei den Vergleichsfragen. Diese Theorie ist auf breiter Basis empirisch bestätigt worden sowohl durch die experimentellen Untersuchungen als auch durch die Felduntersuchungen. Beim Tatwissenstest werden dem Untersuchten zu jeder Frage sechs Alternativen angeboten, von denen eine immer

	die zutreffende, d.h. die in dem betreffenden Tatgeschehen gegebene, Alternative ist. Für den Unschuldigen, der keine Kenntnis von den Einzelheiten des Tatgeschehens hat, sind alle angebotenen Alternativen qualitativ annähernd gleichwertig hinsichtlich ihrer emotionalen ,,Ladung" (C.G. JUNG), dem Täter hingegen, der die Einzelheiten des Tatgeschehens kennt, springt die in seinem Tatgeschehen gegebene Alternative regelrecht entgegen (wird zur „Figur", während die übrigen Alternativen demgegenüber in den Hinter-„Grund" treten). Daß dies tatsächlich so ist, beweist schon jeder kleine, harmlose Zahlentest und beweisen in großem Stil die Experimente und die allerdings sehr spärliche - Feldforschung zur Validität des Tatwissenstestes.
(4) Ist es für den Einsatz von Polygraphen erforderlich, daß die zu untersuchende Person von dessen Brauchbarkeit, der Kompetenz des Untersuchers und von der Aussagekraft der erzielten Ergebnisse ausgeht, und bejahendenfalls warum?	Prof. Fiedler: Die Abhängigkeit des Tests vom Glauben der untersuchten Person an den Test ist – wie viele andere Annahmen – bei der Validierung nicht sichergestellt worden. Sofern der KFT überhaupt zur Lügendiagnostik beiträgt, ist zu vermuten, daß der Glaube an den Test eine substantielle Rolle spielt. Prof. Steller: Eine bestehende Überzeugung der zu untersuchenden Probanden bezüglich der Treffsicherheit der Verfahren und der Kompetenz des Untersuchern hat nach den vorliegenden Erkenntnissen positive Auswirkungen auf die Trefferquote psychophysiologischer Aussagebeurteilungen (insbesondere i.S. einer Reduzierung unentscheidbarer Fälle). Sie ist aber keine notwendige Voraussetzung. Prof. Undeutsch: Erforderlich nicht, aber es besteht die Möglichkeit, daß die Treffsicherheit der Methode dadurch erhöht wird. Die Forschung hat hierzu uneinheitliche Ergebnisse geliefert.
(5) Ist es im Hinblick darauf nach der Konzeption der Testverfahren notwendig, der zu untersuchenden Person den Eindruck zu vermitteln, die unter Einsatz eines Polygraphen durchgeführten Verfahren erzielten stets zutreffende Ergebnisse, und in welcher Weise wird diese Voraussetzung ggf. Sichergestellt?	Prof. Fiedler: Wie schon unter (4) und (12) beantwortet, liegen gezielte empirische Daten über den Einfluß dieser Suggestion nicht vor. Sicherstellen läßt sich ein solcher Eindruck seitens der befragten Person nicht; er kann durch Aufklärung bzw. entsprechende Beratung leicht eliminiert werden. Prof. Steller: Nach den US-amerikanischen Publikationen mit Anleitungen zur praktischen Durchführung von psychophysiologischen Aussagebeurteilungen wird den zu untersuchenden Personen der Eindruck einer hohen Treffsicherheit (bis hin zur Unfehlbarkeit) der psychophysiologischen Aussagebeurteilung vermittelt. Außer durch entsprechende Informationsvermittlung wird dies auch durch sogenannte Stimulationstests (Zahlenrateversuch oder Kartentest u.a.) unterstützt. Da Untersucher auf jeden Fall vermeiden werden, in dieser wichtigen Einstimmungsphase konkrete Hinweise auf eine mögliche Fehlbarkeit der Verfahren deutlich zu machen, werden dabei auch Täuschungen des Probanden vorgenommen. Nach eigener Kenntnis geschieht dies weniger durch Verwendung vorbereiteter Kartensets als vielmehr dadurch, daß der Untersucher im sogenannten Number-Test eben nicht eine verheimlichte Zahl „rät", sondern diese von dem Probanden erfragt und ihm dann erläutert, daß er genau auf diese Zahl eine starke Reaktion gezeigt habe (selbst wenn dies nicht der Fall gewesen sein sollte).

	Prof. Undeutsch: Das ist nicht erforderlich. Auch wenn dem Untersuchten nach dem Zahlentest gesagt wird, es sei dem Untersucher nicht gelungen, die vom Untersuchten ausgewählte Zahl (oder Karte u. dgl.) aufgrund seiner Reaktionen zu entdecken, ist die Trefferquote nicht geringer als in den Fällen, in denen ihm erklärt wurde, daß es leicht war, die von ihm gewählte Zahl herauszufinden. Die Untersucher, die es für günstig ansehen, daß der Untersuchte von der Genauigkeit der Methode überzeugt ist, tun das in der Weise, daß sie dem Untersuchten durch den Probelauf (mit Zahlen oder Karten) demonstrieren, daß seine Reaktionen bei der Frage, die er wahrheitswidrig beantwortet hat, anders aussehen als bei den Fragen, die er wahrheitsgemäß beantwortet hat. Den Untersuchten über die Genauigkeit der Methode zu informieren, ist schließlich auch ein Gebot der Fairneß, denn erst nachdem er sich davon überzeugt hat, ist er in der Lage, eine „informierte" Entscheidung darüber zu fällen, ob er anschließend sich dem Test unterziehen will, der der Aufklärung seiner Tatbeteiligung dient. Es wird ihm nie gesagt, die Untersuchungsmethode erziele „stets zutreffende Ergebnisse". Es wird ihm, wenn er Fragen zur Treffsicherheit stellt, gesagt, daß keine biologische und keine medizinische Methode in 100% der Fälle das richtige Ergebnis zu liefern vermag. Der Untersuchte wird über die tatsächlichen Trefferquoten informiert.
(6) Kommt in bezug auf das Funktionieren der Testverfahren der Furcht der untersuchten Person insbesondere vor Entdeckung der unzutreffenden Beantwortung einer Testfrage Bedeutung zu und ggf. in welchem Ausmaß?	Prof. Fiedler: Selbstverständlich kann die Furcht der untersuchten Person bei den kritischen Fragen die gemessene Reaktion erhöhen. Andererseits muß dies nicht geschehen. Prof. Steller: Die Furcht vor Entdeckung (gegebenenfalls auch vor Falschklassifikation) ist eine wichtige Komponente für das Entstehen physiologischer Reaktionen (Aktivierungen). Sie ist aber keine notwendige Voraussetzung. Es ist auch fraglich, ob mit einer „Furcht vor Entdeckung" (des Schuldigen) die differentiellen Reaktionsstärken nach Vergleichsreizen ausreichend bei den direkten Verfahren erklärt werden können. Insbesondere bei der „klassischen Kontrollfragentechnik" besteht ja die Logik darin, daß auch die (später in der Auswertung) als Kontrollfragen verwendeten Fragen von dem Probanden als beurteilungsrelevante Fragen angesehen werden und somit ebenfalls zur „Furcht vor Entdeckung" beitragen. Die hier gestellte Frage berührt somit das Grundprinzip der Methoden der direkten Verfahren der psychophysiologischen Aussagebeurteilung und kann daher nicht pointiert zusammenfassend beantwortet werden, ihre adäquate Beantwortung setzt ein Verständnis der Gesamtlogik der Verfahren voraus. Prof. Undeutsch: Die Furcht der untersuchten Person, insbesondere vor Entdeckung der wahrheitswidrigen Beantwortung der Testfrage kommt keine entscheidende Bedeutung zu. Der schlagende Beweis dafür ist der Zahlen-(oder Karten-) Test. Der Untersuchte tut in diesem Falle nichts anderes als die Anweisung des Untersuchers getreulich zu erfüllen, der ihn aufgefordert hat, alle Fragen mit „Nein" zu beantworten, auch bei der in der Reihe der Fragen an irgendeiner stelle auftauchenden Frage nach der Zahl, die er geschrieben hat.

	Das Befolgen dieser Anweisung würde ihm keinerlei nachteilige Folgen einbringen. Im Gegenteil: er würde eher Ärger bekommen, wenn er die Anweisung nicht getreulich befolgen würde. Obwohl überhaupt keine nachteiligen Folgen für ihn damit verbunden sind, wenn er die Anweisung des Untersuchers genau befolgt, zeigt er dennoch regelmäßig die stärkste Reaktion bei der Frage nach der Zahl, die er geschrieben hat. Noch erstaunlicher sind die hohen Trefferquoten in den realitätsnahen Experimenten. Bei den Experimenten haben diejenigen, die in der Rolle des „Täters" teilgenommen haben, etwas getan, was zu tun die Instruktion von ihnen verlangte. Sie haben also gewiß nichts Verbotenes oder Unerwünschtes getan. Dennoch haben sie starke Reaktionen bei den darauf gerichteten Testfragen. Die Reaktionen werden hervorgerufen einerseits dadurch, daß der Untersuchte tatsächlich etwas getan hat (im harmlosesten Fall hat er eine Zahl ausgewählt und auf ein Blatt Papier geschrieben) und anweisungsgemäß versucht, dies zu verbergen. ORNE (1972) faßt die Ergebnisse seiner Untersuchungen zusammen in dem Satz, „daß es weniger die effektive Lüge ist, die größere physiologische Reaktionen auslöst, als vielmehr die Absicht, (den Untersucher) über etwas zu täuschen" (S. 762).
(7) Kann ggf. sichergestellt werden, daß die gemessenen Körperreaktionen gerade auf dieser Furcht und nicht auf anderen emotionalen Vorgängen der untersuchten Person beruhen, und auf welche Weise geschieht dies?	<u>Prof. Fiedler:</u> Daß die gemessene Reaktion eindeutig auf die Furcht vor der Lügendetektion zurückzuführen sein soll und nicht auf andere emotionale Vorgänge, entbehrt jeder Grundlage. <u>Prof. Steller:</u> Diese Frage betrifft den Kerngehalt der psychophysiologischen Aussagebeurteilung insgesamt. Die Interpretation der unterschiedlichen Stärke physiologischer Aktivierung nach Vergleichsreizen ist bei den indirekten Verfahren voraussetzungsärmer und damit sicherer als bei den direkten Verfahren. Die Furcht vor Entdeckung ist bei beiden Verfahrensgruppen kein notwendiger, aber ein fördernder Faktor. Die Problematik der direkten Verfahren der psychophysiologischen Aussagebeurteilung besteht darin, daß zwar eine eindeutige Interpretation unterschiedlicher Reaktionsstärken nach Vergleichsfragen durch die Fragenkonstruktion angestrebt, aber nicht sichergestellt werden kann. Die unterschiedlichen Reaktionsstärken sind im Einzelfall nicht nur durch die Variable Täterschaft bzw. Lügen bei Verneinung des Tatvorwurfes konstituiert, sondern können auch andere Ursachen haben. <u>Prof. Undeutsch:</u> Es kann und braucht nicht sichergestellt zu werden, daß die gemessenen peripher-physiologischen Reaktionen gerade auf der Furcht vor Entdeckung der wahrheitswidrigen Beantwortung der Testfrage beruhen. Es genügt, daß die eine Kategorie von Fragen in der Untersuchungssituation und durch die Untersuchungssituation eine größere personale Bedeutsamkeit hat als die andere: für den Täter die tatbezogenen Fragen und für den Unschuldigen die Vergleichsfragen.
(8) Ist es in diesem Zusammenhang für den Aussagewert der Testergebnis-	<u>Prof. Fiedler:</u> Grundsätzlich gilt für jedes diagnostische Verfahren mit einer Validität größer null, daß mit einer systematischen Verfälschung der Ergebnisse zu rechnen ist, wenn

se unter dem Gesichtspunkt des sogenannten friendly-polygrapher-syndrome relevant, ob der Untersuchte mit deren Verwertung auch zu seinem Nachteil und überhaupt mit negativen Sanktionen bei Aufdeckung der unzutreffenden Beantwortung einer Testfrage rechnen muß?	man Ergebnisse (und damit auch Fehler) nur in einer Richtung zuläßt. Diese einseitige Verzerrung ist umso größer, je geringer die Validität des Verfahrens ist. Der hier erreichte Schluß, daß der KFT von sehr geringer Validität sein muß, impliziert somit eine sehr ernsthafte Verzerrung. Prof. Steller: Die Erwartung negativer Sanktionen (Furcht vor Strafe) ist ein Faktor für das Entstehen einer reiz(frage)abhängigen Aktivierung. Sie dürfte zu einer hohen Täuschungsmotivation beitragen. Empirische Befunde zeigen, daß bei hoher Täuschungsmotivation stärkere Aktivierungen und damit gegebenenfalls eindeutiger zu interpretierende Reaktionsdifferenzen zu erwarten sind als bei geringer Täuschungsmotivation. Furcht vor Strafe (bzw. hohe Täuschungsmotivation) ist aber keine notwendige Voraussetzung für das Auftreten differentieller physiologischer Reaktionen nach Vergleichsreizen, wie entsprechende Laborstudien zeigen. Differentielle Reaktionen können gänzlich ohne Täuschungsmotivation, ja sogar ohne das Wissen des Geprüften über die Ableitung physiologischer Reaktionen, entstehen. Prof. Undeutsch: Der zu Beginn der Nazi-Zeit in die USA emigrierte und dort zu hohem Ansehen gelangte forensische Psychiater Martin ORNE hat die Hypothese aufgebracht, daß eine Untersuchung, die nicht von einer Behörde veranlaßt worden ist, sondern auf Wunsch des Untersuchten selbst oder auf Veranlassung seines Verteidigers, die Tendenz habe, für den Untersuchten günstigere Ergebnisse zu zeitigen, weil die tatbezogenen Fragen viel von dem Gefährdungspotential, das sie für den Täter sowohl subjektiv als auch objektiv haben, verlieren, wenn er von vornherein weiß, daß der physiopsychologische Sachverständige die Ergebnisse der Untersuchung, falls sie für den Untersuchten ungünstig sind, nicht an die Strafverfolgungsbehörde weitergeben wird. Unter diesen Umständen könnte es sein, daß die persönlichen Vergleichsfragen stärkere Reaktionen auslösen könnten als die tatbezogenen Fragen, was dann - nach den Auswertungsregeln - zu dem - falschen - Ergebnis führen müßte, der Untersuchte habe die tatbezogenen Fragen wahrheitsgemäß verneint, obwohl er in Wirklichkeit Täter ist (sog. false negatives). Diese Hypothese ist überprüft worden an dem Material von D.C. RASKIN, bis zu seiner Emeritierung ordentlicher Professor für Psychophysiologie an der University of Utah, Salt Lake City, dem in der Welt führenden Forscher auf dem Gebiete der Forensischen Physiopsychologie. Das Ergebnis seiner Überprüfung ist in der beiliegenden Tabelle 11 dargestellt (hier nicht abgedruckt). Aus ihr ist zu erkennen, daß die von der Verteidigung überwiesenen Fälle bedeutend häufiger (in 66%) als die von den Ermittlungsbehörden ihm überwiesenen Fälle (in 42%) ein ungünstiges Ergebnis (die tatbezogenen Fragen „wahrheitswidrig verneint") haben. Das Ergebnis wird noch deutlicher, wenn man nicht nur das Endergebnis der Untersuchung, sondern die von beiden Gruppen erzielten Zahlenwerte in Betracht zieht. Positive Testwerte zeigen an, daß die tatbezogenen Fragen wahrheitsgemäß verneint worden sind, negative, daß sie wahrheitswidrig mit „Nein" beantwortet worden sind. Das arithmetische Mittel der Testergebnisse betrug bei den von der Verteidigung überwiesenen Fällen -7,6, bei den von der Strafverfolgungsbehörde überwiesenen Fällen +4,6.

	UNDEUTSCH hat in den Jahren 1979-1992 311 physiopsychologische Untersuchungen an Angehörigen der US-amerikanischen Streitkräfte durchgeführt, die ihm von den Verteidigern überwiesen worden sind. In diesem Material zeigte das numerische Endergebnis der Untersuchung in 66% der Fälle an, daß die tatbezogenen Fragen wahrheitswidrig verneint worden waren. Diese Zahl ist mit der von RASKIN punktgenau identisch. Die von ORNE geäußerte Vermutung ist damit aufgrund zweier - voneinander völlig unabhängiger - Datenbasen eindeutig widerlegt. Daher steht auch die vom 3. Senat des BGH (Beschluß vom 14.10.1998 - 3 StR 236/98) gemachte Annahme, *„Die Anwendung des Polygraphen setzt... jedenfalls voraus, daß der Untersuchte nicht nur mit der Zuverlässigkeit des Verfahrens rechnet, sondern auch annehmen muß, ein für ihn ungünstiges Ergebnis werde in derselben Weise Berücksichtigung finden wie ein günstiges. Anderenfalls sind verläßliche Resultate von vornherein in Frage gestellt, weil der Respekt des Untersuchten vor dem Entdecktwerden einen wichtigen Faktor für das Gelingen des Tests darstellt (sogenannte friendly examiner syndrome)"* im Widerspruch zu den empirischen Befunden.
(9) Wie wird beim Kontrollfragentest in objektiv nachprüfbarer Weise die für die Funktion der Kontrollfragen erforderliche, auf die untersuchte Person abgestimmte Formulierung gewährleistet?	<u>Prof. Fiedler:</u> Die Formulierung der Kontrollfragen geschieht intuitiv, ohne besondere methodische oder wissenschaftliche Fundierung, gerechtfertigt durch nicht näher spezifizierte „Erfahrung" der betrauten Untersucher. <u>Prof. Steller:</u> Bei der Kontrollfragentechnik werden die individuell abgestimmten Kontrollfragen auf dem Hintergrund einer biographischen und tatbezogenen Exploration der Probanden formuliert. Im Hinblick auf die Nachprüfbarkeit der Angemessenheit der Formulierung wäre (wie in anderen Gutachten auch üblich) eine transparente Dokumentation des Vorgehens, d.h. die Offenlegung aller verwendeten Fragen und ihrer individuellen Begründung zu fordern. <u>Prof. Undeutsch:</u> Die Art der Vergleichesfragen in ihren wesentlichen Inhalt ist durch die Art des Tatvorwurfs im wesentlichen vorgegeben. Die Vergleichsfragen beziehen sich auf das gleiche Normgebiet, auf dem die aufzuklärenden Taten liegen. Zu diesem Normgebiet (Verhältnis zu fremdem Hab und Gut, Verhalten auf sexuellem Gebiet, Vertrauensmißbrauch, aggressives Verhalten usw.) wird er exploriert. Je nach den in der Exploration gelieferten Informationen werden die Vergleichsfragen individuell auf den Untersuchten abgestimmt. Beispiel: Bei sexuellem Kindesmißbrauch könnte eine der üblichen Vergleichsfragen lauten: *„Vor ... (dem Tatzeitraum) - haben Sie auf sexuellem Gebiet jemals etwas getan, was Sie hätte in Schwierigkeiten bringen können?"* Wenn der Untersuchte in der Sexualanamnese mitgeteilt hat, daß er homosexuell ist, auf entsprechende Frage aber angibt, daß er niemals als Mann über 18 Jahre homosexuelle Handlungen an einer männlichen Person unter 18 Jahren vorgenommen hat, so kann die Frage dahingehend abgewandelt werden, daß er gefragt wird: *„Vor ... - haben Sie jemals - außer straffreien homosexuellen*

	Handlungen - auf sexuellem Gebiet etwas getan, was Sie hätte in Schwierigkeiten bringen können?" Eine solche Exploration und die daraufhin erfolgende Fragenformulierung ist der Grund dafür, daß Frau GREUEL (1998) hervorhebt, ,"daß Polygraph-Untersuchungen mehr mit hochspezialisierter Explorationsführung und psychologischer Testkonstruktion denn mit apparativer physiologischer Diagnostik zu tun haben".
(10) Ist diese individuelle Formulierung in erhöhtem Maße problematisch, wenn es um den Vorwurf eines Sexualdeliktes geht?	Prof. Fiedler: Es ist nicht bekannt, ob die Problematik der Kontrollfragen mit bestimmten Inhalten variiert. Prof. Steller: Die Konstruktion von (insbesondere „klassischen") Kontrollfragen beinhaltet, daß vergleichbar belastende Frageninhalte gefunden werden müssen, wie sie der Inhalt der relevanten Fragen in einer Verdachtssituation darstellt. Dazu muß gemäß Verfahrenslogik eine Täuschungsabsicht bzw. mindestens eine Unsicherheit bezüglich einer vollständig zutreffenden Beantwortung der Kontrollfragen auf seiten der Probanden induziert werden. Es gibt keine zuverlässigen Prüfprozeduren, mit denen festgestellt werden könnte, ob diese - der Testlogik entsprechende und daher notwendige - psychische Ausgangslage auf seiten der zu untersuchenden Probanden tatsächlich erreicht wurde. Aufgrund bereichsspezifischer Gegebenheiten ist die Konstruktion von Kontrollfragen im Bereich von Sexualdelikten besonders problematisch (insbesondere bei Handlungen von längerer Dauer und mit progressivem Verlauf wie sie bei sexuellem Kindesmißbrauch, aber auch bei anderen Tätergruppen mit progredienten Verlaufsformen sexualpathologischer Entwicklungen häufig gegeben sind). Prof. Undeutsch: Nein. jeder verantwortungsreife (§ 3 JGG) und jeder schuldfähige (§§ 17, 20, 21 StGB) Mensch weiß sehr genau, welche sexuellen Verhaltensweisen in der Gesellschaft, in der er aufgewachsen ist und lebt, mißbilligt, verboten oder strafbedroht sind.
(11) Ist es möglich, daß es bei der Formulierung der Kontrollfragen – sowie der Durchführung und Auswertung des Tests – zu Auswirkungen von Gleich- oder Gegengeschlechtlichkeit von Untersuchtem und Untersuchendem, Zugehörigkeit zu unterschiedlichen Sozialschichten oder Wechselwirkungen von Alter, Hautfarbe und anderen psychosozialen Variablen kommt?	Prof. Fiedler: Zumindest bei der Fragenauswahl – weniger bei der Durchführung und Auswertung – kann eine solche Wechselwirkung nicht ausgeschlossen werden. Ihre Auswirkungen (wären) könnten sich jedoch sowohl zugunsten wie auch zu ungunsten der befragten Person auswirken. Gesicherte Erkenntnisse liegen nicht vor. Prof. Steller: Die angesprochenen Interaktionen können Moderator-(bzw. Stör-) Variablen für die psychophysiologische Aussagebeurteilung darstellen. Aussagekräftige empirische Befunden liegen unseres Wissens nicht bzw. erst in Ansätzen vor. Aufgrund theoretischer Erwägungen und der vorliegenden (wenigen) empirischen Hinweise ist eine systematische Ergebnisbeeinflussung aufgrund solcher Interaktionen aber nicht sehr wahrscheinlich. Prof. Undeutsch: Die Abschätzung der Wirkung der Vergleichsfragen im konkreten Falle wird in dem Maße erschwert (bis hin zur Unmöglichkeit), in dem eine Fremdheit und Andersartigkeit der Kultur des Untersuchers und der Kultur des Untersuchten bestehen. Proportional zur Disparatheit der

	Kulturen nimmt der Aussagewert eines Testergebnisses ab - es sei denn, der Untersuchte ist mit der Kultur oder der Subkultur des Untersuchten vertraut. Es ist daher von Vorteil, wenn U.S.-amerikanische Schwarze von U.S.-amerikanischen schwarzen Polygraphspezialisten untersucht werden und Bürger südamerikanischer Staaten von in den USA lebenden mexikanischen Spezialisten und Bürger aus Israel von israelischen Spezialisten und Menschen auf den Philippinen von Spezialisten, die Philippinos sind, Menschen aus Japan von Japanern usw. Bei der Auswertung der Kurven spielen psychosoziale Variablen keine Rolle. Ein Geschlechtsunterschied zwischen Untersucher und Untersuchtem spielt keine Rolle, sofern der physiopsychologische Sachverständige fachlich kompetent und berufserfahren ist, weil das Verfahren sehr stark standardisiert ist. Genau das gleiche Problem und sogar noch in verstärktem Ausmaße ergibt sich bei der Aussagepsychologischen Beurteilung des Wahrheitsgehaltes von Zeugenaussagen. Es ist außerordentlich schwierig, die Motivlage von Zeugen zu erkunden, die einer Kultur mit andersartigen moralischen Maßstäben angehören. Das Problem tritt akut zutage etwa bei der Beurteilung von Vergewaltigungsbehauptungen von Frauen aus der Türkei oder anderen Ländern mit mohammedanischen Glaubensgemeinschaften.
(12) Bedarf es bei Anwendung des KFT zur Erhöhung seiner Aussagekraft des im Rahmen der Testvorbereitung erteilten Hinweises an die zu untersuchende Person, daß gerade die Antworten und Reaktionen auf die Kontrollfragen eine entscheidende Rolle bei der Beurteilung ihrer Glaubwürdigkeit spielen?	<u>Prof. Fiedler:</u> Dieser Teil der Testinstruktion und der Suggestion in die Testsitzung – der im übrigen eine gezielte Täuschung darstellt – wird als fester Bestandteil des Kontrollfragentest invariant gehalten. Deshalb ist nicht bekannt, wie sich Reaktionen der Respondenten verändern würden, wenn man auf diese falsche Suggestion verzichten würde. Zumindest die Möglichkeit, Reaktionen auf die Kontrollfragen zu manipulieren, sollte m.E. dann erleichtert sein. <u>Prof. Steller:</u> Ja, mindestens der entsprechenden „indirekten" Ausrichtung der Aufmerksamkeit der Probanden auf die Kontrollfragen (verbunden mit der Annahme, daß „Täter" dennoch ihre Aufmerksamkeit überwiegend auf die relevanten Fragen fokussieren werden). Ein hauptsächlicher kontroverser Punkt in der US-amerikanischen Diskussion über die Zuverlässigkeit der psychophysiologischen Aussagebeurteilung besteht darin, daß angezweifelt wird, daß die entsprechende differentielle Ausrichtung der Aufmerksamkeit von „Tätern" und „Nichttätern" in der Praxis tatsächlich gelingen kann. <u>Prof. Undeutsch:</u> Es wird den untersuchten Personen niemals gesagt, bei der Untersuchung gehe es um ,"die Beurteilung ihrer Glaubwürdigkeit". weil das auch in der Tat nicht der Fall ist. Es geht vielmehr darum aufzuklären, ob sie die Taten, derentwegen sie verdächtigt werden, begangen haben. Dem Untersuchten wird - wahrheitsgemäß – erklärt, daß beide Arten von Fragen für die Diagnosestellung „gleich wichtig" sind. Es kommt auch nicht darauf an, ob die Vergleichsfragen wahrheitsgemäß beantwortet werden oder nicht. In dem Experiment von Frau KLEIN sind bei jeder Person vier Testdurchgänge gemacht worden. Bei den beiden ersten Testdurchgängen haben die Versuchspersonen in konventioneller Weise die Vergleichsfragen mit „Nein" beantwortet. In den

	Testdurchgängen 3 und 4 war die Hälfte der Versuchspersonen angewiesen worden, die Vergleichsfragen mit „Ja" zu beantworten. Bei einigen Versuchspersonen wurden die Reaktionen auf die Vergleichsfragen dadurch stärker, bei anderen schwächer. In jedem Fall waren aber die Unterschiede der Reaktionen auf die Vergleichsfragen zu den Reaktionen auf die tatbezogenen Fragen immer noch so groß, daß eine eindeutige, und zwar nachweislich richtige Diagnose gestellt werden konnte.
(13) Ist der Aussagegehalt im Wege des KFT erzielter Ergebnisse davon abhängig, daß eine tatsächlich schuldige Person ihre Antworten auf die relevanten Fragen selbst für falsch hält?	Prof. Fiedler: Das subjektive Kriterium des realen Schuldbewußtseins ist so gut wie unmöglich zu bemessen, da schon objektive Kriterien der Schuld meist unzulänglich sind. Prof. Steller: Ja! Die („klassische" Form der) KFT baut auf der Grundüberlegung auf, daß es das Wissen des Täters um die eigene Täterschaft (= Wissen, die in Frage stehende konkrete Handlung begangen zu haben) ist, was den Täter vom Nichttäter zuverlässig unterscheidet. Erst hierdurch ergibt sich die Folgerung, daß der Täter die relevante Frage nach Tatbegehung wissentlich wahrheitswidrig verneinen muß, demgegenüber der Nichttäter sie wahrheitsgemäß beantworten kann. Auf diesen fundamentalen psychologischen („Bedeutsamkeits"-) Unterschied - von dem erwartet wird, daß er in der Konsequenz beim Täter zu emotionalen und/oder kognitiven Begleitprozessen führt - baut die Logik der Untersuchungsprozedur auf. Hiervon unberührt ist die Frage, ob sich der Täter im moralischen oder ethischen Sinn für „schuldig" hält oder nicht - etwa weil er sich gegenüber strafrechtlicher Vorschriften im Besitz besserer bzw. höherstehender Normen glaubt. Eine solche (z.B. bei pädophilen Straftätern nicht ganz selten anzutreffende) psychologische Ausgangslage gefährdet die Logik der KFT noch nicht grundsätzlich; wesentlich ist zunächst das Wissen um die in der relevanten Frage formulierten konkreten Handlung. Speziell bei pädophilen Straftätern (neben weiteren Tätern mit speziellen sexuellen Deviationen) bestehen anderweitige Probleme, u.a. aufgrund möglicher systematischer Beeinflussung der Bedeutung der Vergleichsfragen (siehe hierzu Antwort zu Frage 10, vgl. auch Antwort zu Frage 74). Prof. Undeutsch: Nein. Die stärkere Reaktion auf die tatbezogenen Fragen erfolgt bei den Tätern, weil sie die größere personale Bedeutsamkeit dieser Frage im Rahmen der Testsituation im Vergleich zu allen anderen Fragen des Tests erkennen.
(14) Kann es bejahendenfalls insofern von Bedeutung sein, daß - speziell im sexuellen Bereich - ein Vergessen, Verdrängen oder „Umwerten" der Tat eine Rolle spielen kann?	Prof. Fiedler: Grundsätzlich lassen sich solche Einflüsse eines unrealistischen Schuldbewußtseins nicht ausschließen. Ich halte sie für wahrscheinlich. Prof. Steller: Ja. Jede subjektiv wahre, aber „nivellierende" geistige Stellungnahme von Probanden zu relevanten Fragen (im Sinne einer Bedeutsamkeitsminderung für die relevanten Fragen) verringert die Stärke ihrer nachfolgenden physiologischen Aktivierung. Wird diese Nivellierung bei den relevanten Fragen von einer erhöhten Bedeutsamkeit der Kontrollfragen begleitet (z.B. dadurch, daß sexuelle Phantasien angestoßen

	werden), kann dies nicht nur zu unauswertbaren, sondern auch zu falsch-negativen Klassifikationen rühren. Der Faktor „Furcht vor Entdeckung bzw. Strafe" kann diesen Effekt wahrscheinlich nicht systematisch ausgleichen, da er (jedenfalls unprüfbar) gleichwertig nach relevanten und Kontrollfragen wirksam werden kann und somit kein zuverlässiger Faktor für die Entstehung differentieller Reaktionsstärken nach Vergleichsfragen ist. Prof. Undeutsch: „Vergessen" einer Sexualstraftat könnte allenfalls eintreten, wenn die Tat lange zurückliegt und in der Zwischenzeit niemals von irgendeiner Seite angesprochen worden ist. Sollte der Täter auch zu einem späteren Zeitpunkt, wenn er darauf angesprochen wird, und ihm Einzelheiten der angeblichen Tat vorgehalten werden, sich tatsächlich nicht daran erinnern können, so befände er sich in einer geistigen Verfassung, die es ihm unmöglich machen würde, sich in sachgerechter Weise zu verteidigen, da er an den betreffenden Vorfall, ob er so war, wie es behauptet wird, oder anders war, einfach keine Erinnerung mehr hat und diese auch durch Erinnerungshilfen nicht wiedererlangen kann. Die experimentelle Gedächtnispsychologie bestreitet entschieden, daß es solche Fälle geben kann. Eine subjektive „Umwertung" seiner objektiv strafbaren Handlungen würde ihm bei der physiopsychologischen Untersuchung nicht helfen können, da er nicht nach Bewertungen seines Tuns, sondern nach konkreten realen Handlungen gefragt wird.
(15) Wie wird beim TWT sichergestellt, daß die gestellten Fragen einerseits nicht marginale, andererseits nicht auch Nichttätern bekannte Details enthalten?	Prof. Fiedler: Sichergestellt ist dies keineswegs. Auch hier gibt es keine universelle Standardisierung. Die TWT-Voraussetzungen müßten durch eine geeignete Voruntersuchung zunächst sichergestellt werden. Prof. Steller: Im Verlauf einer entsprechend ausgerichteten Exploration (Befragung) vor der eigentlichen Prüfprozedur mit Erklärung der Verfahrenslogik wird der zu Prüfende instruiert, möglicherweise vorhandenes Tatwissen zu benennen. Es kann erwartet werden, daß Nichttäter dies aus Selbstschutz tun werden. „Mitwissende" die Motive zum Verschweigen von Tatwissen hätten und es auch tatsächlich verschweigen würden, würden mit hoher Wahrscheinlichkeit „positiv" klassifiziert werden. Daher sind die Klassifikationen „Täter" bzw. „schuldig" immer nur umgangssprachlich abkürzende Formulierungen, die zutreffende Formulierung für die Ergebnisklassifikation bei der Tatwissentechnik müßte lauten: „Vorhandensein von Tatwissen indiziert bzw. nicht indiziert" aufgrund der differentiellen physiologischen Reaktionen. Prof. Undeutsch: Die beim Tatwissenstest gestellten Fragen beziehen sich ausschließlich auf Aspekte des Tatgeschehens, von denen aus der kriminologischen Forschung und aus der forensischen Erfahrung bekannt ist, daß diese Aspekte für diese Art von Tätern von Bedeutung zu sein pflegen (z.B. beim Raub einer Handtasche deren Inhalt). Gefragt wird nur nach denjenigen Aspekten des Tatgeschehens, von denen der Untersuchte auf Befragen ausdrücklich angibt, keine Kenntnis zu haben. Wenn er dennoch bei der zutreffenden Alternative die stärkste Reaktion aufweist, so wird er nach dem Test gefragt, welche Erklärung er

	dafür habe, und ob er vielleicht von irgendwoher diese Kenntnis gehabt haben könne, ohne Täter zu sein. Dadurch wird sichergestellt, daß keine für den Untersuchten ungünstigen Schlüsse daraus gezogen werden, daß er Kenntnis von Fakten hat, von denen auch der unbeteiligte Kenntnis haben könnte (z.B. aus den Medien oder aus Gesprächen im „Milieu") Wenn er allerdings sagt, er habe Kenntnis davon erhalten aus Gesprächen in seiner Umgebung, so wird diese Antwort gewiß Anlaß zu weiteren Ermittlungen geben können.
(16) Gibt es Spezifika der untersuchten Person (z.B. elektrodermale Labilität, Persönlichkeitsvariable „Extraversion"), die die apparativen Meßergebnisse beeinflussen können, und in welchem Umfang ist dies ggf. der Fall?	Prof. Fiedler: Tatsächlich variiert die absolute Reaktionsbereitschaft sehr stark zwischen Individuen. Da die Meßlogik jedoch auf einem Vergleich von kritischen und Kontrollfragen innerhalb desselben Individuums beruht, spielt dies eine untergeordnete Rolle. Man könnte sich indessen einen „Deckeneffekt" bei sehr labilen Personen denken, die auf alle Fragen sehr stark reagieren, so daß eine Trennung nicht mehr möglich ist. Diese interessanten Fragen werden in der gesamten Literatur weitgehend ignoriert. Prof. Steller: Insbesondere für die eng mit physiologischen Parametern verbundenen Persönlichkeitsvariablen „Extraversion", „Psychopathie" und „Soziopathie" liegen empirische Befunde vor, die einen moderierenden Einfluß dieser Faktoren auf Ergebnisse von psychophysiologischen Aussagebeurteilungen demonstrieren. Entgegen landläufiger Annahme ist aber eine physiologische Hyperaktivität (z.B. von Psychopathen) wahrscheinlich kein Faktor, der die Treffsicherheit der psychophysiologischen Aussagebeurteilung beeinträchtigt, sondern ein Faktor, der die differentielle Reaktivität auf Vergleichsreize möglicherweise besonders klar erkennen läßt. Bei hyperreaktiven Probanden können dagegen ausgeprägte Spontanfluktuationen und Zufallsreaktionen eine eindeutige Interpretierbarkeit der reizabhängigen physiologischen Reaktionen beeinträchtigen. Prof. Undeutsch: Die unterschiedliche Ausprägung bestimmter Persönlichkeitseigenschaften (z.B. Extraversion) hat keine Auswirkungen auf die Genauigkeit der Diagnosen, da immer nur intraindividuelle Vergleiche angestellt werden. Maßstab ist immer nur das individuelle Reaktionsverhalten. Das gleiche gilt auch von der „Individualspezialität" der Reaktionsweise. Die Menschen unterscheiden sich erheblich in ihrem unwillkürlichen Ausdrucksverhalten. Das gilt ebenso für das mimische Ausdrucksverhalten (Gesichtsmimik, Sprechmimik, Pantomimik) wie für das peripherphysiologische Ausdrucksverhalten, das mit den Polygraphie-Geräten objektiv erfaßt wird, aber auch für die mit Streß einhergehenden endokrinen Veränderungen. LACEY (1950) und MALMO und SHAGASS (1949) haben aufgrund von Untersuchungen an Normalen und Patienten festgestellt, daß bestimmte Personen unabhängig davon, welcher Belastungsqualität sie ausgesetzt sind, dazu neigen, mit bestimmten Reaktionen zu antworten. Dabei tritt eventuell nur in einer Variablen eine Reaktion auf, in anderen aber nicht. Bei manchen Personen besteht eine Art von Reaktionshierarchie. Bei einer Person tritt z.B. die stärkste Veränderung bezüglich des Muskeltonus auf, am schwächsten mag die Veränderung der elektrodermalen Aktivität sein. Bei einer anderen Person mögen die Reaktionen umgekehrt sein. Diese individuellen

	Reaktionsmuster (Konfigurationen oder Patterns) sind bei Vorliegen einer individualspezifischen Reaktion konstant über verschiedene Belastungsarten und Emotionszustände hinweg. Das Prinzip der Individualspezifität verlangt, daß für verschiedene Individuen verschiedene Maße für die Abschätzung des durch die dargebotenen Reize ausgelösten Aktivationsniveau herangezogen werden. Untersuchungen, in denen nur ein oder zwei physiologische Indikatoren zur Kennzeichnung der physiologischen Streßwirkung benutzt werden, sind fragwürdig, weil es so möglich zu sein scheint, daß bestimmte Individuen ihre „maximale" Streßreaktion gar nicht in den ausgewählten physiologischen Variablen erzielen. Unter diesem Gesichtspunkt ist es gewiß von Vorteil, daß die in Deutschland von den forensischen Physiopsychologen verwendeten Polygraphie-Geräte mehrheitlich vier Variablen (statt der in den USA üblichen drei variablen) aufzeichnen. Für die Auswertung der Polygramme ergibt sich aus dem Prinzip der Individualspezifität keine Schwierigkeit, weil die Auswertung nicht im interindividuellen Vergleich, sondern im intraindividuellen Vergleich vorgenommen wird. Es ist gleichgültig, in welchen Variablen die stärksten Reaktionen auftreten. Wo immer Reaktionen auftreten, werden sie verglichen mit den Reaktionen in den gleichen Variablen bei dem gleichen Individuum auf die unterschiedlichen Testfragen.
(17) Sind die Messungen durch den Untersuchten manipulierbar, insbesondere durch die Einnahme von Psychopharmaka, durch mentale Aktivitäten und vorbereitende Übungen sowie durch Hypnose?	Prof. Fiedler: Es ist unstrittig, sogar unter Befürwortern, daß Testergebnisse durch willentliche physische und mentale Einflüsse auf die Kontrollfragen verfälscht werden können. Pharmaka würde alle Fragen gleichermaßen beeinflussen und scheiden somit aus. Prof. Steller: Prinzipiell ist eine systematische vorsätzliche Beeinflussung von Ergebnissen psychophysiologischer Aussagebeurteilungen denkbar. Als besonders geeignet erscheinen sogenannte mentale Manipulationen. Sie setzen Kenntnis der jeweiligen Verfahrenslogik voraus. Bei zusätzlicher Kenntnis über Methoden der systematischen Reaktionsverstärkung und besonders auf dem Hintergrund vorbereitender und den Erfolg der Beeinflussungen rückkoppelnder Übungen (systematisches Training mit Bio-Feedback) ist eine erhöhte Wahrscheinlichkeit gegeben, daß mentale Manipulationsversuche auch unentdeckt bleiben könnten, während sonst eher auffällige (da erwartungswidrige) Reaktionsverläufe zu erwarten sind, die der sachkundige Untersucher weitgehend erkennen kann. Entspannende Psychopharmaka eignen sich nicht zur systematischen Ergebnismanipulation, da sie lediglich global reaktionsmindernd wirken. Der Einfluß von Hypnose erscheint unzureichend erforscht, ist aber nach hiesiger Einschätzung eher von theoretisch-wissenschaftlichem Interesse, als daß er praxisrelevant werden dürfte. Prof. Undeutsch: Ja. Ergänzend zu den Ausführungen im Gutachten seien noch Forschungsergebnisse zur Auswirkung von hypnotisch befohlener Amnesie mitgeteilt. Gefragt wird, ob es möglich ist, durch hypnotische Suggestion die Erinnerung an ein Ereignis oder an eine ausgeführte Handlung auszulöschen. Die bisherigen Forschungsergebnisse lassen erkennen, daß der in der Hypnose gegebene Befehl, etwas Bestimmtes zu vergessen, nicht zu einem wirklichen vergessen führt, sondern nur dazu, daß die Versuchspersonen nicht

	die Erinnerungsstrategien anwenden, die normalerweise zum erfolgreichen Wiedererinnern führen (EVANS, 1980; EVANS & KIHLSTROM, 1973; EVANS, 1988). CUMLSY (1959) und BERRY ließen zwei Personen einen Einbruch verüben. Späterhin wurden sie einem physiopsychologischen Test unterzogen, nach dem sie vorher in Hypnose versetzt worden waren. In Hypnose wurde ihnen Erinnerungslosigkeit für den von ihnen - anweisungsgemäß - verübten Einbruch suggeriert. Hernach wurden sie im Wachzustand einem Polygraph-Test unterzogen. Beide verneinten, den Einbruch verübt zu haben. Ihre Reaktionskurven zeigten jedoch eindeutig an, daß sie den Einbruch wahrheitswidrig verneinten. Ein etwas umfassenderer Versuch wurde unternommen an der Fachhochschule der U.S.-Militärpolizei in Fort Gordon, Georgia. Zwölf Personen wurden angewiesen, eine verbrechensähnliche Handlung auszuführen. Später wurde ihnen in Hypnose Erinnerungslosigkeit suggeriert. Bei einem späteren Test wurden 11 dieser Versuchspersonen als Täter diagnostiziert und einer - fälschlich - als Unschuldiger (Lie Detector Committee, 1959). Ein weiteres Experiment wurde von German (1961) durchgeführt. Aus 20 Freiwilligen wurden die fünf Personen ausgewählt, die aufgrund von Vortests sich als leicht und tief hypnotisierbar erwiesen hatten. Diese fünf Versuchspersonen hatten eine verbrechensähnliche Handlung auszuführen. Sie wurden danach in Hypnose versetzt, in der ihnen die Suggestion gegeben wurde, daß sie keine Erinnerung an die ausgeführte Handlung haben. Es wurde mit diesen Personen 15 Tests durchgeführt. Bei 8 Tests war eindeutig erkennbar, daß die tatbezogenen Fragen wahrheitswidrig verneint worden sind, bei den anderen 7 Tests wurde das Ergebnis als „unentscheidbar" bezeichnet. Keiner der Tests führte zu der Diagnose „wahrheitsgemäß verneint". In einem Experiment von WEINSTEIN, ABRAMS und GIBBONS (1970) hatten drei Teilnehmer eine verbrechensähnliche Handlung auszuführen. Sie wurden nachher in Hypnose versetzt und erhielten die Suggestion völliger Erinnerungslosigkeit für die Tat. Die anderen Teilnehmer haben die Handlung nicht ausgeführt, wurden aber in Hypnose versetzt, in der ihnen die Suggestion gegeben wurde, sie hätten das Geld gestohlen. Die drei unschuldigen Teilnehmer, denen die Suggestion erteilt worden war, sie hätten das Geld gestohlen, reagierten im Polygraph-Test wie Täter und wurden - fälschlich - als solche diagnostiziert. Für die drei Teilnehmer, die tatsächlich das Geld gestohlen hatten, denen aber suggeriert worden war, sie hätten keine Erinnerung daran, erlaubte das Testergebnis keinen sicheren Schluß auf Täterschaft, begründete aber die Wahrscheinlichkeit, daß sie das Geld gestohlen hätten. Die Ergebnisse dieser Experimente weisen in die Richtung, daß hypnotisch herbeigeführte Erinnerungslosigkeit nicht dazu führt, daß Täter im Test als Unschuldige erscheinen.
(18) Welche Bedeutung für den Aussagewert des Tests hat die Auswertung der Meßergebnisse durch den Untersuchenden?	Prof. Fiedler: Die Auswertung von Polygraphenprotokollen ist – bei einigem Training der Auswerter – weitgehend objektiv. Dennoch kommt es zu unzuverlässigen Klassifikationen – besonders für die Kategorie „nicht entscheidbar" – wenn die Auswerter Hintergrundwissen über den Fall besitzen.

	Prof. Steller: Die Fragen 18-21 werden an dieser Stelle im Zusammenhang beantwortet. Die Auswertung der physiologischen Reaktionen betrifft erstens die vergleichende Bestimmung reizabhängiger Reaktionsstärken und zweitens die Gesamtklassifikation. Die Bestimmung reizabhängiger Reaktionsstärken ist ein komplexer Vorgang, der ein Erkennen von Reaktionsbeginn und -ende sowie eine Integration von Amplituden-, Flächen- und Zeitmaßen beinhaltet. Eine „intuitive Kurvenausdeutung" ist einer „numerischen Reaktionsstärkebestimmung" mit festgelegten Zuordnungsregeln naturgemäß unterlegen. Wissenschaftliche Untersuchungen belegen eine ausreichende Beurteilungsübereinstimmung bei Anwendung numerischer Auswertungssysteme, Fehler im Einzelfall sind dadurch aber nicht ausgeschlossen. Auswertungskontrollen durch Dritte sind bei numerischer Ausweitung prinzipiell möglich. Bei klaren numerischen Auswertungsregeln, wie sie sowohl für die Kontrollfragentechnik als auch für die Tatwissentechnik vorliegen, ist der Schritt von der Reaktionsstärkebestimmung zur endgültigen Klassifikation ein einfacher Zählvorgang. Für die Praxis sei darauf hingewiesen, daß die numerische Auswertung durch eine „qualitative" Auswertung der physiologischen Reaktionen ergänzt werden kann. Durch sie sind möglicherweise Besonderheiten z.B. im Sinne von systematischen Manipulationsversuchen aufgrund erwartungs- und erfahrungswidriger Reaktionsverläufe erkennbar. Computerisierte Kurvenauswertungen (und Klassifikationen) sind der „numerischen Auswertung" überlegen. Entsprechende Programme ermöglichen die Berechnung individueller Wahrscheinlichkeiten für die Gesamtklassifikation aufgrund der individuellen Reaktionsstärken und / oder aufgrund von Bezugsgruppenvergleichen (vgl. dazu auch die Antwort auf Frage 22). Algorithmen (und Programme) für die Kurvenauswertung sind keine Spezifika der forensisch-psychophysiologischen Aussagebeurteilung, sondern liegen in der Grundlagendisziplin Psychophysiologie bereits vor. Die Erstellung von Klassifikationsprogrammen erfordern aufgrund des einfachen Klassifikationsalgorithmus wahrscheinlich nur durchschnittliche Programmierkenntnisse wie sie bereits bei vielen Studenten des Diplomstudienganges Psychologie vorhanden sind. Noch einmal zusammenfassend: Das „Lesen" von (polygraphisch oder computerisiert) registrierten physiologischen Reaktionen erfordert Expertenwissen. Global-intuitve Einschätzungen von physiologischen Reaktionsstärken mögen vereinzelte (veraltete bzw. schlechte) US-Polygraphpraxis darstellen, sind aber kein Bestandteil einer wissenschaftlich fundierten forensischen psychophysiologischen Aussagebeurteilung. Durch exakte Definition von Auswertungsregeln wie sie mit sogenannten „numerischen" oder besonders mit computerisierten Auswertungs- und Klassifikationssystemen vorliegen, kann ein hohes Ausmaß an Beurteilerübereinstimmung erreicht werden. Bei Verwendung numerischer und insbesondere computerisierter Auswertungen ist ein Einfluß von Vorurteilen auf die Klassifikation nicht zu erwarten. Prof. Undeutsch: Die Auswertung der Reaktionskurven durch den Untersucher hat bei allen Validitätsuntersuchungen immer die höheren Trefferquoten ergeben. Die Trefferquoten

	der Zweit-Untersucher liegen regelmäßig tiefer - mal mehr, mal weniger. Ob die Trefferquoten der Zweit-Auswerter viel oder wenig unter denen der Erstgutachter liegen, hängt entscheidend davon ab, ob die Zweit-Auswerter ausgebildet und geübt sind in der numerischen Auswertung der Kurven. Es gibt in den USA auch heute noch Fachhochschulen für Forensische Physiopsychologie, die nur eine eindrucksmäßige Beurteilung der Kurven lehren. Diese Institute lehren gleichzeitig die Berücksichtigung des Verhaltens und der sprachlichen Äußerungen der Probanden während der Untersuchung. Die bloß eindrucksmäßige Beurteilung der Kurven hat sich in vergleichenden Untersuchungen als ungenau erwiesen, die Berücksichtigung von Verhalten und sprachlichen Äußerungen der Untersuchten hat sich als häufig irreführend erwiesen. Die höchste diagnostische Genauigkeit wird regelmäßig erzielt durch die semiobjektive numerische Auswertung durch die Untersucher ohne Berücksichtigung anderer Symptome.
(19) Ist dieser Bewertungsvorgang objektiv überprüfbar?	<u>Prof. Fiedler:</u> Ja. Es gibt saubere Studien zur Objektivität des Verfahrens. <u>Prof. Steller:</u> Die Fragen 18-21 wurden im Zusammenhang beantwortet; die gesamte diesbezügliche Stellungnahme findet sich daher unter Frage 18. <u>Prof. Undeutsch:</u> Das Auswertungsergebnis ist jederzeit durch Fachleute überprüfbar. Die Ergebnisse solcher Überprüfungen zeigen regelmäßig sehr hohe Übereinstimmungen zwischen Zweit-Auswertern und Erst-Auswertern. Die Höhe der Übereinstimmung wird ausgedrückt in Korrelationskoeffizienten. Werte von 0 zeigen an, daß allfällige Übereinstimmungen selten und rein zufällig sind, Werte von 1 zeigen an, daß beide Auswerter in allen Fällen vollkommen übereinstimmten. Sowohl bei den experimentellen Untersuchungen (DAWSON, 1980; KIRCHER & RASKIN, 1983, 1988; PODLESNY & RASKIN, 1978; RASKIN & RARE, 1978; ROVNER, RASKIN & KIRCHER, 1979) als auch bei Felduntersuchungen (RASKIN, BARLAND & PODLESNY, 1978; RASKIN, KIRCHER, HONTS & HOROWITZ, 1988) liegen die Korrelationskoeffizienten über 0,90. Zum Vergleich: das ist eine Auswerter-Übereinstimmung (interrater reliability), die als extrem hoch bezeichnet werden muß und die von anderen in der forensischen Praxis von den Psycho-Wissenschaften benutzten Verfahren nicht erreicht wird. In den letzten Jahren werden versuche mit Computer-Auswertungen unternommen. Die Entwicklung befindet sich noch im Experimentierstadium. Das Computerprogramm bezieht sich ausschließlich auf die Kurvenauswertung. Die Kurvenauswertung ist nur der letzte - kleine - Schritt in der gesamten physiopsychologischen Untersuchung. Entscheidend für die richtige Diagnose sind das ausführliche Vorgespräch, die Entwicklung der Testfragen, die richtige Einstellung des Gerätes auf den Probanden und die Gespräche zwischen den einzelnen Testdurchgängen. Hier kommt allein das Können des Untersuchers zum Tragen. Ein Computer kann dazu nichts beisteuern. Für die Kurvenauswertung gibt es z.Zt. zwei verschiedene Programme. Zuerst wurde entwickelt das Computerized Polygraph

System (ZPS) von RASKIN und KIRCHER (1988). Die Basis für das Computer-Programm bilden die Kurven von 40 Versuchspersonen, die an einem Experiment teilgenommen haben, bei dem die Hälfte von ihnen eine verbrechensähnliche Handlung auszuführen hatte, die andere Hälfte nicht. Die Computer-Auswertung lieferte bei diesen 40 Versuchspersonen in 93% der Fälle das richtige Ergebnis. Das Programm wurde danach noch an den Versuchspersonen aus einem anderen Experiment überprüft. Für diese Gruppe von Versuchspersonen lieferte das Programm in 94% der Fälle das richtige Ergebnis. Der Algorithmus wurde schließlich noch erprobt an den Polygraph-Tests die vom Secret Service an realen Beschuldigten durchgeführt worden waren. Das Programm lieferte in 95 bis 96% der späterhin als „unschuldig" erwiesenen Fälle das richtige Ergebnis und in 83 bis 96% das richtige Ergebnis bei den Fällen, die späterhin als Täter sich erwiesen haben (RASKIN, KIRCHER, HONTS & HOROWITZ, 1988). RASKIN et al. fügen jedoch hinzu:

„Die Untersucher übertrafen (an diagnostischer Genauigkeit) alle Zweit-Auswerter und die Computerauswertung" (S. 35).

Im Jahre 1993 hat das Applied Physics Laboratory, Johns Hopkins University die Entwicklung eines Algorithmus für die Kurvenauswertung abgeschlossen. Die Grundlage für das Programm bildeten die Kurven von 539 physiopsychologischen Untersuchungen von realen Beschuldigten. Davon waren 162 verifizierte Fälle. Die anderen 377 können nur in einem weitgefaßten Sinne als „verifiziert" bezeichnet werden: es sind Fälle, in denen zwei Auswerter in ihrer Diagnose übereinstimmten. Von den 162 Fällen wurden von dem Programm 92,6% richtig erfaßt, 0,6% (= 1 Fall) falsch diagnostiziert und 6,8% als „unentscheidbar" eingestuft. Gegen dieses Programm sind von fachlicher Seite erhebliche Einwände erhoben worden (PORGES, 1996).

Alle computerisierten Polygraphie-Instrumente sind bis jetzt nicht in der Lage, die vasomotorische Aktivität zu messen und zu registrieren, obwohl diese die zweitwichtigste Variable für die Diagnostik ist. Erst recht gibt es keinen Algorithmus für die Aufzeichnungen der vasomotorischen Aktivität.

Ein anderer entscheidender Nachteil ist, daß über die von den Computern verwendeten Algorithmen keine genauen Auskünfte von den Herstellern gegeben werden. Die Anwender müssen blind darauf vertrauen, daß derjenige, der die Algorithmen entwickelt hat, die richtigen Regeln angewendet hat. Welche Regeln er angewendet hat, wissen sie nicht.

Es gibt bis jetzt keine vergleichende Untersuchung für die beiden vorhandenen Algorithmen. Über deren Übereinstimmung miteinander ist nichts bekannt.

Nachprüfbar ist auch bei den mit Computern vorgenommenen Aufzeichnungen nur die von Hand vorgenommene Auswertung des Kurvenausdrucks. Der Kurvenausdruck hat keine Aufzeichnungen für die vasomotorische Aktivität. Es steht für den Kurvenausdruck zur Zeit kein Millimeterpapier zur Verfügung, das eine genauere Auswertung ermöglicht als das grobe Raster, das der vom Computer gelieferte Ausdruck bietet.

Es ist wahrscheinlich, daß in Zukunft bessere computerisierte Polygraphie-Geräte und bessere Auswertungsalgorithmen entwickelt werden können. Derzeit sind die Computerprogramme für den Einsatz in der forensischen Physiopsychologie noch nicht geeignet (IACONO & LYKKEN, 1997,

	S. 590 & 610; RILL & VOSSEL, 1998, S. 485). Der Computer tritt z. Zt. noch keineswegs an die Stelle des menschlichen Auswerters. Alle staatlichen und kommunalen Polygraph-Dienste in den USA geben die strikte Anweisung an ihre Polygraph-Spezialisten, zunächst die Reaktionskurven durch den Untersucher selbst von Hand auswerten zu lassen, alsdann die Auswertung durch den Computer vornehmen zu lassen und bei deutlichen Abweichungen von der Auswertung des Untersuchers diesen zu veranlassen, seine Auswertung selbst noch einmal zu überprüfen. Bleibt danach die Diskrepanz bestehen, ist und bleibt die Auswertung durch den Untersucher maßgebend für die Diagnose. Das zeigt zur Genüge, wie der Wert der Computer-Auswertung von den offiziellen Stellen in den USA z.Zt. eingeschätzt wird. Gleichartig sind die Erfahrungen mit der Auswertung der Elektro-Kardiogramme durch den Computer. Neue Computer-Programme sind in der Lage, ein EKG aufzunehmen und auszuwerten. Bei der Auswertung des EKGs zeigen diese Programme etwa 10% schwerwiegende Abweichungen vom richtigen Befund, insgesamt 8,5% mit therapeutischen Auswirkungen für den Patienten. Das ist das Ergebnis einer Untersuchung von KEMPE am Zentrum für Innere Medizin der Universität Köln. Die Formulierung des Ergebnisses in Schlagzeilen lautet: *„Der Computer urteilt schnell, aber unflexibel. Elektronisch erstellte EKG-Befunde ersetzen nicht die Kontrolle durch den Arzt" (Kölner Universitäts-Journal 3 (1998), S. 74).*
(20) Welche Anforderungen sind generell und vor allem in diesem Zusammenhang an die Qualifikation des Untersuchenden zu stellen?	<u>Prof. Fiedler:</u> Je objektiver die Auswirkung mithilfe mehr oder weniger mechanistischer Codierverfahren erfolgt, um so geringer sind die Anforderungen an besondere Qualifikationen der Untersucher. Offenkundig stellt die Schulung der Untersucher in der Praxis kein Problem dar. <u>Prof. Steller:</u> Die Fragen 18-21 wurden im Zusammenhang beantwortet; die gesamte diesbezügliche Stellungnahme findet sich daher unter Frage 18. <u>Prof. Undeutsch:</u> Am 23.11.1997 ist in Köln die „Europäische Gesellschaft für Physiologische Forensische Psychologie" gegründet worden. Die Mitglieder haben festgelegt, daß Sachverständige für Forensische Physiopsychologie mindestens folgende Voraussetzungen erfüllen müssen: - Diplom in Psychologie oder gleichwertigen akademischen Abschluß, - Qualifikation zum Fachpsychologen für Rechtspsychologie, - mindestens zusätzlich die Grundausbildung in Forensischer Physiopsychologie nach den Richtlinien der American Polygraph Association. Hinzu treten muß zur Qualitätssicherung Supervision und jährliche Fortbildung in einem noch festzulegenden Umfang.
(21) Wie wirken sich dessen Vorverständnis und Vorkenntnisse auf die Bewertung der Meßergebnisse aus?	<u>Prof. Fiedler:</u> Vorkenntnisse über die Hintergründe der Person und des Deliktes verändern das Testergebnis merklich. Dies führt typischerweise zu Klassifikationen in die benachbarte Kategorie (z.B. in die Kategorie „unschuldig" statt „nicht entscheidbar").

	Prof. Steller: Die Fragen 18-21 wurden im Zusammenhang beantwortet; die gesamte diesbezügliche Stellungnahme findet sich daher unter Frage 18. Prof. Undeutsch: Je besser der Ausbildungsstand des Sachverständigen ist, um so größer ihre diagnostische Genauigkeit.
(22) Wie kommt der sich auf die Glaubwürdigkeit/ Unglaubwürdigkeit des Untersuchten beziehende %-Wert (z.B. 90%) zustande?	Prof. Fiedler: Auf der Grundlage des Bayes-Theorem wird die Wahrscheinlichkeit, daß eine Aussage bei gegebenen Messungen wahr oder aber falsch ist, aus zuvor empirisch erfaßten umgekehrten Wahrscheinlichkeit, daß wahre versus falsche Aussagen zu bestimmten Messungen führen, berechnet. Diese zugrunde gelegten Daten setzen voraus, daß das objektive Kriterium bekannt ist – eine in jeder Hinsicht ungerechtfertigte Annahme. Prof. Steller: Prinzipiell gibt es unterschiedliche Möglichkeiten, im Rahmen der psychophysiologischen Aussagebeurteilung die individuelle Wahrscheinlichkeit des Zutreffens der vorgenommenen Klassifikation bzw. die Wahrscheinlichkeit eines möglichen Irrtums zu bestimmen. Denkbar sind einerseits Prozeduren, die ausschließlich auf den individuellen Meßwerten basieren - sie setzen prinzipbedingt die Kenntnis von Basiswahrscheinlichkeiten voraus - und andererseits Methoden, die das individuelle Reaktionsprofil in Beziehung zu den Verhältnissen innerhalb einer Eichstichprobe setzen - diese setzen prinzipielle Vergleichbarkeit zwischen Individuum und Normierungsgruppe voraus, die Kenntnis von Basiswahrscheinlichkeiten ist indessen nicht erforderlich. In der Praxis werden für die TWT die erstgenannte Variante rein individueller Wahrscheinlichkeiten genutzt; ausgegangen wird von der Hypothese, daß bei einem Nichttäter die Basiswahrscheinlichkeit der physiologischen Reaktionsstärke bei relevanten und Vergleichsitems identisch ist. Für die direkten Methoden wäre ein analoges Vorgehen (allerdings unter der Formulierung von Zusatzannahmen) denkbar, wird in der Praxis unseres Wissens indessen nicht umgesetzt. Üblich ist im Falle computergestützter Auswertungen die zweitgenannte Variante einer auf Normgruppen bezogenen Angabe von Klassifikations- und Irrtumswahrscheinlichkeit. Diese Bezugnahme ersetzt die a-priori-Zugrundelegung von Basiswahrscheinlichkeiten. Sie ist unter der Voraussetzung sinnvoll, daß die herangezogene Referenzgruppe für das Individuum repräsentativ ist. In der deutschen Polygraph-Praxis findet sich eine weitere Form einer „Quasi-Quantifizierung" individueller Irrtums- bzw. Zuverlässigkeitswahrscheinlichkeiten, die unter Vernachlässigung der tatsächlichen individuellen Ausprägung eines vorliegenden Befundes eine bloße Bezugnahme auf allgemeine empirische Forschungsergebnisse zu globalen Trefferquoten vornimmt. Diese spezielle Variante hat nichts individuelles, ihr Ergebnis steht bereits vor der individuellen Begutachtung fest und ist mithin unabhängig vom eigentlichen Untersuchungsbefund. Prof. Undeutsch: Zugrunde gelegt werden die durchschnittlichen Trefferquoten, die ermittelt worden sind aus ca. 2800 verifizierten Fällen.

(23) Läßt das methodische Vorgehen einen individuellen %-Wert zu oder ist dieser bei Bewertung der untersuchten Person als „glaubwürdig" oder „unglaubwürdig" in einer bestimmten Höhe vorgegeben, etwa durch die Ergebnisse vorliegender Feld- und Analogstudien?	<u>Prof. Fiedler:</u> Die individuelle Bestimmung eines %-Wertes würde entweder erfordern, daß man kollektive Statistiken auf einen Einzelfall anwendet – was völlig ungerechtfertigt wäre – oder daß man statistische Schätzungen unter komplexen Randbedingungen (für verschiedene Individuen) durchführt – was einen mathematisch kaum zu bewältigenden Aufwand bedeuten würde. <u>Prof. Steller:</u> Siehe Antwort auf Frage 22. Sofern ein individueller Wert auf einer der beiden erstgenannten Prinzipien - die Bestimmung einer individuellen Wahrscheinlichkeit als systematische Abweichung von einer feststehenden Basiswahrscheinlichkeit oder die Bestimmung einer individuellen Wahrscheinlichkeit als Feststellung der relativen Position eines Ergebnisses innerhalb der Verteilung einer bekannten Referenzgruppe - beruht, läßt das methodische Vorgehen der psychophysiologischen Aussagebeurteilung (unter den bei Antwort 22 genannten Voraussetzungen) die Bestimmung individueller Wahrscheinlichkeiten zu und ist zweckmäßig. Die bloße Bezugnahme auf Ergebnisse aus Feld- oder Analogiestudien stellt hingegen keine sinnvolle Basis zur Bestimmung individueller Zuverlässigkeits- bzw. Irrtumswahrscheinlichkeiten dar. Ein solches Vorgehen vernachlässigt den tatsächlichen Aussagegehalt eines individuellen Befundes. Sie stellt eine prinzipielle Aussage über ein diagnostisches Verfahnen dar, nicht aber über ein individuelles Untersuchungsergebnis. <u>Prof. Undeutsch:</u> Die Grenzwerte, die eine definitive Diagnose erlauben, sind sowohl aus den experimentellen Untersuchungen als auch aus den Felduntersuchungen übereinstimmend gewonnen worden.
(24) Welche Maßstäbe wurden bei den bisherigen Felduntersuchungen für die Feststellung der Richtigkeit der erzielten Testergebnisse verwandt?	<u>Prof. Fiedler:</u> Die Bestimmung des Außenkriteriums beruht im wesentlichen auf späteren Geständnissen. Wegen der damit verbundenen Selektivität der Stichproben von Fällen, die in Validitätsstudien eingehen, sind die überhöhten Angaben zur Genauigkeit des Verfahrens statistisch wertlos (weil z.B. bei denjenigen Fällen, wo der Test „Lügen" anzeigt, zumeist diejenigen in die Analyse eingehen, bei denen ein Geständnis erfolgt ist und der Test somit bestätigt wird. Die nicht bestätigten Fälle ohne Geständnis gehen nicht in die Analyse ein, da das Kriterium nicht bekannt wurde). Diese statistische Illusion ist hauptsächlich verantwortlich für den weit verbreiteten Glauben an die Genauigkeit von Polygraphentests. <u>Prof. Steller:</u> Die Fragen 24-26 werden an dieser Stelle im Zusammenhang beantwortet. Es liegt in der Natur von Felduntersuchungen, daß die Rahmenbedingungen für eine unzweifelhafte Interpretation ihrer Ergebnisse niemals vollständig kontrollierbar sind. Das ist der Grund, warum vor einer praxisbezogenen Anwendung komplexer grundlagenwissenschaftlicher Erkenntnisse stets sowohl kontrollierte Laborstudien als auch Feldforschung erforderlich sind. Aufgabe von Laborstudien ist die Prüfung der zugrundeliegenden Annahmen einer Anwendungstechnologie, ihre „Schwäche" sind naturgemäße Mängel bei der Abbildung von Realität im Labor; Aufgabe von Feldforschung ist demgegenüber die Untersuchung der Übertragbarkeit der

	im Labor vorgefundenen prinzipiellen Zusammenhänge in der Komplexität der Realität. Da bei Feldforschung im Anwendungsgebiet psychophysiologischer Aussagebeurteilung vollständig zuverlässige Außenkriterien kaum je verfügbar sind (andernfalls würde eine Begutachtung im Feld ja nicht stattfinden), sind stets nur Annäherungen an das Kriterium der „tatsächlichen" Täterschaft möglich. Die erreichbaren Außenkriterien sind zudem häufig mit dem Ausgang der Begutachtung konfundiert, d.h. nicht vollständig unabhängig. Als Außenkriterien in Felduntersuchungen werden zur Bestätigung der Täterschaft eines Probanden zumeist ein späteres Geständnis des Betreffenden, die spätere Ermittlung weiterer (mehr oder weniger eindeutiger) Beweise, tatbezogene Feststellungen im Erkenntnisverfahren oder auch die Beurteilung einer unabhängigen Expertengruppe (z.B. aus außenstehenden Richtern), die aufgrund der Informationslage die Täterschaft der in Frage stehenden Person einschätzt, herangezogen - in einigen Untersuchungen lagen auch vergleichsweise evidente Kriterien vor (z.B. Untersuchungsergebnisse von Urinproben bei fraglichem Drogenkonsum). Im Falle der Nichttäterschaft wurde etwa auf die spätere Ermittlung des „eigentlichen" Täters eines Delikts, auf Geständnisse anderer Personen, auf die Feststellung der Nichttäterschaft im Erkenntnisverfahren oder auf das Urteil der unabhängigen Expertengruppe (s.o.) abgehoben. Ein Problem bei all diesen Kriterien besteht darin, daß die Erfordernis eines wie auch immer gearteten Außenkriteriums mit Einschränkungen der Repräsentativität der zu untersuchenden Stichprobe einher geht – je „sicherer" das Außenkriterium, desto eingeschränkter die Fälle, die diesem Kriterium genüge tun. Der wissenschaftliche Wert einer Untersuchung läßt sich daher nicht allein an der Zuverlässigkeit des Außenkriteriums bemessen. Erforderlich ist vielmehr eine gewisse Breite bei der Heranziehung unterschiedlicher Kriterien und ein systematischer Vergleich ihrer Ergebnisse. Der Maßstab, an dem sich die Übertragbarkeit der Befunde aus verschiedenen Feldstudien, vor allem im Hinblick auf die Übertragbarkeit von Labor- und Feldstudien bemißt, ist der Grad der Affinität ihrer Resultate: Die Befunde müssen weitgehend identische Interpretationen zulassen, etwaige quantitative Unterschiede der vorgefundenen Trefferquoten müssen auf der Grundlage der jeweiligen Forschungsstrategie erklärbar sein. Für die psychophysiologische Aussagebeurteilung liegen hierzu nicht nur Plausibilitätsüberlegungen zugrunde. Die Übertragbarkeit von Labor- und Feldforschung wurde auch gezielt untersucht: Mit Hilfe elaborierter Untersuchungsstrategien konnte dabei die prinzipielle Analogie der Effizienz von psychophysiologischen Untersuchungen im Labor und im Feld demonstriert werden: Die mathematischen Vorhersagemodelle, die auf der Grundlage der Meßergebnisse aus einem dieser Forschungszweige entwickelt wurden, erwiesen sich als nahezu ebenso effizient im jeweils anderen Bereich. Unter „durchschnittlichen" Bedingungen kann die grundsätzliche Übertragbarkeit der vorliegenden Laborbefunde auf Realbedingungen daher als wissenschaftlich weitgehend bestätigt angesehen werden. Prof. Undeutsch: In der Mehrzahl der Untersuchungen für die Täter ihre Geständnisse, für den Erweis der Unschuld das

	Geständnis eines anderen für die Tat, die zunächst dem Untersuchten Beschuldigten zur Last gelegt worden ist. In den besten Untersuchungen (RASKIN, KIRCHER, HONTS & HOROWITZ, 1988; HONTS, 1994) wurden zugrunde gelegt als Kriterien für Täterschaft: - nachträgliches Geständnis, das nie widerrufen worden ist, - sowie eindeutige materielle Beweise; als Kriterien für Unschuld: - konstantes Bestreiten und - Geständnis eines anderen, - das durch eindeutige materielle Beweise bestätigt worden ist.
(25) Können diese Maßstäbe als wissenschaftlich zuverlässig bezeichnet werden?	Prof. Fiedler: Wissenschaftlich betrachtet ist diese Bestimmung des Außenkriteriums wertlos. Wenn das Kriterium in Ausnahmefällen weniger abhängig ist von Geständnissen, wird die geringe Validität des KFT deutlich. Prof. Steller: Die Fragen 24-26 wurden im Zusammenhang beantwortet; die gesamte diesbezügliche Stellungnahme findet sich daher unter Frage 24. Prof. Undeutsch: Mit den oben genannten Kriterien kommt man der objektiven realen Wahrheit („ground truth") so nahe, wie es menschenmöglich ist.
(26) Welche gesicherten wissenschaftlichen Erkenntnisse gestatten die Annahme, daß die bei Analogstudien erzielten Ergebnisse auf reale Tests unter Einsatz polygraphischer Geräte übertragbar sind?	Prof. Fiedler: Es liegen keine derartigen Erkenntnisse vor. Die Ergebnisse von Analogstudien können nicht auf realitätsnahe Bedingungen übertragen werden. Prof. Steller: Die Fragen 24-26 wurden im Zusammenhang beantwortet; die gesamte diesbezügliche Stellungnahme findet sich daher unter Frage 24. Prof. Undeutsch: Die Übereinstimmung in den Trefferquoten, die in wirklichkeitsnahen Experimenten und in den besten Felduntersuchungen hinsichtlich der Trefferquoten bestehen.
(27) Bestehen in bezug auf den Grad der Richtigkeit der bei den Untersuchungen erzielten Testergebnisse Unterschiede zwischen „Täter" und „Unschuldigen"?	Prof. Fiedler: Die Beantwortung dieser Frage setzt wiederum die kaum zu erfüllende Annahme voraus, daß Täter und Unschuldige nach einem klaren Kriterium getrennt werden können. Grundsätzlich gilt aber, daß das Entscheidungskriterium des KFT in der Praxis so veranschlagt wird, daß „Unschuldige" eher falsch klassifiziert werden als „Schuldige". Diese Antworttendenz widerspricht der häufig erklärten Absicht, den Test nur entlastend einzusetzen. Prof. Steller: Ja. Logische Erwägungen und empirische Befunde weisen auf eine typische Fehleranfälligkeit der direkten und indirekten Verfahren hin: Bei den indirekten Verfahren (Tatwissentechnik) ist eher die Gefahr falsch-negativer Klassifikationen (Übersehen von „Tätern"), bei den direkten Verfahren (Kontrollfragentechnik) ist eher die Gefahr falsch-positiver Klassifikationen (fälschliche Klassifikation von „Nichttätern" als „Täter" gegeben. Diese typische Fehleranfälligkeit der jeweiligen Verfahrensgruppen begründet die besondere Zuverlässigkeit von positiven Zuordnungen bei den indirekten Verfahren („Tatwissen indiziert") und von negativen

	Zuordnungen bei den direkten Verfahren („Glaubhaftigkeit indiziert bei Verneinung des Tatvorwurfs"). Aus logischen Gründen könnte die dargestellte typische Fehleranfälligkeit der direkten Verfahren bei spezifischen Verdachtsprüfungen (z.B. Verdacht auf sexuellen Kindesmißbrauch) aber nicht gegeben sein bzw. sogar umgekehrt sein, was die besondere Eignung der direkten Verfahren (Kontrollfragentechnik) als Entlastungsverfahren bei derartigen Verdachtsprüfungen beeinträchtigen würde. Prof. Undeutsch: Die Trefferquoten sind für beide Kategorien annähernd gleich hoch. In einigen Untersuchungen liegt die Trefferquote für die Unschuldigen um etwa 2% niedriger als die Trefferquote für die Täter. Der Unterschied ist minimal. Bedauerlich ist, daß bei den Unschuldigen im Durchschnitt der Felduntersuchungen etwa 4% fälschlich als Täter eingestuft werden. Diese Fehlerquote ist höchst bedauerlich. Wir versuchen, sie im Kölner Institut zu verringern, indem wir statt drei Vergleichsfragen vier Vergleichsfragen einsetzen und eine weitere physiologische Variable (die vasomotorische Aktivität) messen und zusätzlich auswerten. Die - geringen und sehr viel geringeren als bei anderen psycho-wissenschaftlichen Gutachten vorkommenden – Fehlerquoten sind aber ausreichend, um allen Ansprüchen entgegenzutreten, die etwa versuchen möchten, den Ergebnissen der physiopsychologischen Untersuchungen ein überragendes Gewicht für die Feststellung der Täterschaft des Beschuldigten beizumessen. Umgekehrt gibt eine Wahrscheinlichkeit von 95%, daß der Beschuldigte nicht Täter der aufzuklärenden Straftaten ist, sicher Veranlassung, etwaige belastende anderweitige Beweise kritisch unter die Lupe zu nehmen.
(28) Gibt es gesicherte wissenschaftliche Erkenntnisse darüber, ob es bei Zeugen im Falle der Durchführung eines Polygraphentests zu körperlichen Reaktionen kommt, die denen einer beschuldigten Person entsprechen?	Prof. Fiedler: Im Prinzip können Zeugen bzw. unschuldige Personen, die die Wahrheit sagen, angesichts der kritischen Fragen zum Tathergang ebenfalls erhöhte Fragen zeigen. Prof. Steller: „Gesicherte wissenschaftliche Erkenntnisse" liegen nicht vor, da die Kontrollfragentechnik in der US-amerikanischen Polygraphenpraxis offenbar relativ häufig bei Zeugen zur Anwendung kommt aber nur vereinzelt wissenschaftliche Untersuchungen publiziert wurden. Die Eignung von psychophysiologischer Aussagebeurteilung für die Prüfung der Glaubhaftigkeit von Zeugenaussagen bestimmt sich danach, ob die Logik einer psychophysiologischen Bedeutsamkeitsfeststellung für diese Zwecke in konkrete Prüfprozeduren umgesetzt werden kann. Dies erscheint prinzipiell denkbar, Spezifizierungen durch wissenschaftliche Untersuchungen erscheinen wünschenswert. Prof. Undeutsch: Die Untersuchung von Zeugen ist sehr problematisch, weil deren Lebenssituation sehr viel anders ist als die Situation der Beschuldigten. Besonders aktuell ist die Frage, ob die physiopsychologische Untersuchungsmethode auf mögliche Opfer-Zeugen anwendbar wäre. In den USA wird speziell im Falle behaupteter Vergewaltigung von physiopsychologischen Tests bei möglichen Opfer-Zeugen in großem Umfang Gebrauch gemacht. In der Untersuchung von HORVATH (1974), die eine Stichprobe aus den Akten der Michigan State Police zugrun-

	de legte, befanden sich viele Fälle von Opfer-Zeugen, bei denen die späteren Ermittlungen ergaben, daß sie zweifelsfrei wahrheitsgemäß ausgesagt hatten. Dennoch war ungefähr die Hälfte von diesen erwiesenermaßen wahrheitsgemäß aussagenden Zeuginnen von den Zweit-Auswertern als „wahrheitswidrig aussagend" eingestuft worden (wohingegen die Untersucher alle Fälle richtig (als wahrheitsgemäß aussagend) eingestuft hatten) (RASXIN, 1987). Die Erklärung für die Fehlurteile der Zweit-Auswerter bei möglichen Opfer-Zeugen liegt in folgendem: Stärkere Reaktionen bei den tatbezogenen Fragen führen nach der Theorie der Vergleichsfragen-Methode zu dem Ergebnis, daß der Untersuchte die tatbezogenen Fragen wahrheitswidrig beantwortet habe. Bei möglichen Opfer-zeugen können die stärkeren Reaktionen auf die tatbezogenen Fragen (z.B.: „Haben Sie die Unwahrheit gesagt, wenn Sie behaupten, der Geschlechtsverkehr habe gegen Ihren erklärten Willen stattgefunden?" - „Haben Sie die Unwahrheit gesagt, wenn Sie behaupten, der Täter habe den Geschlechtsverkehr durch Einsatz von Körperkraft erzwungen?") können zwei sehr verschiedene Ursachen haben. Die Ursache kann einmal sein, daß die Zeugin Gewaltanwendung wahrheitswidrig behauptet und deshalb bei den diesbezüglichen Fragen starke Reaktionen aufweist. Starke Reaktionen können aber auch den Grund haben, daß die Zeugin tatsächlich vergewaltigt worden ist, wahrheitsgemäß aussagt, aber durch die Frage an das schockierende Erlebnis erinnert wird. In dem letztgenannten Falle würde die stärkere Reaktion ausgelöst werden durch die Erinnerung an ein schrecklichen Erlebnis und nicht durch die Absicht, den Untersucher zu täuschen. Bei solchen Zeuginnen, die eine Vergewaltigung tatsächlich erlebt haben, würde die starke Reaktion auf die tatbezogene Frage fälschlich als Anzeichen für wahrheitswidrige Aussage interpretiert werden. Das ist offenbar bei einen Teil der Fälle bei der Auswertung durch die Zweit-Auswerter geschehen. Die mitgeteilten Trefferquoten der Zweit-Auswerter in der Untersuchung von HORVATH ist dadurch verfälscht worden, daß die Stichprobe nicht nur Beschuldigte, sondern zu einem nicht unerheblichen Teil auch Opfer-Zeugen enthielt. Anders würde die Situation der Opfer-Zeugen erst werden, wenn sich ein Verdacht der Falschaussage aufdrängen würde und sie daraufhin tatsächlich in den Status des Beschuldigten versetzt würden und unter dieser Beschuldigung als Beschuldigte untersucht werden würden. Dann könnten die an ihnen durchgeführten Vergleichsfragen-Tests in der üblichen Weise ausgewertet werden und würden wahrscheinlich auch die üblichen hohen Trefferquoten aufweisen. Separate Untersuchungen an möglichen Opfer-Zeugen, die in der Situation des Beschuldigten untersucht worden sind, liegen indessen nicht vor.
(29) Kommt dem Ergebnis eines Tests, nach dem die untersuchte Person „unglaubwürdig" ist, nach dem wissenschaftlichen Kenntnisstand im Strafverfahren eine indizielle Bedeutung zu?	<u>Prof. Fiedler:</u> Selbst eine indizielle Verwendung von KFT-Befunden ist angesichts der wenig plausiblen Annahmen, der unklaren Validität und der Manipulierbarkeit anzuzweifeln. (Diese Frage findet sich nur in der Stellungnahme von Prof. Fiedler wieder, so daß entsprechende Antworten von Prof. Steller und Prof. Undeutsch nicht vorliegen)

Literaturverzeichnis

Achenbach, Hans: Polygraphie pro reo?, NStZ 1984, S. 350-352.

Alternativkommentar: Kommentar zur Strafprozeßordnung in drei Bänden, Reihe Alternativkommentare, herausgegeben von R. Wassermann, Neuwied 1988-1996 (zitiert: AK-Bearbeiter).

Amelung, Knut: Die Einwilligung in die Beeinträchtigung eines Grundrechtsgutes, Berlin 1981.

Amelung, Knut: Anmerkung zum Beschluß des BVerfG vom 18.8.1981, NStZ 1982, S. 38-40.

Amelung, Knut: Anmerkung zum Urteil des BGH vom 17.12.1998, JR 1999, S. 382-385.

Arbab-Zadeh, Amir: Des Richters eigene Sachkunde und das Gutachterproblem im Strafprozeß, NJW 1970, S. 1214-1219.

Arndt, Herbert: Der Lügendetektor vor den amerikanischen Gerichten, DRZ 1950, S. 133.

Arntzen, Friedrich: Psychologie der Zeugenaussage - System der Glaubwürdigkeitsmerkmale, 3. Auflage, München 1993.

Balloun, Kristen D. / Holmes, David S.: Effects of Repeated Examinations on the Ability to Detect Guilt with a Polygraphic Examination: A Laboratory Experiment with a Real Crime, Journal of Applied Psychology 64 (1979), S. 316-322.

Barland, Gordon H. / Raskin, David C.: An Evaluation of Field Techniques in Detection of Deception, Psychophysiology 12 (1975), S. 321-330.

Beling, Ernst: Die Vornahme von Untersuchungen am lebenden menschlichen Körper als Prozeßmaßregel, ZStW 15 (1895), S. 471-504.

Bender, Rolf / Nack, Armin: Tatsachenfeststellung vor Gericht, Band 1: Glaubwürdigkeits- und Beweislehre, 2. Auflage, München 1995.

Bender, Rolf / Nack, Armin: Tatsachenfeststellung vor Gericht, Band 2: Vernehmungslehre , 2. Auflage, München 1995.

Ben-Shakhar, Gershon / Furedy, John J.: Theories an Applications in the Detection of Deception – A Psychophysiological and International Perspective, New York 1990.

Ben-Shakhar, Gershon / Dolev, Karmela: Psychophysiological Detection Through the Guilty Knowledge Technique: Effects of Mental Countermeasures, Journal of Applied Psychology 81 (1996), S. 273-281.

Benussi, Vittorio: Die Atmungssymptome der Lüge, Archiv für die gesamte Psychologie 31 (1914), S. 244-273.

Berrien, Frederick K. / Huntington, G.H.: An Exploratory Study of Pupillary Responses During Deception, Journal of Experimental Psychology 32 (1943), S. 443-449.

Berning, Birgit R.: „Lügendetektion" aus interdisziplinärer Sicht: Eine psychologisch-juristische Abhandlung, Band 1 und 2, Osnabrück 1992.

Berning, Birgit R.: „Lügendetektion": eine interdisziplinäre Beurteilung, MschrKrim 76 (1993), S. 242-255.

Beulke, Werner: Strafprozeßrecht, 5. Auflage, Heidelberg 2001.

Binder, Siegfried: Einführendes zur physio-psychologischen Sexualdiagnostik, NJW 1972, S. 321-322.

Bitterman, M.E. / Marcuse, Frederick L.: Cardiovascular Responses of Innocent Persons to Criminal Investigation, The American Journal of Psychology 60 (1947), S. 407-412.

Blau, Guenter: Zur Zulässigkeit psychologischer Glaubwürdigkeits-gutachten in Jugendschutzsachen, GA 1959, S. 293.

Blau, Guenter: Der Strafrechtler und der psychologische Sachverständige, ZStW 78 (1966), S. 172.

Bockelmann, Paul: Strafrichter und psychologischer Sachverständiger, GA 1955, S. 321-335.

Boehme, Ulfert: Der „Lügendetektor" – wissenschaftliche Methode oder pseudowissenschaftlicher Irrweg, Zartbitter Köln (Hrsg.), Köln 1998.

Bradley, M.T. / Ainsworth, D.: Alcohol and Psychophysiological Detection of Deception, Psychophysiology 21 (1984), S. 63-71.

Bradley, M.T. / Janisse, Michel Pierre: Accuracy Demonstrations, Threat, and the Detection of Deception: Cardiovascular, Electrodermal, and Pupillary Measures, Psychophysiology 18 (1981), S. 307-315.

Bradley, M.T. / Warfield, J.F.: Innocence, Information, and the Guilty Knowledge Test in the Detection of Deception, Psychophysiology 21 (1984), S. 683-689.

Brandis, Tobias: Beweisverbote im Strafprozeß als Belastungsverbote für den Beschuldigten?, Dissertation, (München) 2000.

Brickenkamp, Rolf: Handbuch psychologischer und pädagogischer Tests, 2. Auflage, Göttingen 1997.

Burhoff, Detlef: Handbuch für das strafrechtliche Ermittlungsverfahren, 2. Auflage, Herne 1999.

Burhoff, Detlef: Handbuch für die strafrechtliche Hauptverhandlung, 3. Auflage, Herne 1999.

Busse, Detlef / Volbert, Renate: Glaubwürdigkeitsgutachten in Strafverfahren wegen sexuellen Mißbrauchs, in: L. Greuel/T. Fabian/M. Stadler (Hrsg.), Psychologie der Zeugenaussage, Weinheim 1997, S.131-142.

Cabanis, Detlef: Zeugenbegutachtung Theorie – Praxis, Forensia 1979/80, S. 1-8.

Christianson, Marylyn: Detecting dishonesty in the workplace, Contemporary Labour Law 8 , August 1998, siehe: www.pasa.co.za/tlp.htm.

Clarke, Ben: Trial By Ordeal? Polygraph Testing in Australia, E-Law Murdoch University Electronic Journal Of Law 7, März 2000, siehe: www.murdoch.edu.au/elaw/issues/v7n1/clarke71.html.

Davidson, Park O.: Validity of the Guilty-Knowledge Technique: The Effects of Motivation, Journal of Applied Psychology 52 (1968), S. 62-65.

Dawson, Michael E.: Physiological Detection of Deception: Measurement of Responses to Questions and Answers during Countermeasure Manoevers, Psychophysiology 17 (1980), S. 8-17.

Delvo, Matthias: Der Lügendetektor im Strafprozeß der U.S.A., Dissertation, Königstein/Taunus. 1981.

Dettenborn, Harry / Fröhlich, Hans-H. / Szewczyk, Hans: Forensische Psychologie – Lehrbuch der gerichtlichen Psychologie für Juristen, Kriminalisten,Psychologen und Mediziner, 2. Auflage, Berlin 1989.

Dietl, Clara-Erika / Lorenz, Egon: Wörterbuch für Recht, Wirtschaft und Politik, Teil 1 - Englisch-Deutsch, 6. Auflage, München 2000.

Dippel, Karlhans: Die Stellung des Sachverständigen im Strafprozeß, Heidelberg 1986.

Driscoll, Lawrence N. / Honts, Charles R. / Jones, David: The Validity of the Positive Control Physilogical Detection of Deception Technique, Journal of Police Science and Administration 15 (1987), S. 46-50.

Eisenberg, Ulrich: Vernehmung und Aussage (insbesondere) im Strafverfahren aus empirischer Sicht, JZ 1984, S. 912-918 (Teil 1) und S. 961-966 (Teil 2).

Eisenberg, Ulrich: Persönliche Beweismittel in der StPO – Eine kommentierende Erläuterung der Vorschriften zum Beschuldigten, Zeugen und Sachverständigen, München 1993.

Eisenberg, Ulrich: Beweisrecht der StPO, Spezialkommentar, 3. Auflage, München 1999.

Eisenberg, Ulrich: Kriminologie, 5. Auflage, München 2000.

Elaad, Eitan: Detetction of Guilty Knowledge in Real-Life Criminal Investigations, Journal of Applied Psychology 75 (1990), S. 521-529.

Elaad, Eitan / Ginton, Avital / Jungmann, Noam: Detection Measures in Real-Life Criminal Guilty Knowledge Tests, Journal of Applied Psychology 77 (1992), S. 757-767.

Erbs, Georg: Unzulässige Vernehmungsmethoden, NJW 1951, S. 386-390.

Escudero, Ana L.: Se ofreco experto en detectar mentiras, El Pais vom 31. Juli 2001.

Eysenck, Hans Jürgen: Psychopathie, in: U. Baumann/H. Berbalk/G. Seidenstücker (Hrsg.), Klinische Psychologie – Trends in Forschung und Praxis, Band 3, Bern 1980, S. 323-360.

Fabian, Thomas / Greuel, Luise / Stadler, Michael: Möglichkeiten und Grenzen aussagepsychologischer Glaubwürdigkeitsbeurteilung, Strafverteidiger 16 (1996), S. 347-351.

Fabian, Thomas / Stadler, Michael A.: Polygraphietest im Ermittlungsverfahren, Kriminalistik 54 (2000), S. 607-612.

Fiedler, Klaus: Gutachterliche Stellungnahme zur wissenschaftlichen Grundlage der Lügendetektion mithilfe sogenannter Polygraphentests, Praxis der Rechtspsychologie 9 (Sonderheft), Juli 1999, S. 5-44.

Fiedler, Klaus/ Schmid, Jeannette: BGH-Gutachten: Gutachten über Methodik und Bewertungskriterien für psychologische Glaubwürdigkeitsgutachten, Praxis der Rechtspsychologie 9 (1999), S. 5-45.

Fincke, Martin: Die Pflicht des Sachverständigen zur Belehrung des Beschuldigten, ZStW 86 (1974), S. 656-675.

Fischer, Thomas: Glaubwürdigkeitsbeurteilung und Beweiswürdigung, NStZ 1994, S. 1-5.

Forsthoff, Ernst: Lehrbuch des Verwaltungsrechts, 1. Band, Allgemeiner Teil, 8. Auflage, München 1961.

Frister, Helmut: Der Lügendetektor - Zulässiger Sachbeweis oder unzulässige Vernehmungsmethode?, ZStW 106 (1994), S. 303-331.

Fukuda, Kyosuke: Eye Blinks: New Indices for the Detection of Deception, International Journal of Psychophysiology 40 (2001), S. 239-245.

Giesen, Martin / Rollisson, Michael A.: Guilty Knowledge versus Innocent Associations: Effects of Trait Anxiety and Stimulus Context on Skin Conductance, Journal of Reasearch in Personality 14 (1980), S. 1-11.

Ginton, Avital / Daie, Netzer/ Elaad, Eitan/ Ben-Shakhar, Gershon: A Method for Evaluating the Use of the Polygraph in a Real-Life Situation, Journal of Applied Psychology 67 (1982), S. 131-137.

Graw, P.: Stichwort: MMPI (Minnesota Multiphasic Personality Inventory), in: W. Arnold / H. J. Eysenck / R. Meili (Hrsg.), Lexikon der Psychologie, Band 2, 11. Auflage, Freiburg 1993, S. 1388-1389.

Greuel, Luise / Offe, Susanne/ Fabian, Agnes / Wetzels, Peter et al.: Glaubhaftigkeit der Zeugenaussage – Die Praxis der forensisch-psychologischen Begutachtung, Weinheim 1998.

Hamm, Rainer: Monokeltests und Menschenwürde, NJW 1999, S. 922f.

Hare, Robert D.: Stichwort: Psychopathie, W. Arnold / H. J. Eysenck / R. Meili (Hrsg.), Lexikon der Psychologie, Band 3, 12. Auflage, Freiburg 1994, S. 1761-1771.

Heckel, Robert V. / Brokaw, J.R. / Salzberg, Hermann C. / Wiggins, S.L.: Polygraphic Variations in Reactivity between Delusional, Non-Delusional, and Control Groups in a „Crime" Situation, The Journal of Criminal Law, Criminology and Police Science, 53 (1962), S. 380-383.

Heidelberger Kommentar: Kommentar zur Strafprozeßordnung von M. Lemke / K.-P. Julius / Ch. Krehl / H.-J. Kurth / E. C. Rautenberg / D. Temming, 3. Auflage, Heidelberg 2001 (zitiert: HK-Bearbeiter).

Heilveil, Ira: Deception and Pupil Size, Journal of Clinical Psychology 32 (1976), S. 675-676.

Hellwig, Albert: Stellung und Aufgaben psychologischer Sachverständiger im gerichtlichen Verfahren, Juristische Wochenschrift 1931, S. 1432-1433.

Hengesch, Georges: Über die Zusammenhänge von Fremd- und Selbstbeurteilung bei der Stellungnahme zur Prognose der Rückfälligkeit, in: H. Witter (Hrsg.), Der psychiatrische Sachverständige im Strafverfahren, Berlin 1987, S. 144-171.

Hengesch, Georges: Das Dilemma der Glaubwürdigkeitsbeurteilung, ZStW 101 (1989), S. 611-626.

Hetzer, Hildegard / Pfeiffer, Horst: Glaubwürdigkeit geistig behinderter Tatzeugen, NJW 1964, S. 441-442.

Hetzer, Wolfgang: Wahrheitsfindung im Strafprozeß (unter Mitwirkung psychiatrischer/psychologischer Sachverständiger), Dissertation, Berlin 1982.

Hirsch, Mathias: Realer Inzest: Psychodynamik des sexuellen Mißbrauchs in der Familie, 3. Auflage, Berlin 1994.

Holstein, Werner: Technik und Methodik bei Wahrheits-Tests, Kriminalistik 1990, S. 155-158.

Hommers, Wilfried: Die aussagepsychologische Kriteriologie unter kovarianzstatistischer und psychometrischer Perspektive, in: L. Greuel / T. Fabian / M. Stadler (Hrsg.), Psychologie der Zeugenaussage, Weinheim 1997, S. 87-100.

Honts, Charles R. / Hodes, Robert L.: The Effect of Simple Physical Countermeasures on the Detection of Deception, Psychophysiology 19 (1982), S. 564.

Honts, Charles R. / Hodes, Robert L.: The Effects of Multiple Physical Countermeasures on the Detection of Deception, Psychophysiology 19 (1982), S. 564-565.

Honts, Charles R. / Hodes, Robert L. / Raskin, David C.: Effects of Physical Countermeasures on the Physiological Detection of Deception, Journal of Applied Psychology 70 (1985), S. 177-187.

Honts, Charles R. / Raskin, David C. : A Field Study of the Validity of the Direct Lie Control Question, Journal of Police Science and Administration 16 (1988), S. 56-61.

Honts, Charles R. / Raskin, David C. / Kircher, John C.: Mental and Physical Countermeasures Reduce the Accuracy of Polygraph Tests, Journal of Applied Psychology 79 (1994), S. 252-259.

Honts, Charles R.: Criterion Development and Validity of the Control Question Test in Field Application, The Journal of General Psychology 123 (1996), S. 309-324.

Honts, Charles R. / Devitt, Mary K. / Winbush, Marcus / Kircher, John C.: Mental and Physical Countermeasures Reduce the Accuracy of the Conceald Knowledge Test, Psychophysiological 33 (1996), S. 84-92.

Honts, Charles R. / Amato, Susan / Barland, Gordon / Branaman, Tim F. u.a.: United States of America, Petitioner v. Edward G. Scheffer, Respondent – Brief of the Commitee of Concerned Social Scientists as Amicus Curaie in Support of the Respondent, siehe: http://www.admpoly.com/ccss_1.htm.

Horowitz, Steven W. / Kircher, John C. / Honts, Charles R. / Raskin, David.: The Role of Comparison Questions in Physiological Detection of Deception, Psychophysiology 34 (1997), S. 108-115.

Horowitz, Ishaya S.: Die Arbeit mit dem Polygraphen in Israel, in: J. Salzgeber / M. Stadler / S. Willutzki (Hrsg.), Polygraphie – Möglichkeiten und Grenzen der psychophysiologischen Aussagebeurteilung, Köln 2000, S. 165-176.

Horvath, Frank: The Effect of Selected Variables on Interpretation of Polygraph Records, Journal of Applied Psychology 62 (1977), S. 127-136.

Horvath, Frank S. / Reid, John E.: The Reliability of Polygraph Examiner Diagnosis of Truth and Deception, The Journal of Criminal Law, Criminology and Police Science 62 (1971), S. 276-281.

Huber, Philipp: Vom Lügendetektor zur Kriminalgraphologie, Hamburg 1958.

Hunter, Fred L. / Ash, Philip: The Accuracy and Consistency of Polygraph Examiners' Diagnoses, Journal of Police Science and Administration 1 (1973), S. 370-375

Jaworski, Ryszard: Der Lügendetektor auf dem Prüfstand, Kriminalistik 1990, S.123-130.

Jaworski, Ryszard: Nochmals: Der Polygraph als Beweismittel, Kriminalistik 2000, S.23-26.

Jessnitzer, Kurt: Der gerichtliche Sachverständige – Ein Handbuch für die Praxis, 4. Auflage, Köln 1973 (zitiert: Jessnitzer[4]).

Jessnitzer, Kurt: Der gerichtliche Sachverständige – Ein Handbuch für die Praxis, 8. Auflage, Köln 1980 (zitiert: Jessnitzer[8]).

Jessnitzer, Kurt: Der gerichtliche Sachverständige – Ein Handbuch für die Praxis, 9. Auflage, Köln 1988 (zitiert: Jessnitzer[9]).

Jessnitzer, Kurt / Frieling, Günter: Der gerichtliche Sachverständige – Ein Handbuch für die Praxis, 10. Auflage, Köln 1992.

Jessnitzer, Kurt / Ulrich, Jürgen: Der gerichtliche Sachverständige – Ein Handbuch für die Praxis, 11. Auflage, Köln 2001.

Jung, Carl Gustav: On psychophysical Relations of the Associative Experiment, The Journal of Abnormal and Social Psychology 1 (1906/07), S. 247-255.

Käßer, Wolfgang: Wahrheitserforschung im Strafprozeß, Berlin 1974.

Karlsruher Kommentar: Kommentar zur Strafprozeßordnung und zum Gerichtsverfassungsgesetz, herausgegeben von G. Pfeiffer, 4. Auflage, München 1999 (zitiert: KK-Bearbeiter).

Keeler, Leonarde: A Method for Detecting Deception, American Journal of Police Science 1 (1930), S. 48-49.

Kleinknecht, Theodor: Strafprozeßordnung, Gerichtsverfassungsgesetz, Nebengesetze und ergänzende Bestimmungen, 34. Auflage, München 1979.

Kleinknecht, Theodor / Meyer-Goßner, Lutz: Strafprozeßordnung, Gerichtsverfassungsgesetz, Nebengesetze und ergänzende Bestimmungen, 45. Auflage, München 2001.

Kleinmuntz, Benjamin / Szucko, Julian J.: On the Fallibility of Lie Detection, Law and Society Review 17 (1982), S. 85-104.

Klimke, Olaf: Der Polygraphentest im Strafverfahren, NStZ 1981, S. 433-434.

KMR: Kommentar zur Strafprozeßordnung, begründet von T. Kleinknecht / H. Müller / L. Reitberger, herausgegeben von H. Müller / W. Sax / R. Paulus, 7. Auflage, Darmstadt 1980 (zitiert: KMR-Bearbeiter).

Knögel, Walter: Der Lügendetektor, Deutsche Richterzeitung 1954, S. 234-236.

Köhnken, Günter: Effekte suggestiver Instruktionen auf die Identifizierungsleistung von Augenzeugen in simulierten Ernstsituationen, Zeitschrift für experimentelle und angewandte Psychologie 32 (1985), S. 281-300.

Köhnken, Günther: Glaubwürdigkeit – Untersuchungen zu einem psychologischen Konstrukt, München 1990.

Köhnken, Günter: Suggestive Prozesse in Zeugenbefragungen: Formen und theoretische Ansätze, MschrKrim 1997, S. 290-299.

Köhnken, Günter / Wegener, Hermann: Zur Glaubwürdigkeit von Zeugenaussagen: Experimentelle Überprüfung ausgewählter Glaubwürdigkeitskriterien, Zeitschrift für experimentelle und angewandte Psychologie 29 (1982), S. 92-111.

Köhnken, Günter / Wegener, Hermann: Zum Stellenwert des Experiments in der Forensischen Aussagepsychologie, Zeitschrift für experimentelle und angewandte Psychologie 32 (1985), S. 104-119.

Kohlhaas, Max: Die Glaubwürdigkeit der Kinderaussage und ihre Überprüfung durch Sachverständige, NJW 1951, S. 903-904.

Kohlhaas, Max: Zur Anwendung des Lügendetektors, JR 1953, S. 450-451.

Krahé,Barbara / Kundrotas, Silva: Glaubwürdigkeitsbeurteilung bei Vergewaltigungsanzeigen: Ein Aussageanalytisches Feldexperiment, Zeitschrift für experimentelle und angewandte Psychologie 39 (1992), S. 598-620.

Krey, Volker: Studien zum Gesetzesvorbehalt im Strafrecht – eine Einführung in die Problematik des Analogieverbots, Berlin 1977.

Krzyścin, Aleksander: The Debate over Polygraph in Poland, Polygraph 29 (2000), S. 226-236.

Kühne, Adelheid: Psychologie im Rechtswesen – Psychologische und psychodiagnostische Fragestellungen bei Gericht, Weinheim 1987.

Kühne, Hans-Heiner: Strafprozessuale Beweisverbote und Art. 1 Abs. 1 GG, Dissertation, Köln 1970.

Kühne, Hans-Heiner: Strafprozeßlehre, 4. Auflage, Heidelberg 1993.

Kühne, Hans-Heiner: Strafprozeßrecht, 5. Auflage, Heidelberg 1999.

Kury, Helmut: Zur Qualität forensischer Begutachtung, Praxis der Rechtspsychologie 9 (1999), S. 126-139.

Leferenz, Heinz: Richter und Sachverständiger, Kriminalbiologische Gegenwartsfragen 5 (1962), S.1-11

Less, Günter: Zur Anwendung experimental-psychologischer Methoden bei Zeugen, Deutsche Rechtszeitschrift 5 (1950), S. 322-323.

Liebel, Hermann / Uslar, Werner v.: Forensische Psychologie – Eine Einführung; Stuttgart 1975.

Lipmann, Otto: Die Spuren interessebetonter Erlebnisse und ihre Symptome, Zeitschrift für angewandte Psychologie 8 (1916), S. 549-566.

Littmann, Eckhard / Szewczyk, Hans: Zu einigen Kriterien und Ergebnissen forensisch-psychologischer Glaubwürdigkeitsbegutachtung von sexuell mißbrauchten Kindern und Jugendlichen, Forensia 1983, S. 55-72.

Löwe, Ewald / Rosenberg, Werner: Die Strafprozeßordnung und das Gerichtsverfassungsgesetz, von H. Dünnebier et al., 22. Auflage, Berlin 1971ff. (zitiert: LR^{22}-Bearbeiter).

Löwe, Ewald / Rosenberg, Werner: Die Strafprozeßordnung und das Gerichtsverfassungsgesetz, herausgegeben von Peter Rieß, 24. Auflage, Berlin 1988-1996 (zitiert: LR^{24}-Bearbeiter).

Löwe, Ewald / Rosenberg, Werner: Die Strafprozeßordnung und das Gerichtsverfassungsgesetz, herausgegeben von Peter Rieß, 25. Auflage, Berlin 1997ff. (zitiert: LR^{25}-Bearbeiter).

Lykken, David T.: The GSR in the Detection of Guilt, Journal of Applied Psychology 43 (1959), S. 385-388.

Lykken, David T.: Guilty-Knowledge-Test (The Right Way to Use a Lie Detector), Psychology Today, März 1975, S. 57-60.

Lykken, David T.: The Psychopath and the Lie Detector, Psychophysiology 15 (1978), S. 137-142.

Lykken, David T.: Why (Some) Americans Believe in the Lie Detector While Others Believe in the Guilty Knowledge Test, Integrative Physiological and Behavior Science 26 (1991), S. 214-222.

Matte, James Allan: Forensic Psychophysiology Using The Polygraph – Scientific Truth Verification – Lie Detection, Williamsville 1996.

Maunz, Theodor / Dürig, Günther: Grundgesetz, Kommentar, bearbeitet von P. Badura / U. Di Fabio / M. Herdegen / R.Herzog / H. Klein / P. Lerche / H.-J. Papier / A. Randelzhofer / E. Schmidt-Assmann / R. Scholz, 39. Ergänzungslieferung, München, Juli 2001.

Metz: Zur Frage der Zulässigkeit der Anwendung des Lügendetektors im Strafverfahren, NJW 1951, 752ff.

Musch, Jochen / Roßnagel, Christian: Pupillenbasierte Lügendetektion im Tatwissenstest, Vortrag auf dem 20. Kongreß für Angewandte Psychologie des Bundes Deutscher Psychologen in Berlin, 7.-10. Oktober 1999; siehe: www.pilzecker.psychologie.uni-bonn.de/sozial/forsch/bdp99.htm.

Olsen, Dale E. / Harris, John C. / Capps, Michael H. / Ansley, Norman: Computerized Polygraph Scoring, Journal of Forensic Science 42 (1997), S.61-70.

Panhuysen, Ursula: Die Untersuchung des Zeugen auf seine Glaubwürdigkeit – Ein Beitrag zur Stellung des Zeugen und Sachverständigen im Strafprozeß, Berlin 1964.

Patrick, Chistopher J. / Iacono, William G.: Validity of the Control Question Polygraph Test: The Problem of Sampling Bias, Journal of Applied Psychology 76 (1991), S. 229-238

Pavlidis, Ioannis / Eberhardt, Norman L. / Levine, James A.: Seeing through the Face of Deception, Nature, Vol. 415 (Jan. 2002), S. 35.

Peters, Karl: Eine Antwort auf Undeutsch: Die Verwertbarkeit unwillkürlicher Ausdruckserscheinungen, ZStW 87 (1975), S. 663-679.

Peters, Karl: Literaturbericht: Gerichtswesen und Kriminalistik II, Anmerkungen zu Hans Groß, Handbuch der Kriminalistik, 10. Auflage, 1978, ZStW 91 (1979), S. 96-138.

Peters, Karl: Strafprozeß, 4. Auflage, Heidelberg 1985.

Pieroth, Bodo / Schlink, Bernhard: Grundrechte Staatrecht II, 17. Auflage, Heidelberg 2001.

Podlesny, John A. / Raskin, David C.: Effectivness of Techniques and Physiological Measures in the Detection of Deception, Psychophysiology 15 (1978), S. 344-359.

Podlesny, John A. / Truslow, Connie M.: Validity of an Expand-Issue (Modified General Question) Polygraph Technique in a Simulated Distributed-Crime-Roles Context, Journal of Applied Psychology 78 (1993), S. 788-797

Prittwitz, Cornelius: Der Lügendetektor im Strafprozeß, MDR 1982, S. 886-895.

Radbruch, Gustav: Grenzen der Kriminalpolizei, in: Festschrift für Wilhelm Sauer, Berlin 1949, S. 121-127.

Raskin, David C. / Hare, Robert D.: Psychopathy and Detection of Deception in a Prison Population, Psychophysiology 15 (1978), S. 126-136.

Reid, John E.: A Revised Questioning Technique in Lie-Detection Tests, Journal of Criminal Law and Criminology 37 (1946/47), S. 542-547.

Reid, John E. / Inbau, Fred E.: Truth and Deception – The Polygraph ("Lie Detector") Technique, 2. Auflage, Baltimore 1977.

Rieß, Peter: Rezension über „Der Lügendetektor im Strafprozeß der USA“ von Matthias Delvo, GA 1984, S. 140-141.

Rill, Hans-Georg / Vossel, Gerhard: Psychophysiologische Täterschaftsbeurteilung: Eine kritische Analyse aus psychophysiologischer und psychodiagnostischer Sicht, NStZ 1998, S. 481-486.

Rösner, Sigrid / Schade, Burkhard: Der Verdacht auf sexuellen Mißbrauch von Kindern in familiengerichtlichen Verfahren, FamRZ 1993, S. 1133-1139.

Rogall, Klaus: Der Beschuldigte als Beweismittel gegen sich selbst, Dissertation, Berlin 1977.

Rorschach, Hermann: Psychodiagnostik, 11. Auflage, Bern 1992.

Rovner, Louis I. / Raskin, David C. / Kircher, John C.: Effects of Information Practice on Detection of Deception, Psychophysiology 16 (1979), S. 197-198.

Roxin, Claus: Strafverfahrensrecht, 25. Auflage, München 1998.

Saxe, Leonard / Ben-Shakhar, Gershon: Admissibility of Polygraph Tests – The Application of Scientific Standards Post-*Daubert*, Psychology, Public Policy, and Law 5 (1999), S. 203-223.

Schandry, Rainer: Lehrbuch Psychophysiologie, Weinheim 1998.

Scherer, Thomas K.: Anmerkung zum BVerfG-Beschluß vom 15.10.1997, StraFo 1998, S. 16f.

Schlothauer, Reinhold: Strafprozessuale Fragen der Glaubwürdigkeitsbegutachtung von Zeugen durch psychologische Sachverständige, in: L. Greuel / T. Fabian/M. Stadler (Hrsg.), Psychologie der Zeugenaussage, Weinheim 1997, S. 143-149.

Schlüchter, Ellen: Das Strafverfahren, 2. Auflage, Köln 1983.

Schmehl, Martin / Vollmer, Walter: Die Assessorklausur im Strafprozeß, 6. Auflage, München 2001.

Schmidt, Eberhard: Lehrkommentar zur Strafprozeßordnung und zum Gerichtsverfassungsgesetz, Teil 1, 2. Auflage, Göttingen 1964.

Schmidt, Eberhard: Lehrkommentar zur Strafprozeßordnung und zum Gerichtsverfassungsgesetz, Teil 2, Göttingen 1953/57.

Schmidt, Eberhard: Lehrkommentar zur Strafprozeßordnung und zum Gerichtsverfassungsgesetz, Nachtragsband 1, Göttingen 1966/67.

Schmidt-Bleibtreu, Bruno / Klien, Franz: Kommentar zum Grundgesetz, 9. Auflage, Neuwied 1999.

Schmitt, Bertram: Die richterliche Beweiswürdigung im Strafprozeß Lübeck 1992.

Schneider, Lothar: Nonverbale Zeugnisse gegen sich selbst - Zur Bedeutung nichtsprachlicher Begleiterscheinungen der Aussage für die forensische Glaubwürdigkeitsbeurteilung, Dissertation, Tübingen 1991.

Scholz, O. Berndt / Endres, Johann: Aufgaben des psychologischen Sachverständigen beim Verdacht des sexuellen Kindesmißbrauchs, NStZ 1995, S. 6-12.

Schroeder, Friedrich-Christian: Strafprozeßrecht, 2. Auflage, München 1997.

Schünemann, Bernd: Entformalisierung des Ermittlungsverfahrens, Kriminalistik 1990, S. 131-152.

Schuster, Dietmar: Das Gutachten über die Glaubwürdigkeit von Zeugen im Strafprozeß, Dissertation, (München) 1966.

Schwabe, Jürgen: Rechtsprobleme des Lügendetektors, NJW 1979, S. 576-582.

Schwabe, Jürgen: Der Lügendetektor vor dem BVerfG - Anmerkung zum Beschluß vom 18.8.1981, NJW 1982, S. 367-368.

Seyffert, Hans-Martin: Über Verschiedenheiten bei der psychiatrischen Begutachtung Krimineller, Nervenarzt 22 (1951), S. 194.

Slowik, Stanley M. / Buckley, Joseph P.: Relative Accuracy of Polygraph Examiner Diagnosis of Respiration, Blood Pressure, and GSR Recordings, Journal of Police Science and Administration 3 (1975), S. 305-309.

Sporer, Siegfried Ludwig: Realitätsüberwachungskriterien und forensische Glaubwürdigkeitskriterien im Vergleich: Validitätsüberprüfung anhand selbsterlebter und erfundener Geschichten, L. Greuel / T. Fabian / M. Stadler (Hrsg.), Psychologie der Zeugenaussage, Weinheim 1997, S. 71-86.

Steinke, Wolfgang: Lügendetektor zu Gunsten des Beschuldigten?, MDR 1987, S. 535-537.

Steller, Max: Validität und forensische Verwendbarkeit von Methoden der psychophysiologischen Aussagebeurteilung („Lügendetektion"), in: Bericht über den 33. Kongreß der Deutschen Gesellschaft für Psychologie in Mainz 1982, Band 2, Göttingen 1983, S. 887-894.

Steller, Max: Psychophysiologische Aussagebeurteilung, Göttingen 1987.

Steller, Max: Kinderschutz durch Forensische Aussagepsychologie, MschrKrim 1997, S. 274-282.

Steller, Max: Psychophysiologische Täterschaftsermittlung („Lügendetektion", „Polygraphie"), M. Steller / R. Volbert (Hrsg.), Psychologie im Strafverfahren: Ein Handbuch, Bern 1997, S. 89-104.

Steller, Max / Dahle, Klaus-Peter: Psychophysiologische Täterschaftsbeurteilung („Lügendetektion"): Unschuldsnachweis bei Verdacht auf sexuellen Missbrauch?; in: L. Greuel/T. Fabian/M. Stadler (Hrsg.), Psychologie der Zeugenaussage, Weinheim 1997, S. 309-323.

Steller, Max / Dahle, Klaus-Peter: Wissenschaftliches Gutachten: Grundlagen, Methoden und Anwendungsprobleme psychologischer Aussage- bzw. Täterschaftsbeurteilung („Polygraphie", „Lügendetektion"), Praxis der Rechtspsychologie 9 (Sonderheft), Juli 1999, S. 127-204.

Steller, Max / Haenert, Petra / Eiselt, Wolfgang: Extraversion and the Detection of Information, Journal of Research in Personality 21 (1987), S. 334-342.

Steller, Max / Schmid, Jeannette: BGH-Gutachten über Methodik für Psychologische Glaubwürdigkeitsgutachten, Praxis der Rechtspsychologie 9 (1999), S. 5-45.

Stern, L. William: Zur Psychologie der Aussage, ZStW 22 (1902), S. 315-370.

Stern, Robert M. / Breen, John P. / Watanabe, Takami / Perry, Bradley S.: Effects of Feedback of Physiological Information on Responses to Innocent Associations and Guilty Knowledge, Journal of Applied Psychology, 66 (1981), S. 677-681.

Systematischer Kommentar: Kommentar zur Strafprozeßordnung und zum Gerichtsverfassungsgesetz, herausgegeben von H.-J. Rudolphi u.a., 13. Ergänzungslieferung, Neuwied 2001 (zitiert: SK/StPO-Bearbeiter).

Systematischer Kommentar: Kommentar zum Strafgesetzbuch, herausgegeben von H.-J. Rudolphi u.a., 7.-8. Auflage, 36. Ergänzungslieferung, Neuwied 2001 (zitiert: SK/StGB-Bearbeiter).

Tent, Lothar: Psychologische Tatbestandsdiagnostik, in: U. Undeutsch (Hrsg.), Handbuch der Psychologie, Band 11, Forensische Psychologie, Göttingen 1967, S. 185-259.

Trankell, Arne: Der Realitätsgehalt von Zeugenaussagen, Göttingen 1971.

Tröndle, Herbert / Fischer, Thomas: Strafgesetzbuch und Nebengesetze, Kommentar, 50. Auflage, München 2001.

Trovillo, Paul V.: A History of Lie Detektion, Journal of Criminal Law and Criminology 29 (1939), S. 848-881, 30 (1939), S. 104-119.

Undeutsch, Udo: Die Verwertbarkeit unwillkürlicher Ausdruckserscheinungen bei der Aussagenwürdigung; ZStW 87 (1975), S. 650-661.

Undeutsch, Udo: Die Untersuchung mit dem Polygraphen („Lügendetektor"), Kriminalistik 31 (1977), S. 193-196.

Undeutsch, Udo: Die Leistungsfähigkeit der heutigen Methoden der psychophysiologischen Täterschaftsermittlung, MschrKrim 62 (1979), S. 228-241.

Undeutsch, Udo: Vernehmung und nonverbale Information, E. Kube / H.-U. Störzer / S. Brugger (Hrsg.), Wissenschaftliche Kriminalistik, Teilband 1, Wiesbaden 1983, S. 389-418.

Undeutsch, Udo: Die Untersuchung mit dem Polygraphen („Lügendetektor") – eine wissenschaftliche Methode zum Nachweis der Unschuld, FamRZ 1996, S. 329-331.

Undeutsch, Udo / Klein, Gisela: Wissenschaftliches Gutachten zum Beweiswert physiopsychologischer Untersuchungen, Praxis der Rechtspsychologie 9 (Sonderheft), Juli 1999, S. 45-126.

Van Aperen, Steve: The polygraph as an investigative tool in criminal and private investigations, siehe: www.investigatordirectory.com.au/content/nta10001.htm.

Verrel, Torsten: Die Selbstbelastungsfreiheit im Strafverfahren – Ein Beitrag zur Konturierung eines überdehnten Verfahrensgrundsatzes, München 2001.

Volk, Klaus: Strafprozeßrecht, München 1999.

Wald, William M. / Orne, Emily C. / Cook, Mary R. / Orne, Martin T.: Effects of Attention, as Indexed by Subsequent Memory, on Electrodermal Detection of Information, Journal of Applied Psychology 63 (1978), S. 728-733.

Wegner, Wolfgang: Täterschaftsermittlung durch Polygraphie, Dissertation, Köln 1981.

Wertheimer, Max / Klein, Julius: Psychologische Tatbestandsdiagnostik, Archiv für Kriminal-Anthropologie und Kriminalistik, 15 (1904), S. 72-113.

Wessels, Johannes / Hettinger, Michael: Strafrecht, Besonderer Teil 1, 25. Auflage, Heidelberg 2001.

Westhoff, Karl / Kluck, Marie-Luise: Psychologische Gutachten schreiben und beurteilen, 3. Auflage, Berlin 1998.

Wicklander, Douglas E. / Hunter, Fred L.: The Influence of Auxiliary Sources of Information in Polygraph Diagnoses, Journal of Police Science an Administration 3 (1978), S. 405-409.

Widacki, Jan / Horvath, Frank: An Experimental Investigation of the Relative Validity and Utility of the Polygraph Technique and Three Other Common Methods of Criminal Identification, Journal of Forensic Science 23 (1978), S. 596-601.

Willutzki, Siegfried: Zur rechtlichen Zulässigkeit des Polygrapheneinsatzes im familienrechtlichen Verfahren, in: J. Salzgeber/M. Stadler/S. Willutzki (Hrsg.), Polygraphie – Möglichkeiten und Grenzen der psychophysiologischen Aussagebeurteilung, Köln 2000, S. 95-104.

Wolf, Petra / Steller, Max: Realkennzeichen in Aussagen von Frauen: Zur Validierung der kriterienorientierten Aussageanalyse für Zeugenaussagen von Vergewaltigungsopfern, in: L. Greuel/T. Fabian/M. Stadler (Hrsg.), Psychologie der Zeugenaussage, Weinheim 1997, S. 121-142.

Würtenberger, Thomas: Ist die Anwendung des Lügendetektors im deutschen Strafverfahren zulässig?, JZ 6 (1951), S. 772-775.

Wüst, Herbert: Richter und psychologischer Sachverständiger im Strafprozeß, Dissertation, München 1968.

Zanev, Svetoslav: History and Development of Polygraph Examinations in Bulgaria, Polygraph 28 (1999), S. 263-264.

Entscheidungsregister

Bundesverfassungsgericht:

-BVerfG, Beschluß vom 25.7.1963, Az. 1 BvR 542/62, BVerfGE 17, S. 108-119.
-BVerfG, Beschluß vom 14.4.1964, Az. 2 BvR 69/62, BVerfGE 17, S. 320-337.
-BVerfG, Beschlußvom 18.11.1966, Az. 1 BvR 173/63, BVerfGE 20, S. 365-374.
-BVerfG, Beschluß vom 16.7.1969, Az. 1 BvL 19/63, BVerfGE 27, S. 1-10.
-BVerfG, Beschluß vom 18.8.1981, Az. 2 BvR 166/81 = NStZ 1981, S. 446f. = NJW 1982, S. 375.
-BVerfG, Beschluß vom 15.10.1997, Az. 2 BvR 1211/97 = StraFo 1998, S. 16-17.
-BVerfG, Beschluß vom 7.4.1998, Az. 2 BvR 1827/97 = NStZ 1998, S. 523f. = NJW 1998, S. 1938f.

Bundesgerichtshof:

-BGH, Urteil vom 13.6.1952, Az. 2StR 259/52, BGHSt 3, S. 52-54.
-BGH, Urteil vom 16.2.1954, BGHSt 5, S. 332ff.
-BGH, Urteil vom 12.3.1954, Az. 1 StR 11/54, JZ 11 (1956), S. 227.
-BGH, Urteil vom 14.12.1954, Az. 5 StR 416/54, BGHSt 7, S. 82-86.
-BGH, Urteil vom 5.7.1955, Az. 1 StR 195/55, BGHSt 8, S. 130-133.
-BGH, Urteil vom 1.12.1955, Az. 4 StR 405/55, JZ 11 (1956), S. 227f.
-BGH, Urteil vom 4.3.1958, Az. 5 StR 7/58, BGHSt 11, S. 211-213.
-BGH, Urteil vom 16.1.1959, Az. 4 StR 444/58, BGHSt 13, S. 138-143.
-BGH, Urteil vom 14.6.1960, Az. 1 StR 73/60, NJW 1960, S, 1582f.
-BGH, Beschluß vom 8.11.1988, Az. 1 StR 544/88 = StV 9 (1989), S. 141.
-BGH, Urteil vom 12.8.1992, Az. 5 StR 239/92, BGHSt 38, S. 320-324.
-BGH, Beschluß vom 14.10.1998, Az. 3 StR 236/98 = StV 19 (1999), S. 4f.
-BGH, Urteile vom 17.12.1998, Az. 1 StR 156/98, BGHSt 44, S. 308-328 = NJW 1999, S. 657.
-BGH, Urteil vom 30.7.1999, Az. 1 StR 618/98, BGHSt 45, S. 164-182.

Bundesverwaltungsgericht:

-BVerwG, Urteil vom 20.12.1963, Az. VII C 103/62, NJW 1964, S. 607.
-BVerwG, Urteil vom 20.12.1963, Az. VII C 103/62, BVerwGE 17, S. 342-347.
-BVerwG, Urteil vom 15.12.1981, Az. 1 C 232/79, BVerwGE 64, S. 274-280.

Oberlandesgerichte:

-OLG Düsseldorf, Beschluß vom 5.4.1973, Az. 3 Ws 35/73, NJW 1973, S. 2255f.
-OLG Hamm, Beschluß vom 10.1.1974, Az. 5 Ws 1/74, NJW 1974, S. 713f.
-OLG München, Beschluß vom 18.9.1978, Az. 26 UF 834/78, NJW 1979, S. 603-605.
-OLG Schleswig, Beschluß vom 15.9.1981, Az. 1 Ws 344/81, NStZ 2 (1982), S. 81.
-OLG Bamberg, Beschluß vom 14.3.1995, Az. 7 WF 122/94, NJW 1995, S. 1684f.

-OLG Karlsruhe, Urteil vom 16.7.1998, Az. 1 Ss 247/97, StV 18 (1998), S. 530.
-OLG Oldenburg, Beschluß vom 15.6.1998, Az. 4 UF 60/96.

Oberverwaltungsgericht:

-OVG Bremen, Urteil vom 23.10.1962, Az. I A 62/62, MDR 17 (1963), S. 248-249.

Untergerichte:

-LG Hannover, Beschluß vom 19.1.1977, Az. 31 Qs 154/76, NJW 1977, S. 1110f.
-LG Wuppertal, Beschluß v. 4.10.1996, Az. 25 Kls 17/96 XV, NStZ-RR 1997, S. 75-77.
-LG Düsseldorf, Beschluß vom 9.10.1998, Az. IV-14/98, StV 1998, S. 647f.
-AG Demmin, Zweigstelle Malchin, Beschluß vom 1.9.1998, Az. 721 Js 31691/97

Arbeitsgericht:

-LAG Rheinland-Pfalz, Urteil vom 18.11.1997, Az. 4 Sa 639/97, NZA 1998, S.670f (nur Leitsatz).

Reichsgericht:

-RG, Urteil vom 20.12.1886, Az. Rep. 2779/86, RGSt 15, S. 151-155.
-RG, Urteil vom 14.3.1932, Az. III 52/32, RGSt 66, S. 163-165.

Abkürzungsverzeichnis

a.A.	anderer Auffassung
a.a.O.	am angegebenen Ort
Abs.	Absatz
Az.	Aktenzeichen
BGH	Bundesgerichtshof
BGHSt	Entscheidungssammlung des Bundesgerichtshofes in Strafsachen
BVerfG	Bundesverfassungsgericht
DRZ	Deutsche Rechtszeitschrift
DRiZ	Deutsche Richterzeitung
DVBl.	Deutsches Verwaltungsblatt
FamRZ	Zeitschrift für das gesamte Familienrecht
GA	Goltdammers Archiv für Strafrecht
HK	Heidelberger Kommentar zur Strafprozeßordnung (zitiert: HK-Verfasser)
h.M.	herrschende Meinung
i.d.F.	in der Fassung
i.S.d.	im Sinne des
i.V.m.	in Verbindung mit
JW	Juristische Wochenschrift
JR	Juristische Rundschau
KFT	Kontrollfragentest
KK	Karlsruher Kommentar zur Strafprozeßordnung (zitiert: KK-Verfasser)
KMR	Kleinknecht/Müller/Reitberger, Kommentar zur Strafprozeßordnung (zitiert: KMR-Verfasser)

LG	Landgericht
LR	Löwe/Rosenberg, Kommentar zur Strafprozeßordnung (zitiert: LR-Verfasser)
MDR	Monatsschrift für deutsches Recht
MschrKrim	Monatsschrift für Kriminologie und Strafrechtsreform
m.w.N.	mit weiteren Nachweisen
NJW	Neue Juristische Wochenschrift
NStZ	Neue Zeitschrift für Strafrecht
OLG	Oberlandesgericht
SK/StPO	Systematischer Kommentar zur Strafprozeßordnung (zitiert: SK/StPO-Bearbeiter)
SK/StGB	Systematischer Kommentar zum Strafgesetzbuch (zitiert: SK/StGB-Bearbeiter)
StraFo	Strafverteidiger Forum
StV	Strafverteidiger
TWT	Tatwissentest
Var.	Variante
Vgl.	Vergleiche
ZStW	Zeitschrift für die gesamte Strafrechtswissenschaft